王安石传

梁启超 著

靳文泉 译

民主与建设出版社
·北京·

图书在版编目（CIP）数据

王安石传 / 梁启超著 ; 靳文泉译 . -- 北京 : 民主与建设出版社，2024. 12. -- ISBN 978-7-5139-4799-2

Ⅰ. K827=441

中国国家版本馆 CIP 数据核字第 2024LC7952 号

王安石传

WANG ANSHI ZHUAN

著　　者	梁启超
译　　者	靳文泉
责任编辑	唐　睿
封面设计	言　成
出版发行	民主与建设出版社有限责任公司
电　　话	（010）59417749　59419778
社　　址	北京市朝阳区宏泰东街远洋万和南区伍号公馆 4 层
邮　　编	100102
印　　刷	大厂回族自治县彩虹印刷有限公司
版　　次	2024 年 12 月第 1 版
印　　次	2025 年 2 月第 1 次印刷
开　　本	670 毫米 ×950 毫米　　1/16
印　　张	19
字　　数	263 千字
书　　号	ISBN 978-7-5139-4799-2
定　　价	56.00 元

注：如有印、装质量问题，请与出版社联系。

编辑说明

20世纪初，梁启超、麦孟华等人出版了一套“中国六大政治家”丛书，将管仲、商鞅、诸葛亮、李德裕、王安石、张居正六人列为中国历史上著名的政治改革家，为他们分册作传，意在响应社会变革，挽救中国命运。其中梁启超撰写了《王安石传》《管子传》。按照梁启超自述，《王安石传》可谓是王安石的“洗冤录”（梁著《管子传·自序》语）。

王安石（1021—1086），字介甫，号半山，抚州临川（今江西省抚州临川区）人，历经北宋仁宗、神宗、哲宗三朝，元丰年间获封荆国公，因而人称王荆公。熙宁年间，面对北宋积贫积弱的局面，王安石在宋神宗的支持下进行变法。变法取得了一些成效，然而在推行过程中受到多方反对，多次反复，最终以失败告终。变法也为王安石带来了诸多争议，在当时便有苏洵写《辨奸论》将王安石视为“奸臣”，后来王安石最重要的传记之一——《宋史·王安石传》，也对他的任事、性情、用人等有诸多负面记载。

梁启超以“善变”著称，毕生追求立宪，对王安石“不法古，不循今”“时移而治”的法家作风自然心有戚戚焉，无法忍受世人对他的误解，这就是他为王安石作传的动机。另外，本书作于光绪三十四年（1908年）。百日维新失败后，梁启超逃往日本，继续鼓吹君主立宪，梁启超作本书也有从历史中寻找依据、宣扬变革的目的。

梁启超著的这本《王安石传》是王安石的经典传记之一，全面、系统地讲述了王安石生活的时代背景，王安石的生平、思想、学术、变法，以及王安石的文学成就和他的家庭，其中对王安石的执政思想、变法论述尤为详尽。在评价王安石变法的利弊得失时，梁启超采用了全新视角，他分析世界形势，以近代欧美政治做参照，从更高的角度对新法进行了评价，读来有耳目一新、启人心智的效果。书中还单列了十九条考异，对围绕王安石的争议逐项辩驳，力图还原一个真实的王安石形象。

本书原以半白话文写成，虽梁启超一向行文流畅、感情充沛，但对百余年后的今日一般大众读者来说，仍难免有隔膜。本书以1908年广智书局所出版本为依据，对除引文外的内容，全文翻译成现代白话文，以方便大众阅读。

自　序

自我开始研究学问以来，就一直敬佩王荆公（王安石），多年来一直想为他作传，但由于总是被其他事务牵绊，始终未能如愿。最近我研究国史至宋代部分，想考察熙宁、元丰年间新法的真实情况，探究新法的原因和结果，评估其利弊得失，以作为鉴往知来的参考。然而，我查阅诸多史书，发现它们记载往往遗漏，且杂乱无章，难以让人得知确切的信息。更糟糕的是，书中持有门户之见，记载带着偏见，言辞轻率，充满恶意，虚构事实，处处矛盾。因此，我愤而取出《临川全集》反复研究，辅以数十种宋人文集和笔记，与《宋史》中的志与传记相互参照验证。另外，我还挑选了几百年来众多杰出哲人、学者的可信资料加以研读，也得到了十多家。我仔细比对、衡量是非后，不禁感叹，过去我自认为了解王安石、尊重王安石，真是无异于舀地上的雨水就以为认识大海，通过瓮口看到亮光就以为认识天空啊！而那些贬低王安石、污蔑王安石的流俗之人，则无异于斥鷃嘲笑大鹏，蚍蜉欲撼大树。我不揣学识浅陋，奋笔疾书，完成这部传记，并非想为过去的历史翻案，而是希望展示伟人的风范。假如后世之人看到后有所启发，那么我这微不足道的搜集资料的功夫也就没有白费。

新会梁启超

例 言

本书写作的主旨是全面展现王安石的政治智慧与才干，因此，对他所创立的新法的内容及其得失，阐述尤其详细。同时，为了使读者能够更好地将新旧知识融会贯通，深入理解，本书还将王安石的政术与当今的欧美政治进行了比较。

《宋史》中关于熙宁、元丰年间史实的记载，多出自南宋以后的史官之手，而元朝的史官又承袭了他们，这些史官属于反对王安石变法的人，因此他们的记载往往带有偏见，不完全可信。如今对于其中污蔑王安石的地方，我都进行了详细的辨析，并附上了若干条考异。

王安石不仅是中国历史上伟大的政治家，也是一位杰出的文学家。因此，本书中收录了他的许多诗文。其中，散见于各章节中的诗文大多与政治有关。而仅作为文学典范的诗文，我也精选了数十首，收录在最后两章，以便读者能够通过这些诗文窥见王安石的文学全貌。

在撰写本书的过程中，我参考的书籍不下百种，其中参考最多的是金溪蔡元凤先生的《王荆公年谱》[①]。蔡元凤先生，名上翔，生活在乾嘉年间，他学识渊博、文章深邃，为近代之罕见，他所著的《王荆公年谱》共有二十五卷，杂录两卷，成书时他已年届八十八，可见他毕生精力都倾注于此书。这本书流传并不广泛，蔡元凤先生本人也未在当世士

① 即《王荆公年谱考略》。

大夫行列，或许他是一位不求闻达于世的君子吧！在此，我略记数语，以表达对这位史官的敬意。

本书的撰写较为随意，未经反复修订，因此难免存在疏漏和不足之处，希望海内博学多才之士能够不吝赐教，予以指正。

著者识

王安石传

目录

CONTENTS

第一章

叙论

国史氏[1]说：了解一个人，评价一个时代，是多么不容易啊！以我亲眼所见的宋太傅荆国王文公安石来说，他的道德品质宽广得如千顷的池塘，他的气节坚定得如万仞的高墙，他的学问汇集了九流的精华，他的文章挽救了八代的衰败，他所推行的政策和功绩适应了时代的需要并纠正了它的弊端，他的好的政策和主张，传承到了今天还不能舍弃，那些被舍弃的也大都符合政治原理，直到今天，东西方的许多国家还在推行并取得一定成效。皋陶、夔、伊尹、周公，这些远古的人物距离我们太远了，他们的详细事迹无法为人所知，而在夏、商、周三代之后寻找完美的人，只有王安石可以胜任。历经千年，偶尔会产生伟大的人物，这是中国历史的光荣，也是国民应当用丝线绣像、用金属雕像来纪念的。从王安石去世到现在，几乎千年了。这千年之中，国民是如何看待王安石的呢？我每每读《宋史》，都禁不住放下书，痛哭不已。

拥有世间罕见才能的人，却承受着世人的诽谤，即使时代变迁，这些污名仍未被洗净，在泰西有克林威尔，在我国则有王安石。泰西那些外表忠厚老实、实则伪善欺世的历史学家，他们评论克林威尔时，称他为乱臣、贼子，是奸险、凶残、迷信、发狂、专制者、伪善者，众口一词，这种牢不可破的状态持续了百年，但现在是非已经澄清了。英国国会里有数百幅先哲的画像，其中最杰出就是克林威尔。那么我国人民对王安石又是如何看待的呢？他们随声附和，盲目地诽谤他，这种情况与元祐、绍兴时

① 国史氏是梁启超的自称。——编者注。后文脚注未说明的均为编者注。

期没有什么不同。那些赞美他的人，只是欣赏他的文辞；稍微进步一点的人，也不过是称赞他勇于担当，但没有人能看到他宏远而伟大的事业，而他高尚的人格，就像埋藏在深矿中的美玉，永远无法发出它的光芒。

曾国藩说宋儒对小人宽厚而对君子要求严格。哪里只是宋儒这样呢？大概这种弊病已深深植入社会，到现在一天比一天厉害。孟子厌恶对君子求全责备。所谓求全，是指在君子的善行中必定要找出他的不善之处来。这种做法是可恶的，但也从来没有抹杀君子的全部善行并且虚构无法证实的罪名来诬蔑君子的。这种情况的出现，就是从宋儒诋毁王安石开始的。国人天性习于保守，以因循不变为教条，他们对于王安石鲜明的改革措施，一个个惊慌害怕，进而阻挠他，实在不足为怪。但政治见解是政治见解，而人品是人品，怎么能够因为政治见解不同，就结党营私，攻击异己，打不过，就虚构罪名来诋毁别人的私德？这是泼妇吵架时才用的卑劣手段，没想到竟出自“贤士大夫”。于是，形成这千百年来不黑不白、不痛不痒的社会风气，使光明磊落、才华出众的人无法在社会上立足，全社会都以表面的恭厚为目标。我每每读《宋史》，都禁不住放下书，痛哭不已。

我现在想为王安石作传，有一件最使我为难的事，就是《宋史》不可信。《宋史》不可信，并不是我一个人的私言，有几位先贤已经说过了。这几位先贤的话，对于王安石来说，可算是空谷足音，难得得很。而且他们的话本来应该可以取信于天下，是孟子所说的那种“污不至阿其所好”（即使受到诬蔑也不会迎合）的公正之论。现在先把它们记录下来，以表明我的诚意。

陆九渊在《荆国王文公祠堂记》中说：

昭陵[①]之日，使还献书，指陈时事，剖悉弊端，枝叶扶疏，往往切当。……公畴昔之学问，熙宁之事业，举不遁乎使还之书。而排公者，或

① 指宋仁宗朝。

谓容悦，或谓迎合，或谓变其所守，或谓乖其所学，是尚得为知公者乎？

……英迈特往，不屑于流俗声色利达之习，介然无毫毛得以入于其心，洁白之操，寒于冰霜，公之质也。扫俗学之凡陋，振弊法之因循，道术必为孔孟，勋绩必为伊周，公之志也。不期人之知，而声光烨奕，一时钜公名贤，为之左次，公之得此，岂偶然哉？用逢其时，君不世出，学焉而后臣之，无愧成汤、高宗。君或致疑，谢病求去，君为责躬，始复视事，公之得君，可谓专矣。

新法之议，举朝讙哗，行之未几，天下恟恟，公方秉执《周礼》，精白言之，自信所学，确乎不疑。君子力争，继之以去，小人投机，密赞其决。忠朴屏伏，佥狡得志，曾不为悟，公之蔽也。

……熙宁排公者，大抵极诋訾之言，而不折之以至理，平者未一二，而激者居八九，上不足以取信于裕陵[①]，下不足以解公之蔽，反以固其意成其事。新法之罪，诸君子固分之矣。

元祐大臣，一切更张，岂所谓无偏无党者哉？所贵乎玉者，瑕瑜不相掩也。古之信史，直书其事，是非善恶，靡不毕见，劝惩鉴戒，后世所赖，抑扬损益，以附己好恶，用失情实，小人得以借口而激怒，岂所望于君子哉？……近世学者，雷同一律，发言盈廷，又岂善学前辈者哉？

公世居临川，罢政徙于金陵。宣和间，故庐邱墟，乡人属县，立祠其上。绍兴初，常加葺焉。逮今余四十年，隳圮已甚，过者咨叹。今怪力之祠，绵绵不绝，而公以盖世之英，绝俗之操，山川炳灵，殆不世有。其庙貌不严，邦人无所致敬，无乃议论之不公，人心之畏疑，使至是耶？

颜元在《宋史评》中评论说：

荆公……廉洁高尚，浩然有古人正己以正天下之意。及既出也，慨

① 指宋神宗。

然欲尧舜三代其君。所行法如农田、保甲、保马、雇役、方田、水利、更戍、置弓箭手于两河，皆属良法，后多踵行。即当时至元祐间，范纯仁、李清臣、彭汝砺等，亦讼其法，以为不可尽变。惟青苗、均输、市易，行之不善，易滋弊窦。然人亦曾考当日之时势乎？

太宗北征中流矢，二岁创发而卒，神宗言之，惓焉流涕。夏本宋叛臣而称帝，此皆臣子所不可与共戴天者也。宋岁输辽、夏一百二十五万五千两，其他庆吊聘问赂遗近幸又倍是，宋何以为国？奉以岁币，求其容我为君，宋何以为名？又臣子所不可一日安者也。而宋欲举兵则兵不足，欲足兵饷又不足，荆公为此，岂得已哉？譬之仇雠戕吾父兄，吾急与之讼，遂至数责家赀，而岂得已哉？

宋人苟安已久，闻北风而战栗，于是墙堵而进，与荆公为难，极诟之曰奸曰邪，并不与之商榷可否，或更有大计焉，惟务使其一事不行，立见驱除而后已，而乃独责公以执拗可乎？且公之施为，亦彰彰有效矣。用薛向、张商英等治国，用王韶、熊本等治兵，西灭吐蕃，南平洞蛮，夺夏人五十二砦，高丽来朝，宋几振矣！

而韩琦、富弼等必欲沮坏之，毋乃荆公当念君父之仇，而韩、富、司马等皆当恝置也乎！矧琦之劾荆公也，其言更可怪笑，曰：“致敌疑者有七：一招高丽朝贡，一取吐蕃之地建熙河，一植榆柳于西山以制蕃骑，一创团保甲，一筑河北城池，一置都作院，颁弓矢新式，大作战车，一置河北三十七将。皆宜罢之，以释其疑。”嗟乎！敌恶吾备则去备，若敌恶吾有首，将去首乎？此韩节夫所以不保其元也。

且此七事，皆荆公大计，而史半削之，幸琦误以为罪状遂传耳，则其他削者何限！范祖禹、黄庭坚修《神宗实录》，务诋荆公。陆佃曰：“此谤书矣。”既而蔡卞重行刊定。元祐党起，又行尽改。然则《宋史》尚可信邪？其指斥荆公者，是邪？非邪？

虽然一人是非何足辨，所恨诬此一人，而遂君父之仇也，而天下后世遂群以苟安颓靡为君子，而建功立业欲撑柱乾坤者为小人也。岂独荆公之不幸，宋之不幸也哉！

到了近代则有金溪蔡上翔，用尽毕生的精力撰写了《王荆公年谱考略》，他在序言中说：

君子疾没世而名不称焉，则凡善有可纪，恶有当褫，不出于生平事实。而后之论者，虽或意见各殊，褒贬互异，然事实固不可得而易也。惟世之论公者则不然。公之没去今七百余年，其始肆为诋毁者，多出于私书，既而采私书为正史，此外事实愈增，欲辨尤难。……忆公有《上韶州张殿丞书》，其言曰："自三代之时，国各有史，而当时之史多世其家，往往以身死职，不负其意，盖其所传，皆可考据。后既无诸侯之史，而近世非尊爵盛位，虽雄奇俊烈，道德流衍，不幸不为朝廷所称，辄不得见于史。而执笔者又杂出一时之贵人，观其在廷论议之时，人人得讲其然否，尚或以忠为邪，以异为同，诛当前而不栗，讪在后而不羞，苟以餍其忿好之心而止耳。况阴挟翰墨以裁前人之善恶，疑可以贷褒，似可以附毁，往者不能讼当否，生者不得论曲直，赏罚谤誉又不施其间，以彼其私，独安能无欺于冥昧之间耶？"呜呼！尽之矣。此书不知作于何年，要必为先人而发，在乎庆历、皇祐间。当是时公已见称于名贤钜公，而未尝有非毁及之者也。然每读是书，而不禁嘘唏累叹，何其有似后世诋公者，而公已先言之也。

自古前代有史，必由继世者修之，而其所考据，则必有所自来。若为《宋史》者，元人也，而元人尽采私书为正史。当熙宁新法初行，在朝议论蜂起，其事实在新法犹为有可指数者。及夫元祐诸臣秉政，不惟新法尽变，而党祸蔓延。尤在范、吕诸人初修《神宗实录》，其时《邵氏闻见录》，司马温公《琐语》《涑水记闻》，魏道辅《东轩笔录》，已纷纷尽出，则皆阴挟翰墨以餍其忿好之私者为之也。又继以范冲《朱墨史》、李仁甫《长编》，凡公所致慨于"往者不能讼当否，生者不得论曲直"，若重为天下后世惜者。而不料公以一身当之，必使天下之恶皆归。至谓宋之亡由安石，岂不过甚哉？

宋自南渡至于元，中间二百余年，肆为诋毁者，已不胜其繁矣。由元至明中叶，则有若周德恭，谓神宗合赧、亥、桓、灵为一人，有若杨用修，斥安石合伯鲧、商鞅、莽、操、懿、温为一人，抑又甚焉。又其前若苏子瞻作《温国行状》至九千四百余言，而诋安石者居其半。无论古无此体，即子瞻安得有如是之文？后则明有唐应德者，著《史纂左编》，传安石至二万六千五百余言，而亦无一美言一善行，是尚可与言史事乎哉？

陆九渊和颜元两位先生都是一代大儒，他们的话应该是可信的。而蔡氏又广泛地阅读了许多书籍，用了几十年的努力，搜集了几千卷的资料来编写年谱，他的议论也是如此。那么在今天来传扬王安石的事迹，想要做到像克林威尔所说的“画我应当画得像我”，不是非常困难吗？然而，历史上那些难得一见的智者哲人，不只是高尚的德行和伟大的事业被埋没而不显露，而且还被千夫所指，就像被禹鼎[①]清楚铭刻的善恶之物一样，天下不再有真正的是非。这种灾祸对于世道人心的伤害，将与洪水猛兽一样严重。所以说，反驳邪说，拒绝虚论，弘扬潜在的德行，发现被遮蔽的光芒，酬慰那些逝去的伟人，以勉励后来类似的哲人，这些事情虽然很难做，但又如何能不去做呢？这就是我创作这本书的缘由。

（附）《宋史》的私人评论：

《宋史》在诸多史书中，被认为是最为杂乱无章的，《四库全书提要》中说：“它以推崇道学为宗旨，对其他的事情并不怎么在意，所以错误和荒谬的地方数不胜数。”檀萃[②]说：“《宋史》既冗杂又混乱，而且对

① 传说夏禹以九牧之金铸鼎，上铸万物，使民知何物为善、何物为恶。——译者注。

② 檀萃（1725—1801），字岂田，号默斋，清朝进士。

事物的评价也不完全公正。自从洛蜀党争[①]分裂，直到宋室南渡都没有停止，门户之见深深地束缚了人们的思想，所以相同观点的人常常说些掩饰的话，而意见不同的人则不免被指责。”这可以说深刻地指出了《宋史》的弊病。后来柯维骐著有《宋史新编》，沈世泊著有《宋史就正编》，都纠正了它的错误。《四库提要》指出它纪和志相互矛盾的地方、传前后互异的地方，有十多条。赵翼的《陔馀丛考》和《廿二史札记》中，指出它叙事混乱、失察、错误、遗漏、内容矛盾的地方各有十余条，各传中明显袒护、牵强附会、评价不当或错误的地方，总共有百余条。这就可以看出这本书的价值了。而它的错误中最严重、数百年来没有人起来纠正的，没有比关于王安石的记载更严重的了。

《宋史》是由元朝人编写的，元朝人并没有在其中表达自己的喜恶，只是他们知识不足，无法辨别史料的真伪。所以想要辩驳《宋史》，就应该先辩驳元人所依据的资料。考察宋朝时期修订的《神宗实录》，争议最大，几乎要引发文字狱了。元祐初年，范祖禹、黄庭坚、陆佃等人一同参与修订了该书，陆佃多次与范祖禹、黄庭坚争论。黄庭坚说按照陆佃说的写，就会写成谄媚朝政的史书。陆佃则说按照黄庭坚说的写，就会写成毁谤朝政的史书。陆佃的学问源于王安石，但并不支持新法，不过他这样说，说明最初的《神宗实录》中已经有许多对王安石的诬蔑之词。这是第一次修订《神宗实录》。

到了绍圣改元后，三省一同上呈台谏前后的章疏，说实录院前后所修订的神宗实录大多附和奸臣的言论，诋毁熙丰以来的政事。及至国史院取范祖禹、赵彦若、黄庭坚所提供的文状，各自声称没有根据，只是传闻之事。宋哲宗说：“文字已经清清楚楚地呈现出来，史官怎么敢如此大胆

① 宋哲宗元祐年间的党派斗争。司马光去世后，反对新法的元祐旧党分化成两个不同的学术兼政治派别：洛党以理学家程颢、程颐为首，二人是洛阳人，故名；蜀党以苏轼为首，苏轼是四川人，故名。两党相互攻讦，持续交恶，故名“洛蜀党争”。

和不敬。”章惇说：“不仅很多是根据传闻来修史，即使是官员家中所取得的文字，也不可信。他们竟然敢用传闻来修史，欺骗和大胆到了这种地步！”安焘说：“自古以来，史官没有这样做的，这也是朝廷的不幸。”这些话虽然是出自反对元祐的人之口，但所说的话也有可信之处。在此之前，蒋之奇弹劾欧阳修私生活不检点，欧阳修多次上疏请求彻底调查。等到朝廷质问蒋之奇，也只是以传闻了事。可知宋朝时台馆的固有习气，不严谨，轻信传闻。于是朝廷又诏令蔡卞等人重新修订实录。蔡卞拿出王安石所著的《熙宁日录》进献，修订中将元祐本的实录进行大量涂改，用朱笔勾抹，称为“朱墨本”。这是第二次修订的《神宗实录》，而元祐众人不断攻击它。

在宋徽宗时期，有一位名叫刘正夫的人，他说元祐和绍圣时期所编纂的《神宗实录》，各有优缺点，应当折中它们的观点，使之流传千秋。还有一个人叫徐绩，他说：“神宗的正史，到现在已经过了二十年还没有完成，原因是元祐和绍圣的史官喜好不同，范祖禹等人只依赖司马光的藏书来记事，而蔡京兄弟则完全采用了王安石的《熙宁日录》，各自为政，因此议论纷纷。当时宰相家中都有收藏的记录，怎么可能不用呢？我认为应该全部拿来使用，对比订正是非，编成一部大典。”于是朝廷又下诏重新修《神宗实录》，但尚未完成，靖康之难就发生了。南渡后，绍举四年，范冲再次修史完毕，并献给朝廷。这就是第三次的《神宗实录》。《宋史》所依据的就是这个版本。

从绍圣到绍兴年间，元祐党人流放、颠沛流离共三十多年，他们怀有深仇大恨。而范冲又是范祖禹的儿子，继承他父亲的事业，加倍努力来进行报复。王安石自己编写的《熙宁日录》，以及绍圣年间的朱墨本《实录》，都被毁灭，无法考证。《宋史》于是只依据单方面的言辞，便形成定论，导致元祐党人无法沉冤洗雪。在《宋史》中，诋毁王安石的言辞，用其他书籍来证实，其诬蔑的痕迹，可以确实考证出来的占六七成。

近代儒家学者李穆堂和蔡上翔进行了广泛辩证，我将挑选其中重要的部分，分别载入下面各章中，这里就不一一赘述了。总之，如果想要考察熙宁、元丰时期的事实，那么刘正夫和徐绩所说的元祐和绍圣时期史官的好恶不同，相互有所得失，是最为公平的。我并不敢说绍圣本赞誉王安石的史书就是信史，但是像元祐和绍兴本想欺骗天下，那么我怎么能不发表意见呢？蔡氏所撰写的《王荆公年谱考略》中，记载了靖康初年杨时《论蔡京疏》的内容，有一位南宋的无名氏在后面书写道：

> 荆公之时，国家全盛，熙河之捷，扩地数千里，开国百年以来所未有者。南渡以后，元祐诸贤之子孙，及苏、程之门人故吏，发愤于党禁之祸，以攻蔡京为未足，乃以败乱之由，推原于荆公，皆妄说也。其实徽钦之祸，由于蔡京。蔡京之用，由于温公。而龟山之进，又由于蔡京。波澜相推，全与荆公无涉。至于龟山在徽宗时，不攻蔡京而攻荆公，则感京之恩，畏京之势，而欺荆公已死者为易与，故舍时政而追往事耳。

这些说法准确地击中了问题的核心。王安石之所以被诬陷千年而无法洗清，都是因为元祐后人以及苏、程的门人和旧部制造了极端的言辞。等到道学被世人所尊崇，那些诽谤之词就变成了铁案。《四库提要》追溯《宋史》乖谬的原因，是它专门推崇道学，而对其他事情不怎么关注，这确实是事实。颜元曾经为韩侂胄[1]辩解冤屈，说他能坚守正义，是南宋第一贤相，宋人诛杀他来向金人谢罪，实在是猪狗不如。《宋史》把他列入《奸臣传》，只是因为他对讲学的诸君子有所冒犯。朱彝尊和王渔洋都评

① 韩侂胄（1152—1207），南宋大臣，他罢逐理学，贸然兴兵伐金，失利后与金议和，被史弥远与杨皇后密谋杀害，函其首往金廷乞和，宋金签“嘉定和议”。

论张浚[1]误国，说他杀害曲端[2]和秦桧杀害岳飞没有区别，只是因为张浚有儿子讲学，并且被朱熹视为父亲一样尊敬，于是被尊为名臣；而《宋史》说曲端有可杀之罪，实际上是歪曲事实的笔法。所有这些都能证明《宋史》颠倒黑白、变乱是非，我就不一一举例了。而主要原因则是学术上的门户之见，从而有所遮掩，而王安石不幸又是受到诬陷最严重的。我姑且先这样评论。我的话是否可信，还是等有见识的人来判断吧。

---

① 张浚（1097—1164），南宋“中兴四将”之一，力主抗金，谋求北伐。秦桧任宰相后，遭长期排斥。

② 曲端（1091—1131），南宋将领。在南宋与金的川陕战役中，与张浚意见不合，张浚因其跋扈难制，将其杀害。

第二章

王安石的时代

（上）

有史以来，中国竞争力的衰落从来没有像宋朝那么严重。宋朝这么衰弱，原因在哪里呢？起初，是因为太祖的猜忌，然后在宋真宗、宋仁宗时期因为疏忽而加剧，最后断送在朋党的相互排挤之中。王安石不幸就生活在这个时代，他拼尽全力与时势抗争，最终却未能战胜它。了解了这些，我们就可以谈论王安石了。

宋太祖统一天下，可谓开创了前所未有的局面。为什么这么说？以前的统治者，有的是通过藩镇起家的，有的是从草莽中崛起的，有的是通过征伐获得天下的，有的是通过篡位成为皇帝的。在周、秦以前，凡为天子，大多和前代君主一起统治天下长达数百年，这就不说了。但汉朝、唐朝的兴起，都是在大乱之后，通过无数次战争才剪灭群雄的。汉唐的皇帝得到天下非常艰难，付出的努力也极其巨大。其次是曹操、刘裕这类人，他们本来就对天下有大功，深得民心。即使是等而下之的，比如萧道成、萧衍之类人，也都是在前朝为官多年，处心积虑谋取这个位置很多年，等到羽翼丰满了，才一举成功。只有宋朝不同，宋太祖仅仅是一个殿前都检点，从未有过显赫的功绩，也不敢有非分之想。陈桥兵变时，他喝醉了还在床上睡觉，黄袍就已经被披在身上。可以说，他从孤儿寡妇手中夺权的事，太阳还没落山就结束了。所以，他当初对诸将说："你们贪图富贵，立我为天子，我有号令，你们能听从吗？"这其实是深深的恐惧之词。从这个角度看，在此之前的天子都是靠自己的力量得到天下，只有宋朝是靠别人的力量取得天下。既然能够用别人的力量从别人手中夺得天下，那么天下也就有可能被别人以同样的方式从手中夺走。宋太祖终身惴惴不安的只有这一件事。而宋朝积弱的根源，也都基于此。

将士拥立天子，是从宋朝开始的。然而将士劫持天子再拥立主帅的事情却在唐朝就已经发生了。唐代藩镇有留后之职，就是陈桥兵变的前奏，陈桥兵变只不过是将这种行为强化罢了。废立天子的事情竟然出自将士之手，实在是太可怕了。即使不这样，将士也常常得以劫持天子来要挟朝廷，那么宋朝的安稳日子自然难以维持。宋太祖对此深感忧虑，所以篡位周朝后，他不顾其他事情，只顾着削弱军队和将领的实力。藩镇的毒瘤危害国家长达两百年，摧毁并清理它们，谁能说不对？但是如何处理这件事，一定要有方法，应该用制度来约束，使军事力量为国家效力。

自古以来，拥有天下的君主，没有听说因为军队强大而自己困扰的。然而宋朝却不是这样，它一直在削弱自己的人民，以使君主一个人强大，却未曾想过全国都弱，君主又怎能自强呢？宋太祖曾说："卧榻之侧，岂容他人鼾睡。"却不承想，寝宫之外，图谋宋朝的大有人在。宋太祖的眼界仅限于自己的皇位，这就是宋朝衰弱的原因。

汉朝和唐朝创立基业的时候，它们的君主都有统一国家、平定天下的远大志向。宋朝又有什么呢？五代十国时期，那些藩镇被平定，大部分功劳在于周世宗，宋太祖只是安然地坐享其成。剩下的江南、蜀、粤地区，那些君臣只知舞文弄墨、恣意游玩，甚至肆意残暴作恶，导致人心离散，宋兵一到，他们就纷纷投降了。这些地方的灭亡是自己导致的，并非宋朝灭亡了它们。而在北方的辽国，西方的西夏，都是宋朝百年的祸患，宋太祖却从未留意过。是他智力不足吗？大概不是。那时他正急切地削弱中原政权，怎么还有余力来应对这些呢？

石敬瑭割让燕云十六州来贿赂契丹，这是历史上前所未有的耻辱。到了后周世宗时，几乎要雪洗这个耻辱了。显德六年（959年），三关大捷[1]，契丹丧胆。假使上天能多给世宗一年的寿命，光复全燕是意料中的事。即使是陈桥兵变，起因也是北伐。当时将士们互相谋划的，还是先拥立点检为天子，然后出征。假使宋太祖能趁着契丹衰败恐惧的时候，用后周身经百战的军队去对付他们，刘裕、桓温那样的功业就不难成就。但他没有这样做，后来曹翰献上攻取幽州的计策，又因为赵普一句话而作罢。[2]这并不是说幽州不应当攻取、不能攻取，而是害怕攻取之后唐代卢龙、魏博的旧事又将重演。（王夫之的《宋论》中这样说，可以说是深知内情。）从此以后，辽国就夜郎自大，像对待奴隶一样对待宋人。宋太宗进行北伐，倾尽全国之力大举进攻，结果死伤过半。皇帝中箭受伤，两年后创口溃烂而死。于是朝廷更不敢用兵，只是俯首帖耳、竭尽全国财物来供给辽国。

在真宗澶渊之战时，王钦若请求皇帝到江南躲避，陈尧叟请求皇帝到蜀地躲避，假如当时没有寇準，那么宋朝的南渡还用等到绍兴年间吗？然而即使有一个寇準，最终还是免不了签订了城下之盟。到了仁宗时期，每年给辽国的岁币比先前又增加了一倍，辽国对宋朝的祸害竟到了如此地步。

李家自从唐朝以来，世代据有宁夏，盘踞一方，衣食仰仗中原，盼望归附朝廷已经很久了。等到河东平定，李继捧就来归顺，朝廷已经接受了他，让他转移去镇守彰德。假使趁着这个时候，调换四州的将领，选派勇猛的将领去镇守安抚他们，鼓励他们的将士并重用他们，既可以切断契丹的右臂，而且他那些长期任职的部属、崇尚武力的边民，也可以各自发挥才能勇气来谋求功名，宋朝从此就不用担心西边的安危了。但太宗和赵普沿袭太祖的老办法，坚决不想把肥壮的马匹、勇猛的士卒

---

① 指后周世宗柴荣率军攻辽，水陆并进，一个多月连克益津关、瓦桥关、淤口关等地，收复了若干失地。

② 宋邵伯温《邵氏闻见录》卷六载，宋太祖一日取幽燕地图，打算让将领曹翰北伐攻取燕云之地，询问赵普意见，赵普以即便攻取也无法守住加以谏阻。

和丰饶的盐池交给勇武的臣子，结果导致李继迁反叛，而又放走李继捧让他回到原来的藩镇，白白地助长敌人的气焰而显示自己的软弱。李继捧向北归附契丹，李继迁暂时假装投降来缓和进攻。等到李元昊崛起称帝，他掠夺西部疆土，不仅牵制中原，使其不得不向北狄屈服，甚至敢于援例要求宋朝每年缴纳岁币，而宋朝拿他也没有办法。以大国侍奉小国，这是古今中外历史上从未听说过的事。西夏对宋朝的侵害也已经到了如此地步。

在宋朝建立之初，辽国已经逐渐衰弱，而西夏还没有强大到极点。假使宋朝的兵力稍微足以自立，随便折鞭敲打他们应该不是难事。但是却姑息养奸几十年，最终因此而衰败，就是因为太祖独有的心法，一定要削弱兵力、削弱将领进而削弱百姓。还将这一办法传给后代子孙，使各代效仿，让士人和百姓都习惯它，卑顺怯懦也就成了宋朝的风气。等到真宗、仁宗以后，早已习惯于忍受耻辱了。

宋神宗和王安石，就是在继承了这样一个无法再衰败下去的局面，肩扛了无数国家和民族的耻辱的情况下，突然起来要奋发振兴的啊！

我所说的宋太祖的政策，指削弱军队、削弱将领，进而削弱人民，为什么这么讲呢？

募兵之恶法，虽然在唐朝就已经开始，但实际上是在宋朝确定的。宋朝的制度是集结天下的军队在京师，而士兵主要是收编国内粗犷凶悍的失业之民，并蓄养他们。每当遇到灾荒年份，朝廷就招募饥民以增加军队人数。历史学家称赞这种做法，说这是为了干扰、役使悍民，从而消除争乱。实际上，这是想要使除了天子的禁卫军之外，国内没有一个强有力的人，这就是削弱人民。

那些需要驻防的边境重要郡县，都从京师派遣军队去防守。各镇的军队也都是戍守更替。将帅们定期入朝觐见，士兵没有固定的主帅，主帅也没有固定的军队。历史学家赞美这种情况，说使上下相互联系，内外相互制约，等级相互排挤，即使有凶暴的人，也没有容身之地。实际上，这就是要使将领和士兵互不熟悉，以防止晚唐五代时期藩镇割据、各拥军队的祸患，这就是削弱将领。

削弱人民和削弱将领，是宋太祖的本意；削弱兵力，则不一定是宋太祖的本意。但是按照这种方式行事，兵力必然无法不弱。聚集着数十万粗犷凶悍的无赖之徒，由官府供养，整天游荡玩乐，多年不亲身经历战争，他们必然会逐渐变得懒惰而毫无用处，这是非常容易明白的事理。更何况宋朝的制度沿袭了后梁盗贼式的陋习，给士兵脸上刺字，让他们失去尊严，导致乡里洁身自好的良民都以参军为耻。皇上既然认为他们不成器，又想让他们为国家和君主尽心效力，那怎么可能呢？这就是所谓的削弱兵力。

全国所谓的强者都聚集在军队中，而军队却如此孱弱，无法依靠，将领的孱弱又更加严重，这样一支军队，即使赶到战场，就是小孩子也知道无法侥幸取胜。而一旦战争爆发，想要让普通百姓拿起武器来保卫国家，就更没有希望了。国家弱到这种地步，在两难之间，不得不厚着脸皮屈服于他人，这也是必然的。试问稍微有点血性的男子，能坐视这种情况而不想办法改变吗？

国家的大政方针是军队和财政。宋朝的军队都已经这样了，它的财政又如何呢？宋朝因为将士兵集中在京师，于是将全国山林、河泽的收益全部收归国有，以供军饷和赏赐之用，外地州府没有剩余的财力。

建国初期，国家养兵仅20万人左右，其他冗费也不多，所以国库经常有剩余。但是到宋太祖开宝末年时，兵籍已增加到37.8万人。太宗至道年间，增到66.6万人。真宗天禧年间，增到91.2万人。仁宗庆历年间，增到125.9万人。英宗治平年间和神宗熙宁初年，兵力数量大致与庆历年间相当。

军队人数不断增加，国家就只能搜刮民脂民膏来供养他们，每年都要如此，供给无算。宗室和吏员的俸禄钱粮，每年也都在增加。再加上每三年一次的郊祀，赏赐的费用常常超过500万。景德年间的郊祀费用达700多万，东封的费用也达到800多万，皇帝上尊号、册封的费用又达到120万，明堂祭祀费用增到1200万。

宋太祖开宝以前，国家每年的财政收支无法详细考证，但宋太宗至道末年，年收入达到2224.58万，还有剩余。不到二十年，到了天禧年间，年收入增加到15085.01万，而年支出增加到12677.52万。到了治平二年（1065年），年收入为11613.84万，年支出却是12034.31万，临时费用也有1152.12万。

宋朝的百姓并没有比过去更富裕。而在二十年时间里，所缴纳的赋税增加了十倍，百姓如何能生存下去？更何况在嘉祐和治平年间，每年的支出都超过了预算，经常超过2000万。到王安石执政之初，宋朝政府和国民距离破产只差一步之遥了，而当时号称贤士大夫的人却纷纷指责王安石聚敛钱财。试问没有王安石的理财，宋朝还能继续存在下去吗？

当时，国内外形势如此紧迫，宋朝的君臣是如何应对的呢？真宗时期奢侈过度，对国家的元气造成了伤害，这一点不必多说。仁宗被誉为明君，但如果按照《春秋》中责备贤者①的原则来看，可以说宋朝的衰败始于仁宗。王夫之的言论非常恰当，其《宋论》卷六中记载：

仁宗在位四十一年，解散天下而休息之。休息之是也，解散而休息之，则极乎弛之数，而承其后者难矣。岁输五十万于契丹，而俯首自名，犹曰纳以友邦之礼。礼元昊父子，而输缯币以乞苟安，仁宗弗念也。宰执大臣、侍从台谏、胥在廷在野，宾宾啧啧，以争辩一典之是非，置西北之狡焉，若天建地设而不可犯。国既以是弱矣，抑幸无耶律德光、李继迁鸷悍之力，而暂可以赂免。非然，则刘六符虚声恐喝而魄已丧，使疾起而卷河朔，以向汴洛，其不为石重贵者几何哉？

① 孔子作《春秋》对贤者有很高的要求，在书中对贤者多有批评，以提醒人不自满，不断勉励反省自身，追求进步。

公正地说，宋仁宗本是一位中等才能的君主，治国理政可以做好一些，如果能让大有作为的大臣来辅佐他，宋朝本来可以振兴。他当时的执政大臣，历史上多称贤能，但仔细考察他们的实际情况，则多是平庸之辈，而杰出人才几乎没有。其中稍微懂得治理国家、有改革之志的，只有范仲淹一人。然而若论志向谋略，他还比不上王安石，却已经不被皇帝信任，被离间，既而离开了朝廷。其余最著名的人，如韩琦、富弼、文彦博、欧阳修等，他们的道德、学问、文章都足以照耀千古，他们立朝为官，对于调理宫廷关系、弥补朝政缺漏，虽然有所成就，但都没有抓住根本，只是做些细枝末节的工作。正当内忧外患、煎熬逼迫的时候，他们对挽救国家积累下来的衰败局面，使国家长治久安，都无法胜任。除此之外的众多官僚以及无知百姓都沉醉于太平盛世，不知道天地间还有所说的忧患。正如贾谊所说的抱火积薪于下，然后寝其上，火未燃烧就认为很平安。在这种情况下，有王安石这样的人出现，扰乱了他们的美梦，他们仇恨王安石也是理所当然的。王安石初次面见神宗时，神宗询问他本朝享国百年而天下太平无事的原因，王安石回去后写了详细的奏章回答，他说：

……然本朝累世，因循末俗之弊，而无亲友群臣之议。人君朝夕与处，不过宦官女子。出而视事，又不过有司之细故，未尝如古大有为之君，与学士大夫讨论先王之法以措之天下也。一切因任自然之理势，而精神之运，有所不加；名实之间，有所不察。君子非不见贵，然小人亦得厕其间；正论非不见容，然邪说亦有时而用。以诗赋记诵求天下之士，而无学校养成之法；以科名资历叙朝廷之位，而无官司课试之方。监司无检察之人，守将非选择之吏。转徙之亟，既难于考绩，而游谈之众，因得以乱真。交私养望者，多得显官；独立营职者，或见排沮。故上下偷惰取容而已。虽有能者在职，亦无以异于庸人。农民坏于徭役，而未尝特见救恤，又不为之设官以修其水土之利；兵士杂于疲老，而未尝申教训练，又不为之择将而久其疆埸之权。宿卫则聚卒伍无赖之人，而未有以变五代姑息羁縻之俗；宗室则无教训选举之实，而未有以合先王亲疏隆杀之宜。其于理财，大抵无法，故虽俭约而民不富，虽忧勤而国不强。赖非夷狄昌炽之时，又无尧汤水旱之变，故天下无事，过于百年。虽曰人事，亦天助也。

王安石对当时的国家形势的论述，可以说广博深入、切中要害、明晰透彻。而王安石之所以不得不进行变法，也都有了详细说明。他在《上仁宗皇帝言事书》中也说道：（这里是节录，全文可以在第七章中看到。）

陛下其能久以天幸为常，而无一旦之忧乎？盖汉之张角，三十六方同日而起，所在郡国莫能发其谋。唐之黄巢，横行天下，而所至将吏莫敢与之抗者。……而方今公卿大夫，莫肯为陛下长虑后顾，为宗庙万世计，臣窃惑之。昔晋武帝趣过目前，而不为子孙长远之谋，当时在位，亦皆偷合苟容，而风俗荡然，弃礼义，捐法制，上下同失，莫以为非。有识者固知其将必乱矣。其后果海内大扰，中国列于夷狄者二百余年。……臣愿陛下鉴汉唐五代之所以乱亡，惩晋武苟且因循之祸……

呜呼！仁宗时代，被誉为宋朝的全盛时期，全国上下都沉浸在欢乐之中。然而，王安石却忧虑到了如此地步，他不惜引用晋武帝来比喻当时的君主，担心中原政权会沦落到夷狄的手中。王安石真的是杞人忧天吗？靖康之祸，王安石早就预见到了啊！

第三章

王安石的时代

（下）

王安石所处的时代环境，虽然极其艰难，但他凭借着非凡的才华，遇到了大有作为的君主，对于整顿乱世、恢复正道，理应易如反掌。然而，他的成就却未能达到预期，这是为什么呢？就是因为朋党的牵累。宋朝的党祸，虽然在王安石之后更加严重，但实际上在王安石之前就已经有了苗头，不得不加以追溯。

政党这个东西，是在政治进化之后产生的。虽说国家有政党不是可悲的事情而是可喜的事情，但有几个界定需要说明。第一，政党只能在立宪政体下生存，与专制政体不相容。第二，作为政党，应该具备结党的实质，不应该忌讳结党的名义。第三，政党所辩论争议的，应当专一在政治问题上，而宫廷问题、个人私德问题、学术异同问题等，都不应该混杂其中。（这只是大致列举，没有详细列出，因为这不是在写政党论。）宋朝所谓的“党”，全都不足以拿这些讨论，因此我不能把它们称为现代意义上的“政党”，仍然按照旧的名称叫它们“朋党”算了。历史上的党祸，比如汉朝的党锢之祸、唐朝的牛李党争、明朝的东林党和复社，都可以说是小人陷害君子。只有宋朝不是这样，它的性质复杂而且很不明确，不管是聪明的、愚蠢的，还是没才能的人，都自然地处于动荡纷争之中，用一句话来概括，就是士大夫们的意气之争罢了。

探究宋代朋党特别盛行的原因，一是由于崇尚文治而轻视武备，二是由于中央过度集权。宋太祖的政策，既然致力于压制他的臣子，使他们不能通过武功来表现自己，那么有才能的人势必不得不全部趋向于从政这一条路。而兵权和财权都集中在中央，管理百姓的官员、地方军政长官都被认为是降职贬谪或优待老臣的地方，不像汉朝的郡国守相那样能够按照自己的意愿去有所建树。而且宋朝对官员的考核和升降非常严格，使人不得不磨炼自己。因此，那些优秀出众、想要建立功名的人，纷纷拥向京城。然而京城又并非像现在的立宪国家，能有国会，有容纳众多人才施展才华的余地。他们之中能够参与国家政务的，只有两三个宰相和执政官罢了，其次是少数的馆职和台谏官职，是晋升为宰执的阶梯。

以一个国家之大、人才之众，却只有这极少、极狭窄的位置可以用来树立功名，人们相继争夺也是理所当然的。所以，宋朝一代的历史称为争夺政权的历史也是可以的。不肖之徒固然会争夺权力以谋取私利，即使是贤能的人也会争夺权力以实现自己的志向。争夺激烈的时候，意气之争就会自然产生。彼此相互诋毁攻击，并以朋党的名义相互指责对方结党营私，这样一来党祸就与宋朝共存亡了。

宋朝的党争，虽然在元祐、绍圣年间达到了极盛，但实际上是从仁宗和英宗时期开始的。最开始，是仁宗时期的范仲淹和吕夷简之争，英宗时期的“濮议”则扩大了党争。一开始，范仲淹因为得罪了吕夷简而被放逐，士人在他们两人的是非曲直上争持不下，相互指责对方结党营私。等到吕夷简离职后，范仲淹做了宰相，石介就写诗说：“众贤之进，如茅斯拔；大奸之去，如距斯脱。”孙沔读了这首诗后说：“祸患从此开始了。”范仲淹当宰相才几个月，史称其：“裁减恩幸，考核官吏，日夜思虑，想要实现太平盛世。但是改革没有逐步进行，规模太大，议论的人认为这是行不通的。等到按察使派出巡视，检举弹劾了很多官员，人们心里不高兴。自从任子恩荫获官职变得困难，考核官员的方法更加严格，那些原本依靠关系侥幸得到官职的人感到不方便，于是开始散播毁谤之词，而关于朋党的言论也逐渐传到了皇帝那里。”（以上出自《宋史·范仲淹传》。）

反对派趁机全力攻击，结果范仲淹和杜衍、韩琦、富弼同时被免职。王拱辰公开说：“我把他们都一网打尽了。”他的气势和石介的诗简直一模一样。后世的史学家没有一个不支持范仲淹而贬低吕夷简的。范仲淹的气魄宏大，以天下为己任，确实不是吕夷简这些人能比的。然而吕夷简也只是一个平庸且贪恋权位的人，如果把他叫作奸邪，那么宋朝百年来的宰相像吕夷简这样的比比皆是，难道都能说是奸邪吗？再说，当时支持吕夷简而攻击范仲淹的人，也有许多被后世认为是君子的，这又怎么说呢？总之，宋朝的党争并不是什么君子小人的问题，纯粹是士大夫们意气用事，相互倾轧。从庆历年间就是这样，风气既开，日益强盛，到了英宗治平年间就出现了“濮议”这个大案子。

“濮议”是什么呢？仁宗去世了，没有留下儿子，所以让他的兄弟濮安懿王的儿子继承皇位，这就是英宗。英宗治平二年，讨论是否要追封濮王，朝廷中的大臣分成了两派，相互争吵，气氛激烈得若待大敌。党争的祸患在这个时候达到了极点。台谏官员甚至一起请求斩杀韩琦、欧阳修来向先帝谢罪，进而发展到因为公事而诋毁别人的私德，甚至有人诬陷欧阳修男女私生活不检点之事。当时因为“濮议”受到攻击的人，比如韩琦、欧阳修这些人，固然是后世称赞的君子。而那些通过“濮议”攻击别人的人，比如吕诲、范纯仁这些人，也是后世称赞的君子。宋朝党争的真相在这里完全暴露出来。这件事虽然看起来和王安石新法之争没有直接关系，但情况非常相似。而且，之前首先攻击“濮议”的人，也就是后来首先攻击新法的人。因此，我不怕别人说我烦琐，把欧阳修关于“濮议”的原文全部摘录下来，让大家看看当时所谓的士大夫们的风气是怎样的。通过这个，我们可以知道后来王安石的地位和韩琦、欧阳修一样，而新法之争也就像“濮议”一样。

（附）欧阳修《濮议》：

英宗皇帝初即位，既覃大庆于天下，群臣并进爵秩，恩泽遍及存亡，而宗室故诸王，亦已加封赠，惟濮安懿王，上所生父也，中书以为不可与诸王一例，乃奏请下有司议合行典礼，有旨宜俟服除，其议遂格。治平二年四月，上既释服，乃下其奏两制，杂学士、待制、礼官详议。翰林学士王珪等议濮安懿王高官大国，极其尊荣而已，中书以为赠官及改封大国，当降制行册命，而制册有式，制则当曰“某亲具官某，可赠某官，追封某国王”，其册则当曰“皇帝若曰，咨尔某亲某官某，今册命尔为某官某王”。而濮王于上父子也，未审制册称为何亲，及名与不名。乃再下其议，而珪等请称皇伯而不名。中书据《仪礼·丧服记》云“为人后者，为其父母报”，又据开元、开宝《礼》皆云“为人后者，为其所生父齐衰不杖期，为所后父斩衰三年”，是所生、所后皆称父母，而古今典礼皆无改称皇伯之文。又历检前世以藩侯入继大统之君，不幸多当衰乱之世，不可以为法。唯汉宣帝及光武盛德之君也，皆称其父为皇考。而皇伯之称，既非典礼，出于无稽，故未敢施行。乃略具古今典礼及汉孝宣、光武故事，并录皇伯之议，别下三省集官与台官共加详议。未及集议，而皇太后以手书责中书不当称皇考，中书具对所以然。而上见皇太后手书，惊骇，遽降手诏罢议，而追崇之礼亦寝。后数日，礼官范镇等坚请必行皇伯之议，其奏留中，已而台官各有论列。上既以皇太后之故，决意罢议，故凡言者一切留中。

上圣性聪睿英果，烛理至明，待遇臣下，礼极谦恭，然而不为姑息。台官所论濮园事既悉已留中，其言他事不可从者又多寝而不行，台官由此积忿，出怨言，并怒中书不为施行。中书亦尝奏云：“近日台官忿朝廷不用其言，谓臣等壅塞言路，致陛下为拒谏之主，乞略与施行一二事。”上曰：“朝廷当以至公待天下，若台官所言可行，当即尽理施行，何止略行一二？若所言难行，岂当应副人情，以不可行之事勉强行之，岂不害事耶？”中书以上语切中事理，不敢更有所请。上仍问曰：“所言莫有可行而未行者否？”韩琦已下相顾曰：“实无之。”因曰：“如此则未有。”

是时杂端御史数人皆新被擢用，锐于进取，务求速誉，见事辄言，不复更思职分，故事多乖缪，不可施行。是时京师大雨水，官私屋宇倒塌无数，而军营尤甚。上以军士暴露，圣心焦劳，而两府之臣相与忧畏，夙夜劳心竭虑，部分处置，各有条目矣。是时范纯仁新除御史，初上殿，中外竦听所言何事。而第一札子催修营房，责中书何不速了，因请每一营差监官一员。中书勘会在京倒塌军营五百二十座，如纯仁所请，当差监官五百二十员，每员当直兵士四人，是于国家仓卒多事缺人之际，虚破役兵二千人当直，五百员监官。而未有瓦木笆箔，一并兴修未得。其狂率疏缪如此。故于中书聚议时，臣修不觉笑之，而台中亦自觉其非。后数日吕大防再言，乞两营共差一官。其所言烦碎不识事体，不可施行，多类此。而台官不自知其言不可施行，但怨朝廷沮而不行。故吕大防又言："今后台官言事不行者，乞令中书具因何不行报台。"其忿戾如此。而怨怒之言渐传于士大夫间。台官亲旧有戏而激之曰："近日台官言事，中书尽批进呈讫，外人谓御史台为进呈院矣。"此语甚著，朝士相传以为戏笑。而台官益怏怏惭愤，遂为决去就之计，以谓因言得罪，犹足取美名。

是时人主圣德恭俭，举动无差失，两府大臣亦各无大过，未有事可决去就者。惟"濮议"未定，乃曰此好题目，所谓奇货不可失也，于是相与力言。然是时手诏既已罢议，皇伯、皇考之说俱未有适从，其他追崇礼数又未尝议及，朝廷于"濮议"未有过失，故言事者但乞早行皇伯之议而已。中书以谓前世议礼连年不决者甚多，此事体大，况人主谦抑，已罢不议，有何过举可以论列？于是置而不问。台官群至中书，扬言曰："相公宜早了此事，无使他人作奇货。"上亦已决意罢议，故言者虽多，一切不听。由是台官愈益愧耻，既势不能止，又其本欲以言得罪而买名，故其言惟务激怒朝廷，无所忌惮，而肆为诬罔，多引董宏、朱博等事，借指臣某为首议之人，恣其丑诋。

初，两制以朝廷不用其议，意已有不平，及台宪有言，遂翕然相与为表里。而庸俗中下之人不识礼义者，不知圣人重绝人嗣，凡无子者明许立后，是大公之道，但习见闾阎俚俗养过房子及异姓乞养义男之类，畏人知者，皆讳其所生父母，以为当然，遂以皇伯之议为是。台官既挟两制之助，而外论又如此，因以言惑众，云："朝廷背弃仁宗恩德，崇奖濮王。"而庸俗俚巷之人至相语云："待将濮王入太庙，换了仁宗木主。"中外汹汹，莫可晓谕。而有识之士知皇伯之议为非者，微有一言佑朝廷，便指为奸邪。太常博士孙固尝有议请称亲，议未及上，而台官交章弹之。由是有识之士皆钳口畏祸矣。

久之，中书商量，欲共定一酌中礼数行之，以息群论，乃略草一事目呈进，乞依此降诏云："濮安懿王是朕本生亲也，群臣咸请封崇，而子无爵父之义，宜令中书门下以茔为园，即园立庙，令王子孙岁时奉祠，其礼止于如此而已。"乃是岁九月也，上览之，略无难色，曰："只如此极好，然须白过太后乃可行，且少待之。"是时渐近南郊，朝廷事多，台议亦稍中息，上又未暇白太后，中书亦更不议。及郊禋既罢，明年正月，台议复作。中书再将前所草事目进呈，乞降诏。上曰："待三两日间白过太后，便可施行矣。"不期是夕忽遣高居简就曾公亮宅降出皇太后手谕云："濮王许皇帝称亲。"又云："濮王宜称皇，三夫人宜称后。"与中书所进诏草中事绝异，而称皇、称后二事，上亦不曾先有宣谕。从初中书进呈诏草时，但乞上直降诏施行，初无一语及慈寿宫。而上但云欲白过太后然后施行，亦不云请太后降手书。此数事皆非上本意，亦非中书本意。

是日韩琦以祠祭致斋，惟曾公亮、赵概与臣修在垂拱殿门阁子内，相顾愕然，以事出不意，莫知所为，因请就致斋处召韩琦同取旨。少顷琦至，不及交言，遂同上殿。琦前奏曰："臣有一愚见，未知可否？"上曰："如何？"琦曰："今太后手书三事，其称亲一事，可以奉行，而称皇、称后，乞陛下辞免。别降手诏止称帝，而却以臣等前日进呈诏草以茔为园、即园立庙、令王子孙奉祠等事，便载于手诏施行。"上欣然曰："甚好。"遂依此降手诏施行。

初，中外之人为台官眩惑，云朝廷尊崇濮王，欲夺仁宗正统，故人情汹汹，及见手诏所行礼数止于如此，皆以为朝廷处置合宜，遂更无异论。惟建皇伯之议者，犹以称亲为不然，而吕诲等已纳告敕，杜门不出，其势亦难中止，遂专指称亲为非，益肆其诬罔，言琦交结中官苏利涉、高居简，惑乱皇太后，致降手书。又专指臣修为首议之人，乞行诛戮，以谢祖宗。其奏章正本进入，副本便与进奏官，令传布。诲等既欲得罪以去，故每对见，所言悖慢，惟恐上不怒也。上亦数谕中书云："诲等遇人主，无复君臣之礼。"然上圣性仁厚，不欲因濮王事逐言事官，故屈意含容，久之，至此知其必不可留，犹数遣中使还其告敕，就家宣召。既决不出，遂各止以本官除外任。

盖濮园之议自中书始初建请，以至称亲立庙，上未尝有一言欲如何追崇，但虚怀恭己，一付大臣与有司，而惟典礼是从尔。其不称皇伯，欲称皇考，自是中书执议，上亦无所偏执。及诲等累论，久而不决者，盖以上性严重，不可轻回，谓已降手诏罢议，故称伯称考，一切置而不议尔，非意有所偏执也。上尝谕韩琦等云："昔汉宣帝即位八年，始议追尊皇考。昨中书所议，何太速也！"以此见上意慎重，不敢轻议耳，岂欲过当追崇也？至于中书惟称号不敢用皇伯无稽之说，欲一遵典故耳。其他追崇礼数，皆未尝议及者，盖皇伯、皇考称呼犹未决而遽罢议，故未暇及追崇之礼也。其后所议，止于即园立庙而已，如诲等广引哀、桓之事为厚诬者，皆未尝议及也。

初，诲等既决必去之意，上屈意留之不可得。赵瞻者，在数人中尤为庸下，殊不识事体，遂扬言于人云："昨来官家但不曾下拜留我耳。"以此自夸，有得色。而吕诲亦谓人曰："向若朝廷于台官所言事，十行得三四，使我辈遮羞，亦不至决去。"由是言之，朝廷于"濮议"岂有过举？逐台官岂是上本意？而诲等决去，岂专为"濮议"耶？士大夫但见诲等所诬之言，而不知濮事本末，不究诲等用心者，但谓以言被黜，便是忠臣，而争为之誉。果如诲等所料，诲等既果以此得虚名，而荐诲等者又欲因以取名。夫扬君之恶而彰己善犹不可，况诬君以恶而买虚名哉！呜呼，使诲等心迹不露而诬罔不明，先帝之志不谕于后世，臣等之罪也，故直书其实，以备史官之采。

读了欧阳修这篇文章，就可以想象当时所谓的公正舆论的价值了。那些提出建议的人，只不过是想借此立名，他们只求因言论而获议，这样他们的名声就越高。他们的唯一目标就是这个，至于国家的利益和损害，完全没有考虑过。他们每天都在寻找话题，把它当作难得的宝贝，一有机会就摇唇鼓舌，满朝不得志的人与之互相勾结，愚昧之人跟随着附和，气势汹汹。如果有谁敢反对，他们就指责那个人是奸邪之人，一定要压制住那个人的言论才肯罢休。如果争论不过，他们就发怒诬陷别人的私德，甚至说韩琦和宦官勾结，说欧阳修和他的外甥女偷情。

考察当时他们攻击韩琦、欧阳修的言论，说他们“乱大伦，灭人理”，说“所有的生灵都感到愤怒和痛心”，还说“奸邪之人，为了求恩和稳固自己的地位，不惜损害正义和孝道”，还说“千方百计、力求巧妙地掩饰，欺骗圣听，对反对者虚与委蛇”。韩琦和欧阳修两位先生的为人处世，他们的大节是显而易见、为人所熟知的，哪里有像他们所说的那样？如果像他们说的那样，那么这两位先生的罪行，就不在于政策实施上的失误，而在于他们心地不良，这样他们是真的不能立足于天地之间的。然而，事实果真如此吗？如果事实并非如此，那么那些攻击他们的人用心又是什么？“濮议”不过是皇室的私事罢了，和天下的大计无关，而且在皇室的私事中，它也算是很细小的事情。当时的士大夫们，沽名钓誉，为了发泄私愤，推波助澜，无风起浪，不惜混淆天下人的视听，把箭对准一两个负责的人。那么更别提王安石变法这样的事了，它的重大和复杂程度远远超出普通人的理解范围，只要有一个人疯狂反对，全国上下都会跟着附和，这是肯定的。

在“濮议”这件事上，韩琦和欧阳修所做的没有丝毫违背道义之处，即便如此，那些人还是指责他们破坏伦理、灭绝人性、希恩求宠、巧饰欺诳。所以，后来把这些恶名加在王安石身上的人，他们的说法又怎么可以相信呢？韩琦这么正直的人，却被诬陷和宦官勾结；欧阳修这么高尚的人，却被诬陷和他外甥女偷情。所以，后来那些诋毁王安石私德的话，又怎么可以相信呢？“濮议”这件小事，其是非对错本来可以一句话就解决，有一个叫孙固的人想和他们唱反调，结果奏章还没送上就被人指责为奸邪。所以，后来那些为新法辩护的人，都被指为奸邪之人，不是一回事吗？

“濮议”这个案子，因为有欧阳修这篇文章，其是非曲直还能稍微被后人所知。而熙丰新法，因为王安石的《熙宁日录》被毁，后世只能看到一面之词，真是千古如长夜，悲哀啊！

还有一件事情非常值得注意，那就是在治平年间攻击“濮议”的人，也就是在熙宁年间攻击新法的人。王安石刚刚参政，首先用十事弹劾他的人，实际上是吕诲。吕诲就是那个在“濮议”问题上态度最顽抗，并且首先向皇帝上奏章的人。攻击新法最卖力的人是范镇、范纯仁。元祐初年，作为执政官员破坏新法的人是司马光、吕大防。而范镇、范纯仁、司马光、吕大防，都是和吕诲站在一边的。（欧阳修的《濮议》没有提到司马光，但当时首先提出异议的实际上是司马光，满朝文武都跟着附和。等到吕诲等人被罢免，司马光上疏请求留下他们，但没有获许，于是司马光请求和他们一起被贬，也没有被允许。这些都是史册上明确记载的事实。）他们后来攻击新法，自认为有不得已的苦衷，而后世的史家也认为他们有不得已的苦衷，那么，“濮议”的事情，在他们这些人看来，难道不也是有不得已的苦衷吗？但是，如果按照实际情况来看，情况又如何呢？

当时的党派之争如此严重，士大夫之间的意气之争如此激烈，作为执政者，唯有实行乡愿主义，不办实事，只是讨好世人，这样才能保全自己。如果有所作为，无论好坏，都足以成为那些人的攻击目标，让他们以为奇货可居——就像欧阳修在《濮议》中所说的那样。而王安石却毅然决然地独自承担重任，改变了一百年来敷衍了事、因循守旧的法度，他招致天下的非议，也是理所当然的。

范仲淹所改革的不过是裁减恩荫制度的弊端，严格考察官吏的法令，补救一些时弊罢了，这便引起了满朝的纷争，仅仅三个月就丢掉了位子。这也多亏了仁宗没有过于依赖他。如果仁宗能像神宗对待王安石那样对待范仲淹，那么王安石的恶名，范仲淹早就承担了。所以，可以说，范仲淹是没有成功的王安石，王安石是已经成功的范仲淹。

当时的形势，改革的必要性已经如此明显；而当时的风气，改革的困难又如此巨大。对于王安石，我们不得不敬佩他的志向，同时为他遭遇的困难感到悲哀。

第四章

王安石略传

宋朝太傅、荆国王文公，名安石，字介甫，临川人，现在属于江西省抚州人。父亲叫王益。母亲姓吴，于真宗皇帝天禧五年（1021年）生王安石。王安石小时候随父亲在韶州，十六岁时跟着父亲进京，十九岁时父亲去世。二十二岁时，他考中进士，被任命为淮南判官，是年是仁宗庆历二年（1042年）。按照旧时的制度，判官任期满了之后，可以献上文章以求取在史馆、昭文馆、集贤院等地方任职的机会，王安石却拒绝了。

二十七岁时，王安石被调任为鄞县知县，治理鄞县四年，任期满了后就回家了。第二年，他被任命为舒州通判。中书省发文书召他试任馆职，但因为祖母年事已高，家里又贫穷，他没有去赴任。到了至和元年（1054年），时年三十四岁，被任命为集贤校理，但他也没有去赴任。嘉祐元年（1056年），三十六岁，成为群牧判官。嘉祐二年，他被任命为知常州，后调任为江东刑狱的提点官。次年回京复命，呈《上仁宗皇帝言事书》。嘉祐四年，他又被任命为提点江东刑狱。嘉祐五年，被召入京城，担任三司度支判官。嘉祐六年，被任命为知制诰，那时他四十一岁，他担任知制诰共三年。

治平元年（1064年），王安石四十四岁，因为母亲守孝，居住江宁。治平四年正月，英宗去世，神宗即位；三月，王安石被任命为江宁府知府；九月，又被任命为翰林学士。第二年，即熙宁元年（1068年），王安石四十八岁，四月，他以翰林学士的身份越级进宫面见皇帝并陈述意见。熙宁二年二月，他被任命为参知政事。熙宁三年，他被任命为同中书门下平章事。熙宁七年，他多次上疏请求解除相位；六月，他以观文殿学士的身份被任命为江宁府知府。熙宁八年二月，他又被召回担任同中书门下平章事；六月，被任命为尚书左仆射兼门下侍郎。熙宁九年十月，他被罢免，以使相的身份判江宁府，那时五十六岁。从熙宁元年进宫面圣上对开始，王安石共执政九年，此后他称病再也没有出来执政。

元丰元年（1078年），王安石五十八岁，被特授开府仪同三司，封为舒国公，同时担任集禧观使。元丰三年，被授特进，改封荆国公。元丰八年三月，神宗去世，宣仁太后临朝听政，王安石被晋升为司空。第二年，即元祐元年（1086年），四月，王安石去世，享年六十六岁，被追赠为太傅。王安石罢相后，总计在江宁又住了九年。绍圣年间，他被追谥为文公。

第五章

执政前的王安石

（上）

古代被称为“天民”和“大人”的人，一定有他们的修养方法。通过观察他们的修养方法，就可以知道他们开创的事业。同理，通过观察他们开创的事业，也可以知道他们的修养方法。像王安石能拥有那样卓越乃至流传千古的德行、气节、事业和文章，那么他用来修养自己的方法一定很朴素。因此，我在这里简要地论述一下他少年时代可以考证的一些事情。

在《临川全集》中有一首《忆昨诗示诸外弟》，这首诗是王安石在庆历三年（1043年）由淮南判官请假回家探亲时所作。通过阅读这首诗，可以大致了解他少年时代的经历。诗的内容如下：

忆昨此地相逢时，春入穷谷多芳菲。
短垣囷囷冠翠岭，踯躅万树红相围。
幽花媚草错杂出，黄蜂白蝶参差飞。
此时少壮自负恃，意气与日争光辉。
乘闲弄笔戏春色，脱落不省旁人讥。
坐欲持此博轩冕，肯言孔孟犹寒饥。
丙子从亲走京国，浮尘坌并缁人衣。
明年亲作建昌吏，四月挽船江上矶。
端居感慨忽自寤，青天闪烁无停晖。
男儿少壮不树立，挟此穷老将安归。
吟哦图书谢庆吊，坐室寂寞生伊威。
材疏命贱不自揣，欲与稷契遐相希。
昊天一朝畀以祸，先子泯没予谁依。

精神流离肝肺绝，眦血被面无时晞。
母兄呱呱泣相守，三载厌食钟山薇。
属闻降诏起群彦，遂自下国趋王畿。
刻章琢句献天子，钓取薄禄欢庭闱。
身着青衫手持版，奔走卒岁官淮沂。
淮沂无山四封庳，独有庙塔尤峨巍。
时时凭高一怅望，想见江南多翠微。
归心动荡不可抑，霍若猛吹翻旌旗。
腾书漕府私自列，仁者恻隐从其祈。
暮春三月乱江水，劲橹健帆如转机。
还家上堂拜祖母，奉手出涕纵横挥。
出门信马向何许，城郭宛然相识稀。
永怀前事不自适，却指舅馆排山扉。
当时髫儿戏我侧，于今冠佩何颀颀。
况复邱樊满秋色，蜂蝶摧藏花草腓。
令人感嗟千万绪，不忍仓卒回骖騑。
留当开尊强自慰，邀子剧饮毋予违。

这首诗无异于王安石在二十三岁之前自己写的小传，他天生孝顺、友爱，这些品质在他的这篇诗文中充分流露了出来。而他所渴望的是像远古时期的稷和契那样受人尊敬，这种志向他在二十岁左右的时候就已经确立了。

王安石的学问，没有听说他是跟谁学的，大概是他自己身体力行，深入钻研，自己领悟的。帮助他修养仁德的朋友也是有的。现在，我从他的文集中摘录一些书信和论学言志的文章，按照时间顺序记录下来，通过这些文章，王安石的修养可见一斑。

夫君子有穷苦颠跌，不肯一失诎己以从时者，不以时胜道也。故其得志于君，则变时而之道，若反手然，彼其术素修而志素定也。（《送孙正之序》）

予材性生古人下，学又不能力，又不得友以相镌切以入于道德，予其或者归而为涂之人而已耶？……自予之得通叔，然后知圣人户庭可策而入也。是不惟喻于其言而已，盖观其行而得焉者为多。（《李通叔哀辞》）

某愚不识事务之变，而独古人是信。闻古有尧舜也者，其道大中至正，常行之道也。得其书，闭门而读之，不知忧乐之存乎己也。穿贯上下，浸淫其中，小之为无间，大之为无涯岸，要将一穷之而已。（《上张太傅书》）

方今乱俗不在于佛，乃在于学士大夫沉没利欲，以言相尚，不知自治而已。（《答曾子固书》）

天下之变故多矣，而古之君子，辞受取舍之方不一，彼皆内得于己，有以待物，而非有待于物也。非有待于物，故其迹时若可疑；有以待物，故其心未尝有悔也。若是者，岂以夫世之毁誉者概其心哉？若某者，不足以望此，而私有志焉。（《答李资深书》）

学足乎已，则不有知于上，必有知于下；不有传于今，必有传于后。不幸而不见知于上下，而不传于今，又不传于后，古之人盖犹不憾也。知我者其天乎。此乃《易》所谓知命也。命者，非独贵贱死生尔，万物之废兴皆命也。孟子曰："君子行法以俟命而已。"（《答史讽书》）

夫君子之学，固有志于天下矣，然先吾身而后人。吾身治矣，而人之治不治，系吾得志与否耳。身犹属于命，天下之治，其可以不属于命乎？孔子曰："不知命无以为君子。"又曰："道之将行也与？命也。道之将废也与？命也。"孔子之说如此，而或以为孔子之学汲汲以忧世者，惑也。惑于此而进退之行不得于孔子者有之矣……吾独以为圣人之心，未始有忧。有难予者曰："然则圣人忘天下矣？"曰："是不忘天下也。"否之象曰："君子以俭德避难，不可荣以禄。"初六曰："拔茅茹，以其汇，贞吉。"《象》曰："拔茅贞吉，志在君也。"在君者，不忘天下也。不可荣以禄者，知命也。吾虽不忘天下，而命不可必合，忧之其能合乎？……孔子所以极其说于知命不忧者，欲人知治乱有命，而进不可以苟，则先王之道得伸也。……世有能谕知命之说而不能重进退者，由知及之，仁不能守之也。始得足下文，特爱足下之才耳。既而见足下衣刓履缺，坐而语，未尝及己之穷。退而询，足下终岁食不荤，不以丝忽妄售于人，世之自立如足下者有几？吾以为知及之仁又能守之，故以某之所学报足下。（《与王逢原书》）

文集中像这样的言论还有很多，现在不一一记录下来，只记录其中特别突出的部分，以追溯王安石一生立身处世、侍奉君主的全貌。王安石进取以礼节，退让以义理，早年虽然贫苦困难，但他从未因此而困扰，而是能够坚定自立，深入研究古今学问，并将其应用于实践。他获得君主的信任，以道改变天下，全心全意地追求自己的志向，从不后悔。他作为臣子，当回归平民生活时，又淡泊名利，仿佛与世隔绝。他依本分行事，不愿意追求身外之物，无论处在什么环境中都能保持内心的满足。这些特质，王安石都具备了。读了这些文章之后，我才明白王安石的学问有着深厚的根基。他学说的核心在于理解天命，而最终归结于依法行事，然后等待天命的决定。因此，王安石一生的高尚节操和独特的品行，都是自然而然的结果，而不是勉强求得的。他将功名事业看作自己的本分，不受任何成败得失的影响。这就是王安石之所以为王安石的原因。

王安石坚守正道，自尊自重，不急于在世上求取功名，但他的才华就像美玉藏在山中，光辉无法隐藏，一些贤能的士大夫，逐渐了解他并乐于称赞他。最早与王安石交往的是曾巩。曾巩在给欧阳修的信中写道：

巩之友有王安石者，文甚古，行称其文。虽已得科名，然居今知安石者尚少也。彼诚自重，不愿知于人。然如此人，古今不常有。今时所急，虽无常人千万不害也，顾如安石，此不可失也。

陈襄《上荐士书》，将其与胡瑗等人并列，称赞他才华横溢、聪明贤明，精研古代学问，无论是文章还是政事，都已在当时闻名。皇祐三年

（1051年），宰相文彦博与韩维一起推荐他，王安石因此被任命为集贤院校理。嘉祐元年（1056年），欧阳修与包拯、张瓌、吕公著三人又一起推荐王安石，称他的学问和文章知名当世，赞他坚守正道，不随波逐流，自尊自重，言论透彻，具备时才之用，可以说是无所不能。从那时起，征召他的诏令屡次到来，但王安石安于担任小官职，不愿意接受更高的职位。这并非他故意表现得淡泊名利，而是他出于对自己本分职责的坚持。

（考异一）《宋史》王安石《本传》中记载："曾巩带着王安石的文章给欧阳修看，欧阳修因此为王安石宣扬声誉，使他从进士考试中脱颖而出。"现在查证这个说法是不真实的。曾巩在给欧阳修的信中提到"先生使河北"的话，这件事发生在庆历六年（1046年）。而王安石成为进士则是在庆历四年。而且信中还明确表述王安石已经得到科名，所以王安石能够及第并不是依靠别人的吹嘘。《宋史》一开口就编造谎言，这样的史书怎么能让人相信呢？

（考异二）《本传》又记载说："王安石本来是楚地人，在朝廷中没有什么名气。他想借助韩、吕两大家族来提高自己的声望，所以和韩绛、韩绛的弟弟韩维以及吕公著三人交往密切。这三人轮流称赞他，他的名声才开始盛传开来。"现在考察这些话，发现也是没有根据。陈襄在皇祐年间就已经称赞王安石写作公文和处理政事的才能，说明王安石在当时已经很有名气了。欧阳修也说过，王安石的学问和文章在当时是很有名的。而韩维是文彦博和王安石一同推荐的人，吕公著又是欧阳修和王安石一同推荐的人。如此，韩维和吕公著又怎么能使王安石受到重视呢？而王安石又怎么需要借助韩、吕两家来提高自己的声望呢？

从皇祐到熙宁的二十年间，王安石的名声已经传遍天下。像范仲淹、富弼、韩琦、曾公亮等人都交口称赞他，这些在他的文集和其他记载中都有明确的记载。然而，《本传》却没有提到这些，甚至把文彦博、欧阳修二人的推荐也都掩盖了，好像这样做会损害那些君子的识人之明一样，只说王安石是借助韩、吕两家来提高自己的声望。这些人为了毁谤人真是无所不用其极啊！我之所以喋喋不休地为此辩解，是因为王安石的名声和节操是很高的。即使在他去世后，反对党首领司马光还称赞他（见下文）。现在，《宋史》所记载的王安石却成了一个贪图功名利禄、不知羞耻的小人，而他平时所说的知命守道之类的话，都不过是用来欺骗人的说辞罢了。这大大玷污了王安石的人格。即使我不想辩解，又怎么可以呢？

（考异三）王安石年轻时，朋友很少。曾巩说他不愿意被人了解，而王安石在《答孙少述书》中也说："我天生性格孤僻，一生中没得到几个朋友，兄长你向来知道。除了这几个人之外，再想找出几个，也找不出来了。"从这里可以看出，王安石交际很少。但有些庸俗的史书记载说王安石和周敦颐有交往，这又不得不辨析一下。

罗大经在《鹤林玉露》中记载："王安石年轻时，是个傲慢的读书人，他一个人拿着名片去拜访周敦颐，三次都被拒绝了。王安石生气地说："难道我不能自学六经吗？"于是再也不去找他了。度正编写的《周濂溪年谱》记载：嘉祐五年（1060年），周敦颐四十四岁，他东归时，王安石正在江东提点刑狱任上，当时四十岁，已经是个博学的儒者了。周敦颐见到王安石后，与他进行了连续几天几夜的谈话。王安石回去后对和周敦颐的谈话精思熟虑，以至于废寝忘食（这个说法来源于邢恕，他是程氏的门人）。

现在考察这两种说法，一个说没见到，一个说已经见到，相互矛盾，难道王安石年轻时因为见不到就生气，等到四十岁时又跑到他门上去求见吗？还是濂溪先生一开始三次拒绝不见，后来又主动去见王安石呢？这多么可笑，显然这两种说法都是假的。

考虑周敦颐只比王安石大四岁，如果说王安石是个年轻人，那两人都是年轻人。即使王安石迫切地想要交朋友，想要见周敦颐，但周敦颐和王安石都处在求学的时候，周敦颐怎么可能如此傲慢？难道周敦颐会像孔子对待孺悲[①]那样故意不见人吗？再说，周敦颐既然没见

① 孺悲是孔子的弟子，据《论语·阳货》记载，孺悲欲见孔子，孔子以疾辞，并在房内弹奏瑟，告诉孺悲自己没有病，只是不想见他。

过王安石，一个一直学习的学生，他怎么会看到名片就知道不能和他谈话？如果周敦颐真是这样，那还能称作人吗？

再看看两人的年谱，他们一生中都没有相遇的机会。周敦颐生于天禧元年（1017年）的道州（今湖南道县）。天圣九年（1031年），他十五岁时父亲去世，他跟着母亲进京投奔舅舅，所以十五岁之前的周敦颐都是在道州的。景祐四年（1037年），他的母亲去世，被葬在润州。康定元年（1040年），他二十四岁时，被任命为洪州分宁县（今江西修水县）主簿，这才开始进入江西。而王安石生于天禧五年，幼年时就随父亲去了韶州。他在《忆昨诗示诸外弟》中说“丙子从亲走京国”，那年他十六岁；“明年亲作建昌吏”，第二年他父亲在建昌为官，那么他十七岁到了江宁。宝元二年（1039年），他父亲去世，他在江宁守丧，就是诗中所说的“三载厌食钟山薇”。庆历二年（1042年），他二十二岁，考中了进士，在淮南为官，而周敦颐比他早两年在分宁为官。所以两人年轻时从未相遇。罗大经的说法从何而来呢？嘉祐三年（1058年），王安石从常州调到江东做提点刑狱。嘉祐四年，他三十九岁。嘉祐五年五月，他被召入京城担任三司度支判官，而周敦颐于此年六月解除了合州（今重庆合川区）佥事回京，这时王安石已经离开江东，而且已经四十岁了。所以说两人在江东相遇，无论是时间还是地点都不符合。而邢恕和度正的说法又从何而来呢？他们这些研究学问的人编造这些说法，只是想通过王安石来提高周敦颐的地位。至于周敦颐见不见王安石，对王安石来说有什么要紧呢？我之所以不厌其烦地辩解这些，是因为可以看出当时诬蔑王安石的人毫无顾忌，甚至把没影的事说得跟真的一样，其他不可信的事也差不多是这样，如此被抹杀得看不见的事实又有多少呢？

第六章

执政前的王安石

（中）

后世人议论，说王安石年轻时，朝廷多次征召他担任馆职，他都没有去，等到后来他被任命为翰林学士却立刻接受了，说明他本来就很热衷于富贵，之前不过是在做戏，博取好名声。时机成熟，就一下子跳到了很高的位置。唉，这些人怎么不考察实际情况，就像那些舞文弄墨的小吏一样，想方设法给人罗织罪名呢？

王安石的出仕和隐退，他自己很早就有了成熟的考虑了。出来为官本来就是他的志向，他一直都是按照自己的本分做事，这也是他学问修养的根本。如果说他看不上馆职而不去做，那州县的小官吏地位更低，他为什么又能安心做呢？不只是安心，甚至还主动去求取这些职位。他只是因为家里穷，父母年老，不得不为了俸禄做官，才不惜降低身份去做自己心里觉得安适的事。等到他被任命为翰林学士的时候，他的老母亲已经去世了，家里的经济状况也稍微好了些，足够养活自己，所以他才接受了这个职位，所以是他当时所处环境与以前已经不一样了。所以我评价王安石的为人，说他像伯夷[①]，毋宁说他更像柳下惠[②]。然而那些不喜欢他的人私下里议论纷纷，这难道不是太过分了吗？现在我摘录《临川全集》中的一

① 伯夷是商朝末年孤竹国国君的长子，和弟弟叔齐因互让君位而出奔至周，武王伐纣后，伯夷耻于食周粟而与弟弟饿死于首阳山，以清高有节闻名。

② 柳下惠是春秋鲁国人，是“坐怀不乱”典故的主人公，有贤名，以正直著称，在鲁国虽屡次被罢官，但从未离开。《孟子·万章下》记载他“不羞污君，不辞小官”，意思是不以侍奉坏君主为可耻，不以官职小而不就。梁启超认为王安石像柳下惠一样，以务实的态度坚持原则，保持高尚的情操。

两篇文章来证实我的话。他在皇祐三年（1051年）的《乞免就试状》中写道：

准中书札子，奉圣旨，依前降指挥发来赴阙就试者。伏念臣祖母年老，先臣未葬，弟妹当嫁，家贫口众，难住京师。比尝以此自陈，乞不就试，慢废朝命，尚宜有罪，幸蒙宽赦，即赐听许。不图逊事之臣，更以臣为恬退。令臣无葬嫁奉养之急，而逡巡辞避，不敢当清要之选，虽曰恬退可也。今特以营私家之急，择利害而行，谓之恬退，非臣本意。兼臣罢县守阙，及今二年有余，老幼未尝宁宇，方欲就任，即令赴阙，实于私计有妨。伏望圣慈察臣本意，止是营私，特寝召试指挥，且令终满外任。

这是他最初拒绝征召时写的。因为文彦博推荐他时说他有淡于名利、安于退让的风度，所以文中如此回应（文彦博的推荐信说："文馆的职位是士人们都想要的，但王安石恬然自守，像他这样的人，可以说十分难得。"）。在这之前，还有庆历七年（1047年）的《上相府书》。在这之后，有至和元年（1054年）的《辞集贤校理状》两篇，嘉祐元年（1056年）的《上执政书》和《上欧阳永叔书》，嘉祐二年的《上曾参政书》，以及嘉祐三年的《上富相公书》。这些文章的措辞都差不多，不只表现出他对父母和朋友的深厚感情，而且他在自处之道上也毫不逊色于古人。但却一定要说他是在装模作样，何必如此诬陷他呢？而且王安石自己也不曾轻视过小官职，他说过：

某不思其力之不任也，而惟孔子之学，操行之不得，取正于孔子焉而已。官为吏，非志也，窃自比古之为贫者。（《答王该书》）

某常以今之仕进，为皆诎道而信身者，顾有不得已焉者。舍为仕进则无以自生，舍为仕进而求其所以自生，其诎道有甚焉，此固某之亦不得

已焉者。独尝为《进说》以劝得已之士焉，得已而已焉者，未见其人也。（《答张几书》）

从这里可以看出，王安石的志向就像伊尹在莘野耕种，直到遇见成汤才出山为官。他考虑到自己做不到这一点，所以他已经在很多方面降低了自己的标准，顺从了流俗。但后来的人还是偷偷地议论他，这到底是出于什么心态啊？

孔子在担任管理粮仓的小官时追求账目的准确，在担任主管畜牧的小吏时致力于牛羊的繁育。王安石也是如此。尽管他内心并不想担任这些小官职，但既然接受了，他就会忠于职守，不愿意有丝毫的马虎，这就是其学问之所以不欺人的原因。

王安石所治之处都有所成就，特别是在鄞县时。《宋史·本传》说他修建堤坝，改善水利，贷粮给百姓，建立了利息制度，使新旧粮食得以交换，方便了当地居民。这些都是后来他执政时推行的农田、水利和青苗法等，先在一小块地方试行了。《临川全集》中有《鄞县经游记》《上杜学士论开河书》《上孙司谏书》等文章，都可见他在鄞县治理的政绩。明代嘉靖年间，陈九川在为王安石的文集作序时说："王安石在鄞县任职，被称为循吏，死后立庙受人奉祀，百姓至今仍然敬仰他。"王安石能够使百姓对他怀念数百年而不衰，这自然是他的道德和政绩所致。

王安石是一个实干的人，不是一个喜欢空谈的人，不过他文集中也零零散散地有些他执政之前的政论。现在我将摘录一两处供大家观看，我们可以从中看出王安石的抱负。他在《与马运判书》中写道：

方今之所以穷空，不独费出之无节，又失所以生财之道故也。富其家者资之国，富其国者资之天下，欲富天下，则资之天地。盖为家者，不为其子生财，有父之严而子富焉，则何求而不得？今阖门而与其子市，而门之外莫入焉，虽尽得子之财，犹不富也。盖近世之言利虽善矣，皆有国者资天下之术耳，直相市于门之内而已。此其所以困与？

这些话与现代的经济学和财政学原理是多么吻合啊！王安石的理财政策都体现在这里了。而后世却把他看作搜刮民财的官员，这与他的精神境界恰恰相反啊！《临川全集》中还有一篇《议茶法》，讨论了应该废除茶叶专卖；另外一篇《上运使孙司谏书》中则论述，官府卖盐是不可行的。这些观点即使是现在的财政专家也应当采纳，但当时的评论者却把王安石和桑弘羊、孔仅这些人相提并论，这是多么不公平啊！

还有几首诗，也是王安石表达自己的财政观点的，我现在也记录下来：

先王有经制，颁赉上所行。后世不复古，贫穷主兼并。非民独如此，为国赖以成。筑台尊寡妇，入粟至公卿。我尝不忍此，愿见井地平。大意苦未就，小官苟营营。三年佐荒州，市有弃饿婴。驾言发富藏，云以救鳏惸。崎岖山谷间，百室无一盈。乡豪已云然，罢弱安可生。兹地昔丰实，土沃人良耕。他州或呰窳，贫富不难评。豳诗出周公，根本讵宜轻。愿书《七月》篇，一寤上聪明。（《发廪》）

三代子百姓，公私无异财。人主擅操柄，如天持斗魁。赋予皆自我，兼并乃奸回。奸回法有诛，势亦无自来。后世始倒持，黔首遂难裁。秦王不知此，更筑怀清台。礼义日已偷，圣经久堙埃。法尚有存者，欲言时所咍。俗吏不知方，掊克乃为材。俗儒不知变，兼并可无摧。利孔至百出，小人私阖开。有司与之争，民更可怜哉。（《兼并》）

婚丧孰不供，贷钱免尔萦。耕收孰不给，倾粟助之生。物赢我收之，物窘出使营。后世不务此，区区挫兼并。（《寓言》）

《发廪》和《兼并》这两首诗，王安石提出的观点，大概和现在所说的社会主义有点接近。这些观点是否可行，我会在别章另外讨论。他的《寓言》这首诗，是后来青苗法、均输法的渊源。

王安石在《省兵》一诗中说：

有客语省兵，省兵非所先。方今将不择，独以兵乘边。前攻已破散，后距方完坚。以众亢彼寡，虽危犹幸全。将既非其才，议又不得专。兵少败孰继，胡来饮秦川。万一虽不尔，省兵当何缘？骄惰习已久，去归岂能田？不田亦不桑，衣食犹兵然。省兵岂无时，施置有后前。王功所由起，古有《七月》篇。百官勤俭慈，劳者已息肩。游民慕草野，岁熟不在天。择将付以职，省兵果有年。

这是王安石对当时军事政策的看法，后来他执政时也是按照这些话来一一实施的。

他在《材论》中说：

天下之患，不患材之不众，患上之人不欲其众。不患士之不欲为，患上之人不使其为也。夫材之用，国之栋梁也，得之则安以荣，失之则亡以辱。然上之人不欲其众，不使其为者，何也？是有三蔽焉。其尤蔽者，以为吾之位可以去辱绝危，终身无天下之患，材之得失，无补于治乱之数，故偃然肆吾之志，而卒入于败乱危辱。此一蔽也。又或以谓吾之爵禄富贵，足以诱天下之士，荣辱忧戚在我，吾可以坐骄天下之士，将无不趋我者，则亦卒入于败乱危辱而已。此亦一蔽也。又或不求所以养育取用之道，而謉謉然以为天下实无材，则亦卒入于败乱危辱而已。此亦一蔽也。此三蔽者，其为患则同，然而用心非不善而犹可以论其失者，独以天下为无材者耳。盖其心非不欲用天下之材，特未知其故也。且夫人之有材能者，其形何以异于人哉？惟其遇事而事治，画策而利害得，治国而国安利，此其所以异于人也。上之人苟不能精察之，审用之，则虽抱皋、夔、稷、契之智，且不能自异于众，况其下者乎？

世之蔽者方曰：“人之有异能于其身，犹锥之在囊，其末立见，故未有有其实而不可见者也。”此徒有见于锥之在囊，而固未睹夫马之在厩也。驽骥杂处，饮水食刍，嘶鸣蹄啮，求其所以异者蔑矣。及其引重车，取夷路，不屡策，不烦御，一顿其辔而千里已至矣。当是之时，使驽马并驱，则虽倾轮绝勒，败筋伤骨，不舍昼夜而追之，辽乎其不可以及也，夫然后骐骥騕褭与驽骀别矣。

古之人君知其如此，故不以天下为无材，尽其道以求而试之。试之之道，在当其所能而已。夫南越之修簳，镞以百练之精金，羽以秋鹗之劲翮，加强弩之上，而彍之千步之外，虽有犀兕之悍，无不立穿而死者。此天下之利器，而决胜觌武之所宝也。然用以敲朴，则无以异于朽槁之梃。是知虽得天下之瑰材杰智，而用之不得其方，亦若此矣。古之人君知其如此，于是铢量其能而审处之，使大者小者长者短者强者弱者，无不适其任者焉。如是则士之愚蒙鄙陋者，皆能奋其所知以效小事，况其贤能智力卓荦者乎！呜呼！后之在位者，盖未尝求其说而试之以实也，而坐曰天下果无材，亦未之思而已矣。或曰：“古之人于材，有以教育成就之，而子独言其求而用之者，何也？”曰：天下法度未立之先，必先索天下之材而用之。如能用天下之材，则能复先王之法度；能复先王之法度，则天下之小事无不如先王时矣，况教育成就人材之大者乎？此吾所以独言求而用之之道也。

这些是王安石关于政治用人的观点。

以上我所引录的，只展示了王安石一生的抱负的一小部分，而他后来的政策措施，从这些已经可以看到了。

第七章

执政前的王安石

（下）

王安石在宋仁宗嘉祐三年的时候，被任命为提点江东刑狱。当他赴任归来到京城复命时，随即上疏表达了自己的政治观点。这次奏疏可以视为王安石的政治宣言。后世的学者，只要稍微了解国史的，大概都读过这篇奏疏。现在我不回避大家已熟悉的内容，将全文引录下来，并稍作解释，以供研究古代治国方略的人参考。

臣愚不肖，蒙恩备使一路，今又蒙恩召还阙廷，有所任属，而当以使事归报陛下。不自知其无以称职，而敢缘使事之所及，冒言天下之事。伏惟陛下详思而择处其中，幸甚！窃观陛下有恭俭之德，有聪明睿智之才，夙兴夜寐，无一日之暇，声色狗马、观游玩好之事，无纤介之蔽，而仁民爱物之意，孚于天下。而又公选天下之所愿以为辅相者属之以事，而不贰于谗邪倾巧之臣。此虽二帝三王之用心，不过如此而已。宜其家给人足，天下大治。而效不至于此，顾内则不能无以社稷为忧，外则不能无惧于夷狄，天下之财力日以困穷，而风俗日以衰坏，四方有志之士，諰諰然常恐天下之久不安。此其故何也？患在不知法度故也。今朝廷法严令具，无所不有，而臣以谓无法度者，何哉？方今之法度，多不合乎先王之政故也。孟子曰："有仁心仁闻而泽不加于百姓者，为政不法于先王之道故也。"以孟子之说，观方今之失，正在于此而已。夫以今之世去先王之世远，所遭之变，所遇之势不一，而欲一一修先王之政，虽甚愚者犹知其难也。然臣以谓今之失患在不法先王之政者，以谓当法其意而已。夫二帝三王相去盖千有余载，一治一乱，其盛衰之时具矣。其所遭之变，所遇之势，亦各不同，其施设之方亦皆殊，而其为天下国家之意，本末先后，未尝不同也。臣故曰：当法其意而已。法其意，则吾所改易更革，不至乎倾骇天下之耳目，嚣天下之口，而固已合乎先王之政矣。

（按）现在谈论政治的人，一定会提到以法治国——从来没有一个国家能够不依靠法律而实现治理的。但是中国的儒家学者却避讳谈论这一点，只是守着祖宗的成法，但这些所谓的祖宗成法只是沿袭前代的旧规，一代又一代，几千年下来，国家治理的状况越来越糟糕。真正以政治家身份被后人记住的人，只对现有的法律或政策进行了一些名称与实际是否相符的审核，稍微好一点的，也就是修补了一些法律或政策的漏洞。真正提出变法建议的，只有汉朝的董仲舒，他比喻说："若琴瑟不调，必须改弦更张，然后才可弹奏。"但是董仲舒的变法建议只是关于改正历法和服饰颜色，这些并不是治理国家的关键。董仲舒并不是真正能变法的人，而汉武帝的志向也不在此，就不详说了。从董仲舒以后，就没有再听说有人能毅然决然地承担起制定法律的责任。真正以诚挚之心为国家忧虑的人，百年难遇，即使有这样的人，他们的见识也不足以达到这个高度。他们对于国家的本质并不了解，认为国家只有君主，所有的法律都是为君主而设立的。如果法律真的是为君主而设立的，那么经过几千年的经验，法律应该已经非常完备了，不必改弦更张也是应该的。唉，三代以前的就不说了，而在秦汉以后，真正了解国家本质，以诚挚之心为国家忧虑的人，只有王安石一个人啊！王安石对国家的忧虑是真诚的，他痛心疾首于国家的停滞不前和人民的贫困，他深入探求原因，就像追溯黄河的源头直到星宿海一样。因此，他敢于断言："问题在于不知道法度。"说得极是啊！尽管有些评论家认为王安石诵法先王，是一位保守派或理想家，不了解当今社会的实际需求，然而他本人不是说过，他学习先王是学习先王的意旨，而不是他们表面的做法。用现代语言解释，王安石所说的先王并不是指具体的先王，而是抽象的先王。更直白地说，他所说的"先王之意"，其实是政治上那些重要的基本原则和理念。王安石的变法并不是想要惊世骇俗，但如果最终造成了惊世骇俗的效果，那也不是他的过错。

虽然，以方今之世揆之，陛下虽欲改易更革天下之事，合于先王之意，其势必不能也。陛下有恭俭之德，有聪明睿智之才，有仁民爱物之意，诚加之意，则何为而不成？何欲而不得？然而臣顾以谓陛下虽欲改易更革天下之事合于先王之意，其势必不能者，何也？以方今天下之人才不足故也。臣尝试窃观天下在位之人，未有乏于此时者也。夫人才乏于上，则有沉废伏匿在下而不为当时所知者矣。臣又求之于闾巷草野之间，而亦未见其多焉。岂非陶冶而成之者非其道而然乎？臣以谓方今在位之人才不足者，以臣使事之所及，则可知矣。今以一路数千里之间，能推行朝廷之法令，知其所缓急，而一切能使民以修其职事者甚少，而不才苟简贪鄙之人，至不可胜数。其能讲先王之意以合当时之变者，盖阖郡之间，往往而绝也。朝廷每一令下，其意虽善，在位者犹不能推行，使膏泽加于民，而吏辄缘之为奸，以扰百姓。臣故曰：在位之人才不足，而草野闾巷之间亦未见其多也。夫人才不足，则陛下虽欲改易更革天下之事，以合先王之意，大臣虽有能当陛下之意而欲领此者，九州之大，四海之远，孰能称陛下之旨，以一二推行此而人人蒙其施者乎？臣故曰：其势必未能也。孟子曰“徒法不能以自行”，非此之谓乎？然则方今之急，在于人才而已。诚能使天下之才众多，然后在位之才可以择其人而取足焉。在位者得其才矣，然后稍视时势之可否，而因人情之患苦，变更天下之弊法，以趋先王之意，甚易也。

（按）法治确实是迫切需要的，但执行法律的是人，制定法律的也是人，所以，王安石既把法律作为根本，又把人才作为根本的根本，毕竟法治国家的根本在于大多数的人民。这就是王安石的见解。

今之天下，亦先王之天下。先王之时，人才尝众矣，何至于今而独不足乎？故曰：陶冶而成之者非其道故也。商之时，天下尝大乱矣，在位贪毒祸败，皆非其人。及文王之起，而天下之才尝少矣。当是时，文王能陶冶天下之士，而使之皆有士君子之才，然后随其才之所有而官使之。《诗》曰："岂弟君子，遐不作人。"此之谓也。及其成也，微贱兔罝之人，犹莫不好德。《兔罝》之诗是也，又况于在位之人乎？夫文王惟能如此，故以征则服，以守则治。《诗》曰："奉璋峨峨，髦士攸宜。"又曰："周王于迈，六师及之。"言文王所用，文武各得其才，而无废事也。及至夷、厉之乱，天下之才又尝少矣。至宣王之起，所与图天下之事者，仲山甫而已，故诗人叹之曰："德輶如毛，维仲山甫举之，爱莫助之。"盖闵人士之少，而山甫之无助也。宣王能用仲山甫，推其类以新美天下之士，而后人才复众。于是内修政事，外讨不庭，而复有文、武之境土。故诗人美之曰："薄言采芑，于彼新田，于此菑亩。"言宣王能新美天下之士，使之有可用之才，如农夫新美其田，而使之有可采之芑也。由此观之，人之才，未尝不自人主陶冶而成之者也。

（按）这个观点，近代的曾国藩继承并做了进一步的阐述，他说："现在的君子们身居高位，总是说天下没有人才。他们自己坐在高位上，不能用自己的意志改变社会风气，反而归咎于没有人才，这难道不是诬陷吗？即使只有十户人家的小镇，也一定有倡导正义的人，他的智慧足以影响十个人，那么他就一定能从这十个人中选拔出最优秀的人才；如果他的智慧足以影响一百个人，那么他就一定能从这一百个人中选拔出最优秀的人才。这样看来，改变社会风气并塑造一代人，不仅仅是坐在高位上的人的责任，每个有官职的人都有责任。"他的话更加广泛、深刻、明了。

再看王安石的这些观点，他为什么只把塑造人才的责任归于君主呢？这不仅是因为他是对君主说的，而是因为个人培育人才的范围有限，而君主的范围广泛；个人培育人才的效力缓慢，而君主的效力迅速。所以，如果不坐在高位上，却尽力去履行这个责任，那是因为没有办法，只能退而求其次聊以自慰，总比没有好。曾国藩为国家所做的就是这样。如果想多发现一个国家的人才并带领他们前进，开明专制是最快的制度，这就是俾斯麦为德国所做的一切，而曾国藩是无法与之相比的。

所谓陶冶而成之者何也？亦教之、养之、取之、任之有其道而已。

所谓教之之道何也？古者天子诸侯，自国至于乡党，皆有学，博置教导之官而严其选，朝廷礼乐政刑之事，皆在于学。士所观而习者，皆先王之法言德行治天下之意，其才亦可以为天下国家之用。苟不可以为天下国家之用，则不教也；苟可以为天下国家之用者，则无不在于学。此教之之道也。

所谓养之之道何也？饶之以财，约之以礼，裁之以法也。何谓饶之以财？人之情，不足于财，则贪鄙苟得，无所不至。先王知其如此，故其制禄，自庶人之在官者，其禄已足以代其耕矣。由此等而上之，每有加焉，使其足以养廉耻而离于贪鄙之行。犹以为未也，又推其禄以及其子孙，谓之世禄。使其生也，既于父母、兄弟、妻子之养，婚姻、朋友之接，皆无憾矣；其死也，又于子孙无不足之忧焉。何谓约之以礼？人情足于财而无礼以节之，则又放僻邪侈，无所不至。先王知其如此，故为之制度。婚丧、祭养、燕享之事，服食、器用之物，皆以命数为之节，而齐之以律度量衡之法。其命可以为之而财不足以具，则弗具也；其财可以具而命不得为之者，不使有铢两分寸之加焉。何谓裁之以法？先王于天下之士，教之以道艺矣，不帅教则待之以屏弃远方、终身不齿之法；约之以礼矣，不循礼则待之以流、杀之法。《王制》曰："变衣服者其君流。"《酒诰》曰："厥或诰曰：'群饮，汝勿佚，尽执拘以归于周，予其杀。'"夫群饮、变衣服，小罪也；流、杀，大刑也。加小罪以大刑，先王所以忍而不疑者，以为不如是不足以一天下之俗而成吾治。夫约之以礼，裁之以法，天下所以服从无抵冒者，又非独其禁严而治察之所能致也，盖亦以吾至诚恳恻之心力行而为之倡。凡在左右通贵之人，皆顺上之欲而服行之，有一不帅者，法之加必自此始。夫上以至诚行之，而贵者知避上之所恶矣，则天下之不罚而止者众矣。故曰：此养之之道也。

所谓取之之道者何也？先王之取人也，必于乡党，必于庠序，使众人推其所谓贤能书之，以告于上而察之，诚贤能也，然后随其德之大小、才之高下而官使之。所谓察之者，非专用耳目之聪明，而听私于一人之口也。欲审知其德问以行，欲审知其才问以言，得其言行，则试之以事。所谓察之者，试之以事是也。虽尧之用舜，不过如此而已，又况其下乎？若夫九州之大，四海之远，万官亿丑之贱，所须士夫之才则众矣，有天下者又不可以一一自察之也，又不可偏属于一人，而使之于一日二日之间，试其能行而进退之也。盖吾已能察其才行之大者，以为大官矣，因使之取其类，以持久试之，而考其能者以告于上，而后以爵命、禄秩予之而已。此取之之道也。

所谓任之之道者何也？人之才德，高下厚薄不同，其所任有宜有不宜。先王知其如此，故知农者以为后稷，知工者以为共工。其德厚而才高者以为之长，德薄而才下者以为之佐属。又以久于其职，则上狃习而知其事，下服驯而安其教，贤者则其功可以至于成，不肖者则其罪可以至于著，故久其任而待之以考绩之法。夫如此，故智能才力之士，则得尽其智以赴功，而不患其事之不终，其功之不就也。偷惰苟且之人，虽欲取容于一时，而顾谬辱在其后，安敢不勉乎？若夫无能之人，固知辞避而去矣，居职任事之日久，不胜任之罪，不可以幸而免故也。彼且不敢冒而知辞避矣，尚何有比周、谗谄、争进之人乎？取之既已详，使之既已当，处之既已久，至其任之也又专焉，而不一一以法束缚之，而使之得行其意。尧舜之所以理百官而熙众工者，以此而已。《书》曰："三载考绩，三考黜陟幽明。"此之谓也。然尧舜之时，其所黜者则闻之矣，盖四凶是也。其所陟者，则皋陶、稷、契，皆终身一官而不徙。盖其所谓陟者，特加之爵命禄赐而已耳。此任之之道也。

夫教之、养之、取之、任之之道如此，而当时人君又能与其大臣，悉其耳目心力，至诚恻怛，思念而行之，此其人臣之所以无疑，而于天下国家之事，无所欲为而不得也。

（按）王安石所说的关于教育应当振兴、官吏应当长期任职等问题，稍微了解治国之道的人都不会有不同的看法，无须多言。但是，王安石关于用法律来裁量的观点，特别是提出对犯有小罪的人施加重刑，有人怀疑他过于严格地运用了申不害、商鞅之流的法家手段，这在政治原理上就偏离了正道。国家与人民之间存在命令与服从的关系，国家的统治权力是至高无上且不可抗拒的，这不仅是专制国家如此，立宪国家也是如此。如果某事不可行，就不应当制定为法律；如果制定了法律却可以不执行，那就是亵渎了国家的神圣。后来元祐时期的君子们，因为阻挠新法而被贬谪迁徙，他们对王安石产生了怨恨和愤怒。这些君子是否想过管仲治理齐国时的做法呢？管仲曾说："违反法律的死，擅自增加法律的死，不执行法律的死，拖延法律的死，不服从法律的死。"王安石之所以失败，正是因为他过于宽容，没有践行这些话。

方今州县虽有学，取墙壁具而已，非有教导之官长育人才之事也。唯太学有教导之官，而亦未尝严其选，朝廷礼乐刑政之事，未尝在于学；学者亦漠然自以礼乐刑政为有司之事，而非己所当知也。学者之所教，讲说章句而已。讲说章句，固非古者教人之道也。近岁乃始教之以课试之文章。夫课试之文章，非博诵强学、穷日之力则不能，及其能工也，大则不足以用天下国家，小则不足以为天下国家之用。故虽白首于庠序，穷日之力以帅上之教，乃使之从政，则茫然不知其方者，皆是也。

盖今之教者，非特不能成人之才而已，又从而困苦毁坏之，使不得成材者，何也？夫人之才成于专而毁于杂，故先王之处民才，处工于官府，处农于畎亩，处商贾于肆，而处士于庠序，使各专其业，而不见异物，惧异物之足以害其业也。

所谓士者，又非特使之不得见异物而已，一示之以先王之道，而百家诸子之异说，皆屏之而莫敢习者焉。今士之所宜学者，天下国家之用也，今悉使置之不教，而教之以课试之文章，使其耗精疲神、穷日之力以从事于此。及其任之以官也，则又悉使置之，而责之以天下国家之事。夫古之人，以朝夕专其业于天下国家之事，而犹才有能有不能，今乃移其精神，夺其日力，以朝夕从事于无补之学，及其任之以事，然后卒然责之以为天下国家之用，宜其才之足以有为者少矣。臣故曰：非特不能成人之才，又从而困苦毁坏之，使不得成材也。

（按）后来的评论者，有的将改革八股取士而产生的弊端归咎于王安石，认为这是他的罪过。唉，他们这是对王安石的极大诬陷啊！王安石曾说过，培养人才必须依靠学校，这是非常明确的。在他执政初期，还没有废除科举制度，是因为当时学校教育还没有普及，所以不得不这么做。这个问题在下面的内容中会进一步讨论。

又有甚害者，先王之时，士之所学者，文武之道也。士之才，有可以为公卿大夫，有可以为士，其才之大小、宜不宜则有矣。至于武事，则随其才之大小，未有不学者也。故其大者，居则为六官之卿，出则为六军之将也。其次则比闾、族党之师，亦皆卒两、师旅之帅也。故边疆宿卫，皆得士大夫为之，而小人不得奸其任。

今之学者，以为文武异事，吾知治文事而已，至于边疆宿卫之任，则推而属之于卒伍，往往天下奸悍无赖之人，苟其才行足以自托于乡里者，亦未有肯去亲戚而从召募也。

边疆宿卫，此乃天下之重任，而人主之所当慎重者也。故古者教士以射御为急，其他技能，则视其人才之所宜而后教之，其才之所不能则不强也。至于射，则为男子之事。人之生有疾则已，苟无疾，未有去射而不学者也。在庠序之间，固当从事于射也。有宾客之事则以射，有祭祀之事则以射，别士之行同能偶则以射，于礼乐之事，未尝不寓以射，而射亦未尝不在于礼乐祭祀之间也。《易》曰："弧矢之利以威天下。"先王岂以射为可以习揖让之仪而已乎？固以为射者武事之尤大，而威天下、守国家之具也。居则以是习礼乐，出则以是从战伐。士既朝夕从事于此而能者众，则边疆宿卫之任皆可以择而取也。

夫士尝学先王之道，其行义尝见推于乡党矣，然后因其才而托之以边疆宿卫之事。此古之人君，所以推干戈以属之人，而无内外之虞也。今乃以天下之重任、人主所当至慎之选，推而属之奸悍无赖、才行不足自托于乡里之人，此方今所以諰諰然常抱边疆之忧，而虞宿卫之不足恃以为安也。今孰不知边疆宿卫之士不足恃以为安哉？顾以为天下学士，以执兵为耻，而亦未有能骑射行陈之事者，则非召募之卒伍，孰能任其事者乎？夫不严其教高其选，则士之以执兵为耻，而未尝有能骑射行陈之事，固其理也。凡此皆教之非其道故也。

（按）这是王安石所持的“国民皆兵”的主张，在现今的东方和西方国家都是通向强大的道路。而我国从秦汉至今的两千年间，无论是王安石之前还是之后，都没人能提出这样的见解。王安石通过学校教育引导国民崇尚武力的方法，与现在学校特别重视体育教育的做法是多么吻合啊！

我国长期以来都轻视军人，尤其是自宋朝以来，这种轻视更加严重。在募兵制度下，想要让军人不再被轻视，就像有人想去燕国却驾车往相反的方向行进。王安石所说的将天下的重任交给那些才能和行为都无法使其在乡下谋生的奸悍无赖，而天下的士人却以执兵为耻，这种情况至今仍然没有改变。如果没有王安石，那么这种长期存在的弊病何时才能得到改变呢？

方今制禄，大抵皆薄，自非朝廷侍从之列，食口稍众，未有不兼农商之利而能充其养者也。其下州县之吏，一月所得，多者钱八九千，少者四五千，以守选、待除、守阙通之，盖六七年而后得三年之禄，计一月所得，乃实不能四五千，少者乃实不能及三四千而已。虽厮养之给，亦窘于此矣，而其养生、丧死、婚姻、葬送之事，皆当于此。

夫出中人之上者，虽穷而不失为君子；出中人之下者，虽泰而不失为小人；唯中人不然，穷则为小人，泰则为君子。计天下之士，出中人之上下者，千百而无十一，穷而为小人、泰而为君子者，则天下皆是也。先王以为众不可以力胜也，故制行不以己，而以中人为制，所以因其欲而利道之，以为中人之所能守，则其志可以行于天下而推之后世。以今之制禄，而欲士之无毁廉耻，盖中人之所不能也。故今官大者，往往交赂遗、营资产以负贪污之毁；官小者，贩鬻乞丐无所不为。夫士已尝毁廉耻以负累于世矣，则其偷惰取容之意起，而矜奋自强之心息，则职业安得而不弛，治道何从而兴乎？又况委法受赂侵牟百姓者，往往而是也。此所谓不能饶之以财也。

婚丧、奉养、服食、器用之物，皆无制度以为之节，而天下以奢为荣，以俭为耻，苟其财之可以具，则无所为而不得。有司既不禁，而人又以此为荣，苟其财不足而不能自称于流俗，则其婚丧之际，往往得罪于族人亲姻，而人以为耻矣。故富者贪而不知止，贫者则强勉其不足以追之，此士之所以重困，而廉耻之心毁也。凡此所谓不能约之以礼也。

方今陛下躬行俭约以率天下，此左右通贵之臣所亲见。然而其闺门之内，奢靡无节，犯上之所恶以伤天下之教者，有已甚者矣，未闻朝廷有所放绌以示天下。昔周人之拘群饮而被之以杀刑者，以为酒之末流生害有至于死者众矣，故重禁其祸之所自生。重禁祸之所自生，故其施刑极省，而人之抵于祸败者少矣。今朝廷之法，所尤重者独贪吏耳。重禁贪吏而轻奢靡之法，此所谓禁其末而弛其本。

（姚鼐说从“陛下躬行”到“弛其本”这一段，与后文从“法严令具”到“不能裁之以刑也”这一段，应前后互换。现在可见的南宋时期雕版印刷本王安石文集存在极多错误，而世上也没有好的版本来校正它。我认为，“世之议者”这一段实际上补充的是关于“饶财”之外的意思；“陛下躬行”这一段则是补充的“约以礼裁以刑”以外的意思。这两段内容都应当在“不能裁之以刑也”这一结论句之后。但由于刊印版本的错误，没有人察觉到文势上的不顺。此外，“然而世之议者”这一句前面应该也有脱漏。）

然而世之议者，以为方今官冗，而县官财用已不足以供之，（姚鼐说下面有脱文）其亦蔽于理矣。今之入官诚冗矣，然而前世置员盖甚少，而赋禄又如此之薄，则财用之所不足，盖亦有说矣，吏禄岂足计哉？臣于财利固未尝学，然窃观前世治财之大略矣，盖因天下之力以生天下之财，取天下之财以供天下之费。自古治世，未尝以不足为天下之公患也，患在治财无其道耳。今天下不见兵革之具，而元元安土乐业，人致己力以生天下之财，然而公私常以困穷为患者，殆以理财未得其道，而有司不能度世之宜而通其变耳。诚能理财以其道而通其变，臣虽愚，固知增吏禄不足以伤经费也。

（按）孔子曾经说过，给予官员丰厚的薪水是为了激励他们更好地为国家服务。后世那些讨论政治的人，也都明白这一点是非常重要和紧迫的，但是有人对此表示担忧。其中一个担忧是增加官吏的俸禄会增加国家财政经费支出。王安石已经对此进行了辩解。王安石的财政观点在这篇文章中没有详细讨论，但他提出的“天下之力以生天下之财，取天下之财以供天下之费”的原则，是他财政学说的核心。古今中外的国家，官吏的俸禄通常只占国家总支出的一小部分。如果财政管理得当，那么即使增加这部分的比例，也不会成为问题；如果管理不当，即使减少这部分的比例，也无法解决财政的困境。王安石所说，增加官吏俸禄不会增加国家财政经费支出，确实是懂得治理之道。还有一种说法是，即使增加了俸禄，也不足以阻止贪污，那些大肆收受贿赂扰乱官场的人，并不是因为俸禄低而贪污，而是因为俸禄高。这种说法，通过观察今天的军机大臣和总督巡抚的情况就可以得到证实，通过观察那些享有优厚待遇的公务人员的情况也可以得到证实，我们似乎无法反驳这一点。然而，如果只是提高他们的俸禄而没有法律和制度来监督和问责，那么确实就像那些评论者所说的那样了。因此，王安石在提出增加俸禄的同时，也提出了要“约之以礼”“裁之以法”。但是，如果只是有法律和制度来监督和问责，而提供给他们的薪俸不足以维持生活，那么法律也就成了空文。一个好的方法和意图需要与其他好的方法和意图相互配合和支持，才能形成一个完整的体系，否则即使再好，也只会像形象奇特的天吴一样，杂乱无章。近年来，我国增加了部分官吏的俸禄，这不仅增加了财政支出，还助长了官场上的追逐名利之风，导致人们的道德风气日益败坏，然而，这就能作为反对前贤增加俸禄的观点的理由或缺陷吗？

（又按）禁止奢侈浪费，古代经常有这样的教诲。但是近代之人，看到现在的欧美国家奢侈程度更加严重，而国家和人民却更加富有，于是有的人就认为奢侈并不是一种恶行。唉，这种观点太错误了！一个国家的经济，必须先有财富作为基础，然后才能使财富增长。而奢侈则是消耗财富的行为，使财富无法成为增长的基础。因此，奢侈是导致国家灭亡的重要原因。现在的欧美国家是因为富有而开始奢侈，而不是因为奢侈而变得富有。然而，既然已经有了像杜甫所说的“朱门酒肉臭，路有冻死骨”的现象，那么社会上的大多数人的贫困，则是那些奢侈浪费的人造成的啊。因此，社会问题成了今天欧美国家的大患，将来什么时候分裂崩溃无法预料，现在稍微有点见识的人都在担心。然而，还有人认为奢侈不是问题，这是为什么呢？王安石的观点是想要通过立法来惩罚奢侈，这件事固然难以实行，但他的意图却是值得采纳的。

方今法严令具，所以罗天下之士，可谓密矣。然而亦尝教之以道艺，而有不帅教之刑以待之乎？亦尝约之以制度，而有不循理之刑以待之乎？

亦尝任之以职事，而有不任事之刑以待之乎？夫不先教之以道艺，诚不可以诛其不帅教；不先约之以制度，诚不可以诛其不循理；不先任之以职事，诚不可以诛其不任事。此三者，先王之法所尤急也。今皆不可得诛，而薄物细故、非害治之急者，为之法禁。月异而岁不同，为吏者至于不可胜记，又况能一一避之而无犯者乎？此法令所以玩而不行，小人有幸而免者，君子有不幸而及者焉。此所谓不能裁之以刑也。凡此皆治之非其道也。（姚鼐按："治"当作"养"。）

（按）官僚政治，真的称得上一种良好的政治制度吗？这不是我所敢下结论的。但是近代以来，像士达因①在普鲁士实施官僚政治并取得了巨大的成效，俾斯麦继而在德意志推广并进一步增强了效果，各国开始逐渐效仿。而中国两千年来的政治，除了官僚政治之外，没有其他形式的制度。尽管官僚政治存在诸多弊端，难道它就绝对不可取吗？士达因治理普鲁士时，对待官僚的训练和监督，就像将帅对待士兵一样，因此普鲁士的官僚政治具有整齐严肃的气氛，并取得了如同人灵活使用自己的手臂、手指一样的功效。整齐严肃是官僚政治的特点，但要实现这一点必须有正确的方法，王安石对此是明白的。

方今取士，强记博诵而略通于文辞，谓之"茂才异等，贤良方正"。茂才异等、贤良方正者，公卿之选也。记不必强，诵不必博，略通于文辞，而又尝学诗赋，则谓之进士。进士之高者，亦公卿之选也。夫此二科所得之技能，不足以为公卿，不待论而后可知。而世之议者，乃以为吾常以此取天下之士，而才之可以为公卿者常出于此，不必法古之取人而后得

① 士达因，指冯·施泰因（Heinrich F. von Stein，1757—1831），普鲁士著名改革家。1806年普鲁士在第四次反法同盟战争的耶拿战役中遭遇惨败。随后，冯·施泰因担任国相，展开了废除农奴制、改组中央政府机构等一系列改革，促进了德意志民族的觉醒。

士也。其亦蔽于理矣。

先王之时，尽所以取人之道，犹惧贤者之难进，而不肖者之杂于其间也。今悉废先王所以取士之道，而驱天下之才士，悉使为贤良进士，则士之才可以为公卿者，固宜为贤良进士。而贤良进士亦固宜有时而得才之可以为公卿者也。然而不肖者，苟能雕虫篆刻之学，以此进至乎公卿，才之可以为公卿者，困于无补之学，而以此绌死于岩野，盖十八九矣。

夫古之人有天下者，其所以慎择者公卿而已。公卿既得其人，因使推其类以聚于朝廷，则百司庶物，无不得其人也。今使不肖之人，幸而至乎公卿，因得推其类聚之朝廷，此朝廷所以多不肖之人，而虽有贤智，往往困于无助，不得行其意也。且公卿之不肖，既推其类以聚于朝廷；朝廷之不肖，又推其类以备四方之任使；四方之任使者，又各推其不肖以布于州郡，则虽有同罪举官之科，岂足恃哉？适足以为不肖者之资而已。

其次九经、五经、学究、明法之科，朝廷固已尝患其无用于世，而稍责之以大义矣。然大义之所得，未有以贤于故也。今朝廷又开明经之选，以进经术之士。然明经之所取，亦记诵而略通于文辞者则得之矣。彼通先王之意而可以施于天下国家之用者，顾未必得与于此选也。

其次则恩泽子弟，庠序不教之以道艺，官司不考问其才能，父兄不保任其行义，而朝廷辄以官予之，而任之以事。武王数纣之罪，则曰“官人以世”。夫官人以世而不计其才行，此乃纣之所以乱亡之道，而治世之所无也。

又其次曰“流外”，朝廷固已挤之于廉耻之外，而限其进取之路矣。顾属以州县之事，使之临士民之上，岂所谓以贤治不肖者乎？以臣使事之所及，一路数千里之间，州县之吏出于流外者，往往而有，可属任以事者殆无二三，而当防闲其奸者皆是也。

盖古者有贤不肖之分，而无流品之别，故孔子之圣而尝为季氏吏，盖虽为吏而亦不害其为公卿。及后世有流品之别，则凡在流外者，其所成立固尝自置于廉耻之外，而无高人之意矣！夫以近世风俗之流靡，自虽士大夫之才，势足以进取，而朝廷尝奖之以礼义者，晚节末路，往往怵而为奸，况又其素所成立无高人之意，而朝廷固已挤之于廉耻之外，限其进取者乎？其临人亲职，放僻邪侈，固其理也。

至于边疆宿卫之选，则臣固已言其失矣。凡此皆取之非其道也。

（按）以科举制度选拔官员，是王安石坚决反对的。读了这篇奏疏，你就会明白他为什么会这样。王安石改变考试内容，从诗赋转向经义，这只是他的权宜之计，并非长久之策。熙宁初，王安石上奏《乞改科条制札子》，其中提到："古代的取士制度都源于学校教育，因此道德统一倡导在上，而习俗形成于下，那些人才都足以在世上有所作为。自从先王的恩泽消失，教育培养的方法没有了根基，士人虽然有好的才能，却没有学校师友来成就他们，这是议论者所担忧的。现在想要恢复古代的制度来革除这些弊端，但担心没有适当的过渡，应该先废除那些只追求韵律、对偶的文风，让学者能够专注于经义，等待朝廷建立学校，寻求三代教育选拔的方法，然后在全国施行。"将这两篇文章一起读，王安石的意图不是已经很明显了吗？然而，后世却经常将八股文的弊端归咎于王安石，这是多么冤枉啊！

方今取之既不以其道，至于任之又不问其德之所宜，而问其出身之后先；不论其才之称否，而论其历任之多少。以文学进者，且使之治财；已使之治财矣，又转而使之典狱；已使之典狱矣，又转而使之治礼。是则一人之身，而责之以百官之所能备，宜其人才之难为也。夫责人以其所难为，则人之所能为者少矣；人之能为者少，则相率而不为。故使之典礼，未尝以不知礼为忧，以今之典礼者未尝学礼故也。使之典狱，未尝以不知狱为耻，以今之典狱者未尝学狱故也。天下之人，亦以渐渍于失教，被服于成俗，见朝廷有所任使，非其资序，则相议而讪之。至于任使之不当其才，未尝有非之者也。且在位者数徙，则不得久于其官。故上不能狃习而知其事，下不肯服驯而安其教，贤者则其功不可以及于成，不肖者则其罪不可以至于著。若夫迎新将故之劳，缘绝簿书之弊，固其害之小者不足悉数也。

设官大抵皆当久于其任，而至于所部者远，所任者重，则尤宜久于其官，而后可以责其有为。而方今尤不得久于其官，往往数日辄迁之矣。取之既已不详，使之既已不当，处之既已不久，至于任之则又不专，而又一一以法束缚之，不得行其意，臣故知当今在位多非其人，稍假借之权而不一一以法束缚之，则放恣而无不为。虽然，在位非其人，而恃法以为治，自古及今，未有能治者也。即使在位皆得其人矣，而一一以法束缚之，不使之得行其意，亦自古及今，未有能治者也。

夫取之既已不详，使之既已不当，处之既已不久，任之又不专，而又一一以法束缚之，故虽贤者在位，能者在职，与不肖而无能者殆无以异。夫如此，故朝廷明知其贤能足以任事，苟非其资序，则不以任事而辄进之。虽进之，士犹不服也。明知其无能而不肖，苟非有罪，为在事者所劾，不敢以其不胜任而辄退之。虽退之，士犹不服也。彼诚不肖无能，然而士不服者，何也？以所谓贤能者任其事，与不肖而无能者亦无以异故也。臣前以为不能任人以职事，而无不任事之刑以待之者，盖谓此也。

夫教之、养之、取之、任之有一非其道，则足以败天下之人才，又况兼此四者而有之，则在位不才、苟简、贪鄙之人，至于不可胜数，而草野闾巷之间，亦少可任之才，固不足怪。《诗》曰："国虽靡止，或圣或否。民虽靡膴，或哲或谋，或肃或艾。如彼泉流，无沦胥以败。"此之谓也。

（按）这些话描述得多么像现在官僚社会的状况啊！几乎没有一点差别。以前有西方人读了马可波罗的游记（马可波罗是意大利人，在元世祖时期曾在中国服务，欧洲人了解中国就是从他的记述开始的），他们看到书中绘制的指南针图，认为这个发明是从中国传到欧洲的，样式已经比马可波罗当时记录的精细一百倍了。他们想，这个发明在中国已经几百年了，应该改良得更好了。他们来到中国，在市场上买了一个指南针，结果发现和马可波罗当时画的完全一样，连一根头发丝的差别都没有。他们感到很失望，就默默地回去了。我看到现在的政治状况，就不能不想到王安石这段文字。

夫在位之人才不足矣，而闾巷草野之间，亦少可用之才，则岂特行先王之政而不得也。社稷之托，封疆之守，陛下其能久以天幸为常而无一旦之忧乎？

盖汉之张角，三十六方同日而起，所在郡国，莫能发其谋；唐之黄巢，横行天下，而所至将吏，无敢与之抗者，汉唐之所以亡，祸自此始。唐既亡矣，陵夷以至五代，而武夫用事，贤者伏匿消沮而不见，在位无复有知君臣之义、上下之礼者也。当是之时，变置社稷，盖甚于弈棋之易，而元元肝脑涂地，幸而不转死于沟壑者无几耳！夫人才不足，其患盖如此。而方今公卿大夫，莫肯为陛下长虑后顾，为宗庙万世计，臣窃惑之。

昔晋武帝趣过目前而不为子孙长远之谋，当时在位，亦皆偷合苟容，而风俗荡然，弃礼义，捐法制，上下同失，莫以为非，有识固知其将必乱矣。而其后果海内大扰，中国列于夷狄者二百余年。伏惟三庙祖宗神灵所以付属陛下，固将为万世血食，而大庇元元于无穷也。

臣愿陛下鉴汉唐五代之所以乱亡，惩晋武苟且因循之祸，明诏大臣，思所以陶成天下之才，虑之以谋，计之以数，为之以渐，期为合于当世之变，而无负于先王之意，则天下之人才不胜用矣。人才不胜用，则陛下何求而不得，何欲而不成哉？

（按）文章恳切、直接而沉痛，已经到了无以复加的地步！当全国都沉醉在太平盛世的喜悦之时，王安石竟然发出如此毫无顾忌的言论，即使是贾谊的悲痛哭泣，也无法超越。[1]可惜的是，仁宗并没有觉悟到这一点。

夫虑之以谋，计之以数，为之以渐，则成天下之才甚易也。臣始读《孟子》，见孟子言王政之易行，心则以为诚然。及见与慎子论齐鲁之地，以为先王之制国，大抵不过百里者，以为今有王者起，则凡诸侯之地或千里或五百里，皆将损之至于数十百里而后止。于是疑孟子虽贤，其仁智足以一天下，亦安能毋劫之以兵革，而使数百千里之强国，一旦肯损其地之十八九，比于先王之诸侯？至其后观汉武帝用主父偃之策，令诸侯王地悉得推恩封其子弟，而汉亲临定其号名，辄别属汉，于是诸侯王之子弟，各有分土，而势强地大者，卒以分析弱小，然后知虑之以谋，计之以数，为之以渐，则大者固可使小，强者固可使弱，而不至乎倾骇变乱败伤之衅。孟子之言不为过，又况今欲改易更革，其势非若孟子所为之难也。臣故曰：虑之以谋，计之以数，为之以渐，则其为甚易也。

然先王之为天下，不患人之不为，而患人之不能；不患人之不能，而患己之不勉。何谓不患人之不为，而患人之不能？人之情所愿得者，善行、美名、尊爵、厚利也，而先王能操之以临天下之士，天下之士能遵之以治者，则悉以其所愿得者以与之。士不能则已矣，苟能，则孰肯舍其所愿得而不自勉以为才？故曰：不患人之不为，而患人之不能。

何谓不患人之不能，而患己之不勉？先王之法，所以待人者尽美，自非下愚不可移之才，未有不能赴也。然而不谋之以至诚恻怛之心力行而先之，未有能以至诚恻怛之心力行而应之者也。故曰：不患人之不能，患己之不勉。陛下诚有意乎成天下之才，则臣愿陛下勉之而已。

臣又观朝廷异时欲有所施为变革，其始计利害未尝不熟也，顾有一

① 西汉文学家贾谊曾向汉文帝上疏《治安策》（又名《陈政事疏》），揭示当时的社会政治问题，言辞恳切，显示出其对国家的深切关心。

流俗侥幸之人，不悦而非之，则遂止而不敢。夫法度立则人无独蒙其幸者，故先王之政，虽足以利天下，而当其承弊坏之后侥幸之时，其创法立制，未尝不艰难也。使其创法立制，而天下侥幸之人，亦顺悦以趋之，无有龃龉，则先王之法，至今存而不废矣。惟其创法立制之艰难，而侥幸之人不肯顺悦而趋之，故古之人欲有所为，未尝不先之以征诛而后得其意。《诗》曰："是伐是肆，是绝是忽，四方以无拂。"此言文王先征诛而后得意于天下也。

夫先王欲立法度以变衰坏之俗而成人之才，虽有征诛之难，犹忍而为之，以为不若是不可以有为也。及至孔子，以匹夫游诸侯，所至则使其君臣捐所习，逆所顺，强所劣，憧憧如也，卒困于排逐。然孔子亦终不为之变，以为不如是不可以有为，此其所守盖与文王同意。夫在上之圣人莫如文王，在下之圣人莫如孔子，而欲有所施为变革，则其事盖如此矣。

今有天下之势，居先王之位，创立法制，非有征诛之难也，虽有侥幸之人不悦而非之，固不胜天下顺悦之人众也。然而一有流俗侥幸不悦之言，则遂止而不敢为者，惑也。陛下诚有意乎成天下之才，则臣又愿断之而已。

夫虑之以谋，计之以数，为之以渐，而又勉之以成，断之以果，然而犹不能成天下之才，则以臣所闻盖未有也。

（按）读了这些就能知道，后来王安石的执政生涯中，他的主张遭到了一般人的非议和攻击，王安石早就预料到了这一点。尽管经历了许多挫折，他仍然坚持自己的理念，绝不后悔。可惜的是，仁宗并不理解这些。范仲淹这样的名臣任职时所进行的变革不过是一些小事，但因为触动了那些依靠运气获得地位的人的利益，仅三个月，王安石就被迫离职。仁宗的优柔寡断由此可见一斑。而王安石虽然没有得到仁宗的充分理解和支持，却始终坚持自己的理念，反复陈说，这难道不是孟子所说的"齐人莫如我敬王"吗？

然臣之所称，流俗之所不讲，而今之议者，以谓迂阔而熟烂者也。窃观近世士大夫所欲悉心力耳目以补助朝廷者有矣。彼其意，非一切利害，则以为当世所能行者。士大夫既以此希世，而朝廷所取于天下之士，亦不过如此。至于大伦大法礼义之际，先王之所力学而守者，盖不及也。一有及此，则群聚而笑之，以为迂阔。今朝廷悉心于一切之利害，有司法令（脱字）于刀笔之间，非一日也，然其效可观矣。则夫所谓迂阔而熟烂者，惟陛下亦可以少留神而察之矣。

昔唐太宗贞观之初，人人异论，如封德彝之徒，皆以为非杂用秦汉之政，不足以为天下，能思先王之事，开太宗者，魏文正公一人尔。其所施设，虽未能尽当先王之意，抑其大略可谓合矣。故能以数年之间，而天下几致刑措，中国安宁，蛮夷顺服，自三王以来，未有如此盛时也。唐太宗之初，天下之俗，犹今之世也，魏文正公之言，固当时所谓迂阔而熟烂者也。然其效如此。贾谊曰："今或言德教之不如法令，胡不引商周秦汉以观之？"然则唐太宗之事，亦足以观矣。

臣幸以职事归报陛下，不自知驽下无以称职，而敢及国家之大体者，以臣蒙陛下任使而当归报。窃谓在位之人才不足而无以称朝廷任使之意，而朝廷所以任使天下之士者或非其理，而士不得尽其才，此亦臣使事之所及，而陛下之所宜先闻者也。释此不言，而毛举利害之一二，以污陛下之聪明，而终无补于世，则非臣所以事陛下惓惓之意也。

伏惟陛下详思而择其中，天下幸甚！

（按）这篇文章可称是秦汉以后第一文，唯一能与之相比的只有汉代贾谊的《陈政事疏》。但是贾谊在其中讨论的大多是关于君主如何保护自己的宗庙社稷，而在讨论国家大事和百姓事务时，往往没有从根本上解决问题，只是表面上做了些调整。王安石的这篇文章更加公正无私，它要求天子成为国民的忠实仆人，从根本上解决问题，每一项都符合道义。李商隐的诗中说："公之斯文若元气。"王安石的文章足以当得此赞。在此之前，范仲淹也曾上奏十件事情，引用《易经》中的"穷则变，变则通，通则久"，非常贴切。他认为国家经历了五代之乱，至今已经有八十年，国家的纲纪制度每天都在被削弱，上面官吏堵塞，下面百姓困苦，必须要进行改革来挽救。他的观点与王安石非常相似。但是满朝的官员都起来反对他，仁宗也无法支持他。这也不能说是仁宗的错误。流俗之人习惯安于现状，习惯错误胜过选择正确，即使有强大的力量，也往往无法改变。王安石在《与司马谏议书》中说："人们习惯于苟且不是一天两天的事了，士大夫们大多不关心国家大事，而是随大流讨好大众。"当时人们的心理显而易见了，不仅仅是仁宗的问题。汉文帝对待贾谊，宋仁宗对待王安石，非常相似：贾谊没有得到机会，因此忧愁而死；王安石得到了宋神宗的支持，因此能够实施自己的事业。所以贾谊只能以文章闻名，而王安石能够以事业著称。然而即使王安石能遇到宋神宗，他所取得的成就也只有那么多，而且很快遭到了破坏，并没有发挥出明显的效果。自从王安石受到诟病，直到现在，也没有人能够为他辩护，而习惯于苟且、不关心国家大事、随大流讨好大众的人，却被世人称道。千年来，中国如长夜一样黑暗，只有这篇文章留给后人作为应试者背诵或抄袭的资料，真是悲哀啊！

王安石的这次奏疏没有被上报，到了嘉祐五年（1060年），他又上奏了《陈时政疏》。

臣窃观自古人主享国日久，无至诚恻怛忧天下之心，虽无暴政虐刑加于百姓，而天下未尝不乱。自秦已下，享国日久者，有晋之武帝、梁之武帝、唐之明皇。此三帝者，皆聪明智略有功之主也。享国日久，内外无患，因循苟且，无至诚恻怛忧天下之心，趋过目前，而不为久远之计，自以祸灾可以无及其身，往往身遇灾祸而悔无所及。虽或仅得身免，而宗庙固已毁辱，而妻子固以困穷，天下之民固以膏血涂草野，而生者不能自脱于困饿劫束之患矣。夫为人子孙，使其宗庙毁辱，为人父母，使其比屋死亡，此岂仁孝之主所宜忍者乎？然而晋、梁、唐之三帝以晏然致此者，自以为其祸灾可以不至于此，而不自知忽然已至也。

盖夫天下至大器也，非大明法度不足以维持，非众建贤才不足以保守。苟无至诚恻怛忧天下之心，则不能询考贤才，讲求法度。贤才不用，法度不修，偷假岁月，则幸或可以无他，旷日持久，则未尝不终于大乱。伏惟皇帝陛下有恭俭之德，有聪明睿智之才，有仁民爱物之意，然享国日久矣。此诚当恻怛忧天下，而以晋、梁、唐三帝为戒之时。

以臣所见，方今朝廷之位，未可谓能得贤才；政事所施，未可谓能合法度。官乱于上，民贫于下，风俗日以薄，才力日以困穷，而陛下高居深拱，未尝有询考讲求之意。此臣所以窃为陛下计，而不能无慨然者也。夫因循苟且，逸豫而无为，可以侥幸一时，而不可以旷日持久。晋、梁、唐三帝者不知虑此，故灾稔祸变生于一时，则虽欲复询考讲求以自救，而已无所及矣。

以古准今，则天下安危治乱，尚可以有为。有为之时，莫急于今日。过今日，则臣恐亦有无所及之悔矣。然则以至诚询考而众建贤才，以至诚讲求而大明法度，陛下今日其可以不汲汲乎？《书》曰："若药不瞑眩，厥疾弗瘳。"臣愿陛下以终身之狼疾为忧，而不以一日之瞑眩为苦。

臣既蒙陛下采擢，使备从官，朝廷治乱安危，臣实预其荣辱，此臣所以不敢避进越之罪，而忘尽规之义。伏惟陛下深思臣言，以自警戒，则天下幸甚！

此篇文章是基于之前奏疏的内容又反复阐述的，但是言辞更加急切，表达的意愿更加苦涩。因为王安石实际上是被当时极其危险的形势所震惊，无法坐视不管，他仍然认为仁宗还可以转变，希望能够改变现状。然而，仁宗年龄已经非常大了，更不可能重用他，两年后仁宗就去世了。

（考异四）邵伯温的《邵氏闻见录》记载道："王安石在担任知

制诰的时候，有一天参加了仁宗安排的赏花钓鱼的宴会。内侍们用金碟装着钓鱼的饵料放在桌上，王安石把饵料都吃光了。第二天，仁宗对宰相们说：‘王安石是一个诡诈的人！如果误食了一粒饵料也就罢了，但他吃了个精光，这是不近人情的！我一直不喜欢他。’后来，王安石著《熙宁日录》，在书中对先帝表示不满，尤其对仁宗。”

蔡上翔认为：“作为臣子，陪皇帝赏花钓鱼，皇帝就在眼前，朝廷的官员也都站在一旁，那个饵料很明显是钓鱼用的。内侍又用金碟装着，大家一看就知道那是饵料，王安石怎么可能误食，而且还被皇帝亲眼看到呢？皇帝看到后，却要等到第二天才对宰相们说，难道是害怕王安石而不敢当面说吗？又说一直不喜欢他，又为什么要隐忍至此呢？而且那只是饵料，王安石既然知道误食了，却还要吃光以行诈，他的诈术在哪里呢？皇帝也必须是等到他吃光后才看出他的诈术，其中的道理又在哪里？皇帝便因此非常不喜欢臣子，臣子也非常怨恨皇帝，以至于后来写《熙宁日录》时，对仁宗尤其不满。邵伯温怎么诽谤人到如此地步啊！”

按：蔡氏的辩驳，可以说快刀斩乱麻。这种小节本来就不值得辩论，我之所以记录下来，是因为王安石纯洁无瑕，而诽谤者却用欺诈来污蔑他，即使他有好言好行，也都因为一个“诈”字而被抹杀了。天下还有公论吗？

（考异五）在熙宁和元丰年间，满朝的官员都反对王安石的新法，但从来没有诋毁过他的人格。直到后来，社会上流传出了苏洵的《辨奸论》，才开始有人诋毁他的人格。苏洵在文章中评价王安石，说：“误天下百姓的，一定是这个人！”又说：“王衍和卢杞合而为一之人。”又说：“口头上背诵孔子和老子的话，行动上却像伯夷和叔齐，召集那些爱慕虚名和不得志的人，一起制造谣言，私下里给自己树立声誉。”还说：“阴险狡诈，与常人不同”“像囚犯一样蓬头垢面，却谈论诗书”“不近人情的人很少不是大奸大恶，竖刁、易牙、开方[①]就是这样的人”。这些话极其丑陋，无所不用其极。直到近代，李穆堂才证明这些话是假的，他在《书〈辨奸论〉后》中写道：

苏洵的《嘉祐集》十五卷，原本已经不可见，现在市面上有一篇《辨奸论》，世人因为此文章都称赞苏洵能够预见王安石误国。这篇文章最初出现在《邵氏闻见录》中。

《邵氏闻见录》编纂于绍兴二年（1132年），绍兴十七年，沈斐辑录的《老苏文集》，其附录两卷中收录了张方平为苏洵写的《墓表》，其中提到了苏洵写《辨奸论》。另外，苏轼还有一封《谢张公作墓表书》，专门讲述了《辨奸论》的事情。我私下认为这三篇文章都是伪作，因为根据当时的情形来看，这些文章的内容与事实不符。按张方平《墓表》中提到："嘉祐初年，王安石的名声开始兴盛，他的党羽和朋友一时间非常得势。其中任命王安石为宰相的制词说：'生民以来，像王安石这样的人屈指可数。'他们制造谣言，甚至说王安石几乎可以算是圣人。欧阳修也称赞他，并劝苏洵与王安石交往，而王安石也愿意与苏洵交朋友。苏洵说：'我已经了解这个人了，他不近人情，很难不给天下带来祸患。'"《邵氏闻见录》中叙述《辨奸论》的起因，言语与《墓表》中的说法完全一样，这是引用了《墓表》中的话了吗？如果是引用，就应该明确说是《墓表》中的内容，而不应该用自述的语气。还是巧合啊？否则不应该词语句子都一模一样啊。

考察王安石在嘉祐初年，并没有被当权者所用，他的同党也很少。嘉祐三年，他才开始担任度支判官，上了万言书，但并未实施。第二年，他被命令编修起居注，他提交了八九篇辞章，才被任命为知

① 竖刁、易牙、开方三人是春秋时齐桓公身边的三个宠臣，齐桓公死后，三人反对世子昭即位，引起了齐国的内乱。

制诰，但很快就触怒了执政者，于是借母亲去世而离职，整个英宗时期都没有被召回，所以说嘉祐初年他的党羽一时之间非常得势，这是错误的。认为王安石是圣人的是神宗。任命宰相的制词写于熙宁二年，而苏洵在英宗治平三年（1066年）就已经去世，制词中的话都不是他所能听到的。

…………

如果说收揽那些爱慕虚名和不得志的人一起制造谣言，认为王安石就像是颜回和孟子再生，那么王安石《宋史·本传》和王安石的全集都还在，其中并没有这样的事情。王安石在执政之后，可能有人依附于他，但此时苏洵已经去世，他也不可能提前预知。如果苏洵所见的王安石，当时官职卑微、行迹遥远，没有召集人的能力，那么我就不知道那些所谓爱慕虚名而不得志的人究竟指谁。

人们做坏事，一定是因为有利可图。王安石一生，自认为是皋陶、夔、稷、契这样的贤人，对于千驷那样的财富都不屑一顾，对于三公的官职也不觉得有什么了不起，这是天下人都相信的事情，他还有什么理由去做坏事呢？他确实看到了宋朝积弱，觉得不能这样下去，而那些公卿大臣们，就像住在堂屋里的燕子麻雀，安然自得，他不得不站出来承担天下的大事，又幸运地遇到了一个有作为的君主，于是毅然决然地一起建立制度，改变风俗，排除众人的议论来实施这些改革。这些都是为了拯救国家的弊端，谋求千秋万代的安宁，并没有丝毫的自私自利之意。即使他的方法不是很好，但他的用心是可以理解的，哪里有什么奸诈呢！

又说：

我年轻时曾经阅读过流行的刻本《老泉集》，在《辨奸论》的后面写过批注，竭力辩解那不是苏洵的作品，读者们还是半信半疑。

我想找到宋代的原本来参考，但寻找了很多年，也没有找到。马端临在《文献通考·经籍考》中记载苏洵的文集是《嘉祐集》十五卷。但是市面上流行的刻本并不称为《嘉祐集》，书名不同，而且卷数多达二十多卷，考虑一定有后人伪造的作品混入其中。最近我得到了明嘉靖壬申年太原知府张镗翻刻的巡按御史澧南王公家藏本，书名和卷数都与《经籍考》中的记录相同，但是在这些著作中唯独没有所谓的《辨奸论》，这让我更加确信《辨奸论》是邵伯温伪造的，再无半分疑惑。又感叹邵伯温的劳心劳力，最终却是徒劳，因为伪作终究会被揭穿。

我认为李穆堂的这篇文章，就像温峤在牛渚矶点燃犀牛角从而洞悉水中怪物一样，没有什么东西能够隐藏。蔡上翔对此进行了引申，写了几万字，他确证《辨奸论》和《墓表》之伪，这更加令人感到畅快。现在因为文章篇幅繁多，就不一一引用了。苏洵并不是圣人，即使他曾经写过这样的文章来诋毁王安石，这也无损于王安石的形象。伪作就是伪作，不能当作真的。邵伯温之流，不仅诬陷了王安石，还诬陷了苏洵，他们鬼蜮般的丑态实在是无法形容。只是遗憾后来的史书编纂者，都将这些毫无根据的谣言当作真实的来记录，导致沉冤千古，无法伸张，我又怎能对此沉默不言呢？

（考异六）朱熹在《名臣言行录外集·邵雍传》说："治平年间，邵雍与客人散步于天津桥上，听到杜鹃的声音，感到悲伤不安。客人问他为什么，邵雍回答：'洛阳以前没有杜鹃，现在才开始有，这是有预兆的。'客人问：'是什么预兆？'邵雍说：'不到两年，皇上会任用南方人为宰相，他们会引进很多南方人，专门搞变革，天下从此会多事。天下将治的时候，地气是从北向南移动；将要乱的时候，地气是从南向北移动。现在南方的地气已经到了。'"这些记载也出现在《邵氏闻见录》中，朱熹引用了它。但这种荒诞不经的说法，根本不值得有识之士一笑。邵雍如果能提前知道，但是杜鹃怎么能够提前知道呢？这其实是因为当时的儒生小人对王安石嫉妒，而又各自有自己崇拜的人，所以借助他们崇拜的人的所谓先见之言来提高自己的地位。这就是周敦颐三次拜访王安石而未果、苏洵的《辨奸论》，以及“邵雍听杜鹃”这些事情的由来。

考察《宋史·司马光传》，里面记载：“神宗曾经问司马光：‘最近外面对陈升之的议论如何？’司马光回答：‘闽人狡猾而险恶，楚人轻率而随意，现在两位宰相都是闽人，两位参政都是楚人，他们一定会引用同乡的人，天下的风俗怎么可能变得淳朴？’”这种狭隘偏见的话，稍微懂得大局的人都不应该说出来。司马光是否真的说过这样的话，或者是有人诽谤他，假借他的名义，我不敢断定。但就从这一点可以看出，当时的小人儒生对于南北地域的偏见非常严重。王安石身为南方人突然成为宰相，北方人嫉妒他，这也是“邵雍听杜鹃”这种说法的由来。而这些错误的观点一直流传到今天，而且变本加厉，以至于形成了各省之畛域，妨碍了国家的统一，令人悲哀！

第八章

王安石与宋神宗

商汤之于伊尹，齐桓公之于管仲，孟子都说过他们是“学焉然后臣之”，即先学习他们的学说，然后才把他们当作臣子。因为在专制的政治体制下，如果政治家没有得到君主的全力支持而能有所建树，是从来没有听说过的。所以，不是秦孝公，商鞅就无处施展；不是汉昭烈帝[①]，诸葛亮就无法发挥；不是苻坚，王猛就无法被重用；不是英玛努埃[②]，就不会有加富尔[③]的机会；不是德国的威廉[④]，俾斯麦也无法成名。如果君主本身不足以成就大业，只是通过不正当手段获得权力，那么下等的人可能成为王叔文、王伾[⑤]，上等的人最多也就成为张居正。所以想要了解王安石，就不能不了解宋神宗。

《宋史·神宗本纪》对宋神宗赞誉说：“神宗本性孝顺友爱，他在服

① 汉昭烈帝指刘备，昭烈帝是他的谥号。

② 英玛努埃，指埃马努埃莱二世（Vittorio Emanuele Ⅱ，1820—1878），19世纪中期意大利境内撒丁王国的国王，他起用加富尔为相，进行改革，强化国力。1870年统一意大利。

③ 加富尔（Camillo Benso Cavour，1810—1861），埃马努埃莱二世即位后任其为相。他在任内发展经济、交通，提倡自由贸易，为意大利的统一打下基础。

④ 威廉，指威廉一世（Wilhelm Ⅰ，1797—1888），普鲁士王国国王。威廉一世支持首相俾斯麦通过普丹战争、普奥战争、普法战争三次王朝战争，统一了德意志。威廉一世于1871年就任德意志帝国第一任皇帝。

⑤ 王叔文、王伾是唐顺宗朝大臣。唐顺宗即位前，二人侍读东宫，颇得信用。顺宗即位后，任用二人进行改革，史称“永贞革新”。因顺宗久病，改革实际主导于二人，尤其是王叔文之手。然而改革触动了宦官利益，遭到宦官集团反攻，改革失败，二人被贬。

侍两宫皇太后时，总是站立侍奉，无论严寒酷暑，都持之以恒。他曾经和岐、嘉二王在东宫读书，听侍讲王陶讲解经史，总是恭敬地向他行礼，因此宫廷内外一致称赞他贤明。神宗即位后，非常小心谨慎，态度谦逊，敬畏宰相，寻求正直的言论，体察民间的疾苦，关怀孤儿寡母，照顾老人，救济贫困，不修建奢华的宫殿，不过分追求游乐。”

即便《宋史》是由那些憎恨王安石的人编写的，对神宗的评价常常带有隐晦的批评，但按照上面的描述，神宗的德行也是秦汉以来帝王中不多见的。神宗之所以被誉为“神”，不仅仅是因为上面这些，更因为他深刻感受到了几代人的国耻，所以夜以继日地努力，想要振兴国家，他有着越王勾践卧薪尝胆那样的精神，采取了赵武灵王胡服骑射那样的英明决策。史书记载，宋太祖曾经想用二百万匹缣帛交换胡人的首级，并且将这些缣帛储藏在景福殿中。神宗即位后，将景福殿的库名更改，并亲自写了一首诗来说明这件事：

五季失固，猃狁孔炽。艺祖肇邦，思有惩艾。爰设内府，基以募士。曾孙守之，敢忘厥志。

自此设立32个仓库，后来这些仓库积累了盈余，他又写了一首诗来说明这件事：

每虔夕惕心，妄意遵遗业。顾予不武姿，何日成戎捷？

从这里可以看出，神宗内心的痛苦和远大的志向，已经清楚地展现在天下和后世人的面前了。王夫之的评论说得好：“神宗有不能明说的痛苦，朝中的大臣没有人能够理解他的意图并提出好的建议。神宗刚执政时，对文彦博说：‘养兵备战，国库必须充实。’这不是王安石引导的，他的决心已经定了很久了。……神宗就像坐在荆棘之中，内心充满了痛苦，想要奋起有所作为。但是他不能公开说出来，以免激发强敌的野心，只能说养兵备战，希望朝臣们能够默默理解。而宰相大臣们，怎么能不与他一同忧虑，思考如何妥善处理呢？”他对神宗的评价，可以说已窥见其内心深处的隐情了。像神宗这样的皇帝，确实如王安石所说的，有着最真诚、最深切的忧虑天下之心，而不是敷衍了事，只顾眼前；以终身的疾病为忧，而不认为某一天突发的眩晕是痛苦的。王安石在仁宗时期所期望而未能得到的，到了神宗这里才得以实现。神宗环顾四周的朝臣，没有一个可以倾诉，直到见到王安石，才像找到了左右手一样。他们之间的互相投合，是两千年来未曾有过的佳话，这难道是偶然的吗？

王安石既然把他的君主不能成为尧舜那样的圣贤当成自己的耻辱，而神宗也坚定地以学习尧舜作为自己的使命，那么王安石的事业也就是神宗的事业，这里就不重复叙述了。只记录下王安石的几篇奏议，来显示他作为宰相的勤勉。他在《进戒疏》中说：

臣窃以为陛下既终亮阴，考之于经，则群臣进戒之时，而臣待罪近司，职当先事有言者也。窃闻孔子论为邦，先放郑声，而后曰远佞人；仲虺称汤之德，先不迩声色，不殖货利，而后曰用人惟己。盖以谓不淫耳目于声色玩好之物，然后能精于用志；能精于用志，然后能明于见理；能明于见理，然后能知人；能知人，然后佞人可得而远，忠臣良士与有道之君子类进于时，有以自竭，则法度之行、风俗之成，甚易也。若夫人主虽有过人之材，而不能早自戒于耳目之欲，至于过差，以乱其心之所思，则用志不精；用志不精，则见理不明；见理不明，则邪说诐行必窥间乘殆而作，则其至于危乱也，岂难哉？伏惟陛下即位以来，未有声色玩好之过闻于外，然孔子圣人之盛，尚自以为七十而后敢从心所欲也。今陛下以鼎盛之春秋，而享天下之大奉，所以惑移耳目者为不少矣，则臣之所豫虑，而陛下之所深戒，宜在于此。天之生圣人之材甚吝，而人之值圣人之时甚难。天既以圣人之材付陛下，则人亦将望圣人之泽于此时。伏惟陛下自爱以成德，而自强以赴功，使后世不失圣人之名，而天下皆蒙陛下之泽，则岂非可愿之事哉？

他的《论馆职札子》第一篇中提到：

自尧舜文武，皆好问以穷理，择人而官之以自助。其意以为王者之职，在于论道，而不在于任事；在于择人而官之，而不在于自用。愿陛下以尧舜文武为法，则圣人之功，必见于天下。至于有司丛脞之务，恐不足以弃日力、劳圣虑也。……自备位政府，每得进见，所论皆有司丛脞之事，至于大体，粗有所及，则迫于日晷，已复旅退。而方今之事，非博论详说，令所改更施设、本末先后、小大详略之方，已熟于圣心，然后以次奉行，则治道终无由兴起。然则如臣者，非蒙陛下赐之从容，则所怀何能自竭？盖自古大有为之君，未有不始于忧勤，而终于逸乐。今陛下仁圣之质，秦汉以来人主，未有企及者也，于天下事又非不忧勤。然所操或非其要，所施或未得其方，则恐未能终于逸乐，无为而治也。

读完这两篇，就可以看出王安石是如何启发和教导他的君主的。他所说的“不淫耳目……，然后能精于志；能精于用志，然后能明于见理；能明于见理，然后能知人”，这不仅仅是君主的德行，凡是从学和治事的人也都应该铭记在心。他所说的关于改革措施的根本和枝节、先后顺序、大小详略的方法，应该广泛讨论和详细说明，这些都是事业的基础，也是神宗后来能够坚定信任王安石，而不被他人诽谤所动摇的原因。

王安石《论馆职札子》第二篇中说：

陛下自即位以来，以在事之人或乏材能，故所拔用者，多士之有小材而无行义者。此等人得志则风俗坏，风俗坏，则朝夕左右者皆怀利以事陛下，而不足以质朝廷之是非；使于四方者，皆怀利以事陛下，而不可以知天下之利害。其弊已效见于前矣，恐不宜不察也。欲救此弊，亦在亲近忠良而已。

我读了这些内容，才知道在熙宁和元丰年间，用人方面确实有失当之处，但责任并不全在王安石。神宗急于求得天下大治，而能够顺应他的好意的君子实在太少，所以在用人方面似乎来不及仔细挑选。这是神宗的缺点，也是王安石的缺点。

第九章

王安石的政术

（一）

总　论

人们议论王安石，只是因为他的变法，所以评价王安石的功过也只需看他变革的那些法律。我确实敬仰王安石，但是史学家的工作不允许有个人的喜好。现在，我请求大家仔细考虑当时的实际情况，参考古今中外的学说，客观地评价王安石。

从元祐年间开始，人们把王安石所变革的所有法律都称为恶法，这种偏激的态度无须多言。然而，王安石所变革的法律难道都是好的吗？这又是我不敢苟同的。我常说，天下没有绝对的恶政，也没有绝对的良政。如果政策的本意在于谋求国家和人民的利益，那么它差不多可以被认为好的。然而，如果谋求了却没有得到，那么即使本意是好的，结果反而可能非常不好。所以，同一政策在不同国家或不同时期实施，可能会有截然不同的结果。政策到底是好是坏？答案是不确定的，关键在于它是否适合。

王安石所变革的法律，我想找出一项绝对不好的，却找不到，因为他的本意都是为了谋求国家和人民的利益。然而，就王安石实施这些法律，其中适合和不适合的大概各占一半。王安石效仿三代的法律，认为这些法律都是三代已经实施并证明有效的。但是三代已经很久远，而且史籍不可全信，这些法律是否真的实施过，我不敢断言。尽管如此，王安石确实在一郡一邑小规模尝试过，并且证明是有效的。不仅如此，根据我所见所闻，现在的欧洲各国，它们的行政往往与王安石的想法不谋而合，尤其是新兴的德意志，成效显著。既然如此，王安石采用同样的方法，并且怀着至诚忧虑天下的心，效果却不明显，为什么呢？这是因为没有考虑到三代以前的政客，他们所规划的是千里之王畿，或者数百里之侯封。而现在的欧洲各国，大的不过相当于我们的一两个省，小的甚至只相当于我们的一两个县。所以，三代以前实施有效的方法，现在欧洲各国如果实施也会有效。王安石在鄞县实施的政策，其收到的效果应该与欧洲各国相等，这是可以断言的。至于他在治理整个国家时实施这些政策，效果能否与在鄞县一样，这就无法断言了。

我读历史书，发现有几个成功的政治家，比如管仲、子产、商鞅、诸葛亮。他们所处的时代都是封建时代或者割据时代，他们所统治的地方相当于现在的一个省或者几个州县。但是在统一的大帝国时代，想要找到像他们那样思考精心、谋略远大，让全国人民都受益的政治家却没有。如果有的话，那就是王安石了。但是他的成就显然落后于那些人。我开始怀疑我们国家的政治家更适合治理小国，而不适合治理大国。再想到国外那些闻名于后世的政治家，比如来喀瓦士[①]、梭伦，他们是何许人也？不过相当于我国的一个里正。又比如士达因、加富尔、俾斯麦、格兰斯顿[②]，他们在我们国家只相当于巡抚或总督。而像罗马帝国鼎盛时期和现在的俄罗斯，想要找到能与他们相比的政治家，却没有人。我深入思考后，找到了原因。所谓的大政治家，无非是统一国民，让他们朝着同一个目标前进，从而增强国内实力，提升国家威望。想要统一国民，就必须干涉。现在只有英美等几个国家能够通过放任而不是干涉来治理得当。然而，它们所谓的放任，已经不再是传统意义上的放任，而且它们之前都经历过极大的干涉。其他国家都是通过干涉来治理的。不仅是现在的东西方国家如此，我们国家在古代也是这样。管仲、商鞅、诸葛亮，都是通过干涉人民来实现治理的。《周官》是不是周公所作、是否真的实施过，我不敢确定。但如果确实是周公所作，确实实施过，那么干涉人民最频繁的就是周公了。这样看来，干涉显而易见是政治家唯一的方法。但是这种方法用在小国容易，

① 来喀瓦士，指来库古（Lykourgos或Lycurgus，约前9或前8世纪），古希腊斯巴达传说的立法者。其立法奠定了斯巴达国家的基础。

② 格兰斯顿，指格莱斯顿（William Ewart Gladstone，1809—1898），英国首相，自由党领袖。在英国实行国会改革，推行殖民扩张政策。

用在大国难。小国用干涉则利大于弊，大国用干涉则弊大于利。

所以，过去治理大国的人，只有两种方法：一是威逼，二是放任。威逼就是民贼，不配称为政治家；放任也不足以称为政治家，没听说过政治家是躺着治理国家的。而且既然是放任，那人人都能做到，甚至泥塑、木偶也能做到，那还要政治家干什么？我们国家几千年的历史，每个朝代初期都是用威逼政策，比如汉高祖、宋太祖的时代。经过几代后，就变成了放任政策，比如汉文帝、汉景帝、宋真宗、宋仁宗时代。放任久了就会乱，乱了就会亡，亡了就会有新的兴起，兴起后就会有威逼，威逼累了就又回到放任，如此循环，就像一丘之貉。在这样的循环中，这就是为什么政治家不会出现。尽管如此，我并不感到困惑。除了威逼和放任之外，中间的道路只有干涉，而大国难于干涉，而且干涉弊大于利，所以我认为大国适合威武的武夫作为舞台，适合碌碌无为的人作为藏身之所，而最不适合那些坚强刚毅、文理密察的大政治家。

随着交通的发展，大国将变得和小国一样，政治家的成就也将变得更容易。在古代，政治家面临的却是极大的困难。王安石在那个时代、那个地方，想要实现他的志向，难度不是周公、管仲、商鞅、诸葛亮、喀瓦士、梭伦、士达因、加富尔、俾斯麦、格兰斯顿能比的。他面临的困难如此之大，他的成就仅限于此，也是理所当然的。他面临的难度如此之大，而他取得的成就还能如此，那么王安石在古今中外的政治家中获得的地位就可以想见了。

而且，同样是干涉政治，程度也有深浅之分。程度浅的干涉容易实施，程度深的干涉则难以实施。王安石的干涉政治，有些是立宪国家能够实施的，但在专制国家却非常难以实施，甚至有些接近国家社会主义，是现在立宪国家还未曾实施过的。对于那些几千年未经干涉的人民，突然实施这样的政策，他们群起而反对也是可以理解的。那么，王安石的政策到底是好是坏？我最终无法给它一个定论。此外，王安石失败还有一个原因，就是他用错了人。这一点，大家都能看出来。但是对于这个说法，我与过去的评论者有些不同的看法，下面我会详细说明，这里就不预先讨论了。

第十章

王安石的政术

（二）

民政与财政新法

庸俗的人对王安石的看法，大多把他和那些搜刮民财、聚敛财富的官员混为一谈，这是大大的错误。王安石的事业，确实有很大一部分是在理财。但是他理财的目的，不仅仅是为了增加国库的年收入，实际上他是想解救国民的困苦，增加他们的财富，然后从他们的财富中提取盈余，作为国家的行政费用。所以，发展国民经济是他首要的目的，而整顿管理好财政则是他次要的目的。他所制定的各项法律都与这两者有关。因此，他不称之为财政，而称之为民政和财政。

第一　制置三司条例司

三司条例司，是王安石创建的财政机构。王安石这样说：

周置泉府之官，以榷制兼并，均济贫乏，变通天下之财。后世惟桑弘羊[①]、刘晏[②]粗合此意。学者不能推明先王法意，更以为人主不当与民争

① 桑弘羊（前152—前80），西汉大臣，武帝时任搜粟都尉、领大司农，改革经济，设立平准、均输机构，掌控全国商品，从富商大贾手里夺回盐铁和贸易的控制权，增加了财政收入，打击了富商大贾。

② 刘晏（718—780），唐代理财家。代宗朝时，整顿盐法，在离盐乡较远的地区设置常平盐，缺盐时平价出售存盐，实现了“官收厚利而人不知贵”。又实行常平法，实现了“天下无甚贵贱而物常平”“敛不及民而用度足”。

利，今欲理财，则当修泉府之法。

熙宁二年二月，便设立了三司条例司。诏书中说：

朕以为欲致天下于治者，必先富之而后可为也。今县官之费不给，而民财大屈，故特诏辅臣，置司于内，以革其弊。夫事颛于所习，则能明得失之原。今将权天下之财，而资之于有司，有司能习知其事，则其所得必精，其所言必通，物聚而求足，是洵富吾民之术也。若夫苛刻之论，朘削其下而敛怨于上者，朕所不取。宜令三司判官、诸路监司及内外官，受诏后两月，各具财用之利害以闻。

三司条例司成立后，由王安石和陈升之领导。当时陈升之是宰相，王安石是参知政事（副宰相）。现在各立宪国家往往是由总理大臣同时担任财政大臣，因为财政是所有政策的基础。王安石深刻地理解这一点。

王安石的志向在于制定政策以解决土地兼并问题，救济贫困，改变全国的财政状况，以此来使民众富裕，并让国家治理得当。三司条例司的职责就在于此，后来所制定的法律也都是基于这个意图来实施的。

《宋史》记载王安石曾经与司马光在朝廷上辩论理财问题，司马光说："善于理财的人不过是按人头征税，用畚箕装谷物。"王安石回答："不是这样的，善于理财的人不会增加赋税而国家用度充足。"司马光说："天下哪里有这种道理？天地所生的财货百物，不在民众就在官府，他们设法夺取民众的财富，其害处比增加赋税还要严重。"争论没有结果。（《宋史》只记载到这里，王安石反驳司马光的话则没有记载，可能还有更伟大的论点，可惜无法看到。）

司马光的话果真符合事理吗？那些财货百物果真是天地所生而永远不会变化的吗？还是说它们是人为生产，只要找到正确的方法就可以增殖呢？财货百物确实有既不在民众也不在官府的，那就是被丢弃在地上的。

增殖的话，既可以在民众中，也可以在官府中。现在欧美各国，已经有了明显的成效。王安石想要整理财政，以发展国民经济为起点，这正是孔子所说的“百姓足，君孰与不足也”。中国自古以来谈论理财的人，没有谁能达到这个认识。

王安石认为，国民经济之所以日益凋敝，是因为国民无法充分发挥他们的能力从事生产。国民之所以不能充分发挥他们的能力从事生产，是因为豪富对土地的兼并。国家中豪富少而贫困的人多，豪富又习惯于奢侈浪费，不把他们的收入作为再生产的资本，而贫困民众的点滴资本又被兼并家族逐渐侵蚀。这样，国家的资本就会枯竭，民众的生计就无法维持。于是，王安石竭尽全力寻求拯救之道，认为没有比摧毁兼并更紧迫的了。而能够摧毁兼并的，只有国家。王安石想要把财权全部集中到国家，然后由国家根据实际情况平衡分配给全国民众，使他们各有可以依靠的资本从事生产。他的诗中说：“三代子百姓，公私无异财。人主擅操柄，如天持斗魁。赋予皆自我，兼并乃奸回。奸回法有诛，势亦无自来。”他的青苗法、均输法、市易法等，都是基于这个意图。这个理念，近几十年来在欧美两洲非常盛行，被称为社会主义，其观点认为国家是大地主、大资本家、大企业家，而人民不能有私财，正如王安石所说的“赋予皆自我，兼并乃奸回”。那些学者往往把这个理念当作实现社会大同太平最好的方案，而明智的人则认为这个事情太大，不是短时间内能够实现的。欧美现在还不能实现的事情，王安石却想在几百年前的中国实现，这是何等的困难啊！虽然王安石改革的起点不如他们宏大，改革的内容不如他们细致，改革的方式不如他们极端，但是王安石改革的最终目标不能完全适应他那个时代和环境，这是可以断言的。王安石的盲点就在于此。如果说到他的学识精深、视野宏远、心地仁慈，那么他确实是千古无双的，司马温公又怎么能理解呢？

社会主义之所以难以实行，原因有很多，其中一个重要原因，是为国家管理财政的人选非常难以确定，而且权力集中后容易滋生弊端，这是其最主要的一点。那些在立宪政体确立之后推行社会主义的人都觉得很难，更何况在专制的时代呢？本意是想通过抑制兼并来改善，但如果实施不当，国家反而成为兼并的魁首，民众又该如何申诉呢？而且那些贪污的官员也会趁机谋取私利，这是不用说的。所以王安石的政策，虽然在财政上取得了一些成效，但在国民经济上却收获甚少，这也是变法失败的原因之一。

宋朝的财政状况到了仁宗晚年时非常糟糕，前面已经说过了。神宗即位后，首先命令翰林学士司马光等人设立机构，审查并减少国家开支制度，还按照庆历二年的标准，对现在支出的不同之处，进行详细报告。几天后，司马光说国家开支不足，是因为用度太奢侈，赏赐不节制，宗室人数过多，官职冗余，军队不精良，必须由皇帝和两府大臣以及三司官吏深思救治之策，经过岁月的磨砺，才可能有成效，不是他一个人短时间内就能裁减的。等到三司条例司设立后，就开始审查三司的账目，商讨长期废弃和设立的事宜，将一年的开支和郊祀等大项费用都编写成定式，裁减了十分之四不必要的开支。（以上出自《宋史·食货志上·之六》。）

财政状况已经非常糟糕，即使不谈论增加收入，节省开支也是必要的。司马光也不是不知道这一点，但他的言辞还是含糊其词，说需要岁月的磨砺才能减少，且只是想将这个难题推给皇上，真是太不负责任了！而且司马光说不能减少，为何王安石却突然裁减了十分之四，却没有看到发生什么变故？将几十年沿用的年度费用突然减少十分之四，这确实是天下最难的事情。而三司条例司刚刚设立就能取得这样的成果，那么领导这个机构的人，其忠诚和勤奋、其才智和敏捷、其魄力和坚毅就可以想象了。（当时裁减的多是宫廷用度，如果说不是神宗贤明，王安石还实现不了他的目的。）与那些不负责任的官员相比，真是太鲜明了！（根据《宋史》，神宗命令司马光裁减费用，似乎是在王安石还未入朝为相之前。司马光和王安石两位都是翰林学士，应该都接到了这个命令，但司马光只是敷衍了事。如果是这样，神宗不希望由这样不负责任的大臣来共同处理国家事务，那也是理所当然的了。）后来评论王安石的人，对于这样伟大的成就，却选择忽略，这又是出于什么心态呢？

《宋史》中所说的编写定式，就是现在立宪国家所说的预算案。《宋史》还提到，三司上报的新增官员俸禄的数目，京城每年增加了约41.34万缗，各州增加了约68.9万缗。通过节省不必要的开支来增加官员俸禄，这确实是整理财政的根本措施。当时三司条例司所推行的好的治理举措可能还有很多，只是由于史料缺失，无法考证，但从这些零星的记载，已足以看出王安石的才干非流俗之人所及了。《文献通考》卷二十四引元祐元年苏辙的奏疏，说熙宁初：

于三司取天下所上帐籍视之，至有到省三二十年不发其封者，盖州郡所发文帐、随帐皆有贿赂，各有常数。常数已足者，皆不发封。一有不足，即百端问难，要足而后已。

从此，朝廷开始设立专门核对账册的部门。之前的财政机关的腐败程度，可见一斑。

第二　青苗法

青苗法有些类似于官方经营的劝业银行，是王安石为了惠及民众而实施的政策。《宋史·食货志上·之四》记载了它的缘起：

熙宁二年，制置三司条例司言："诸路常平、广惠仓钱谷，略计贯石可及千五百万以上，敛散未得其宜，故为利未博。今欲以见在斛斗，遇贵量减市价粜，遇贱量增市价籴，可通融转运司苗税及钱斛就便转易者，亦许兑换。仍以见钱，依陕西青苗钱例，愿预借者给之。随税输纳斛斗，半为夏料，半为秋料，内有请本色或纳时价贵愿纳钱者，皆从其便。如遇灾伤，许展至次料丰熟日纳。非惟足以待凶荒之患，民既受贷，则兼并之家，不得乘新陈不接以邀倍息。又常平、广惠之物，收藏积滞，必待年俭物贵，然后出粜，所及者不过城市游手之人。今通一路有无，贵发贱敛，以广蓄积，平物价，使农人有以赴时趋事，而兼并不得乘其急。凡此皆以为民，而公家无所利其入，是亦先王散惠兴利以为耕敛补助之意也。欲量诸路钱谷多寡，分遣官提举，每州选通判幕职官一员，典干转移出纳，仍先自河北、京东、淮南三路施行，俟有端绪，推之诸路。其广惠仓除量留给老疾贫穷人外，余并用常平仓转移法。"诏可，既而条例司又言："常平、广惠仓条约，先行于河北、京东、淮南三路，访问民间，多愿支贷，乞遍下诸路转运司施行。"

这就是王安石青苗法的大致内容和开始实施的原因。"青苗法"这个名字的由来，是当时陕西转运司李参因为部内有许多驻军但粮食储备不足，就让民众自己估计麦粟的盈余，先借给他们钱，等到谷物成熟再还给官府，这种钱即被称为"青苗钱"。经过几年，仓库里有剩余的粮食，于是仿照这个方法实施，所以沿用了这个名字。工安石很久以前就想实行这个政策了，他年轻时写的《寓言》一诗中就已经表达了这个意思（诗见第六章）。在他担任鄞县县令时，就实施了青苗法并且取得了成效。当他任宰相时，就想在全国范围内推行这个政策。我曾经分析过，无论在哪个国家、哪个时期，那些勤劳的农民，如果不受水旱等灾害的影响，他们一年的收入通常足以养活自己。而且如果连续几年都丰收，他们肯定会有剩余，用来应对婚丧等大事。然而，情况往往并非如此，原因是他们最初的时候资金不足。购买牛和种子，以及在青黄不接需要食物的时候，他们不得不向豪富借贷，或者遇到灾害时再次借贷，或者遇到婚丧等大事时再次借贷，而豪富则趁机利用他们的困境来控制他们。结果，辛辛苦苦一年的收入，大部分都被利息吃掉了，到了第二年，他们不得不再次借钱。债务日益加重，利息日益增加，而他们整年的辛勤劳动，最终不过是为豪富做牛做马。这就是民众日益贫困、国民经济日益萎缩的原因。在古代的西方，比如希腊和罗马，富人经常向穷人借出钱和谷物，后来穷人债务越来越重，无法偿还，就只能卖身为奴。西方古代奴隶制度的普及就是由此而来。经过几千年，这个制度始终无法改革。直到1500年以来，西方各国政府纷纷通过法律来规定利率，超出规定利率的借贷行为被视为犯罪。但这个规定仍然无法完全禁止高利贷。直到近代银行制度的兴起，这个问题才稍微有所缓解，但其效果仍然无法惠及农民。近几十年来，出现了所谓的劝业银行、农工银行、信用合作社等，使人们逐渐获利，但仍然未能让每个人都受益。因此，这个贫富不均的问题，实际上是几千年来世界各国共同面临的难题，始终未能解决。想要解决这个问题，除非国家采取措施，否则无法实现。最完美的解决办法，就像我国古代的井田制度，或者西方近代的社会主义，让人民不得拥有私财。如果无法实现完美的解决办法，那么国家设立借贷机构来承担这个责任，让豪富无法施展他们的伎俩，这就是王安石所计划的。在我国，早在王安石之前，也有齐景公、郑子皮、宋司城子罕等人通过这种方式赢得了民众的支持，而王安石则是学习了他们这些方案的本质。

当时苏辙也曾发表论述说：“天下的百姓，没有田地来耕种，没有钱财来经商，如果禁止他们借贷，就不免使他们流离失所，死于沟壑之中。如果让富户来放贷，他们会采用不仁义的法则，收取高额的利息，甚而让百姓脱衣抵屋去做担保。百姓因此陷入困境，而朝廷也享受不到其中的利益。《周礼》中说，凡是借贷的百姓，会和官府对他们的财产进行评估，然后按照国家的标准收取利息。现在可以让郡县全面开展借贷业务，并委托当地居民来管理。”

按：苏辙的这个论述，正好与王安石的青苗法相吻合，不知道他是曾经听说过青苗法的部分内容，还是自己独立提出的见解呢？然而，苏辙后来却攻击青苗法，请求罢官。难道文人发表的言论，不是他们真正想做的吗？

王安石想要实施青苗法，但是执行这个政策不能没有资本。如果从国库中拨出资本，又可能不够。恰好当时有常平仓和广惠仓，各个路、州、县都有，而它们所储存的粮食实际上被闲置在那里。王安石就将这些闲置的粮食变成了有用的资本。他考虑得非常周详，眼光非常敏锐，非常值得敬佩。但是司马光却认为常平仓是三代以来的好方法，发放青苗钱的害处小，而废除常平仓的害处大。然而，常平仓实际上并没有给民众带来实惠，正如条例司原奏中所述，司马光能够为它辩护吗？那也只是强行辩解而已。

政策实施后，整个朝廷都议论纷纷，并起来反对，具体情况无法详细追究。那些反对的人和他们的言论，这里就不详述了。只将王安石《答司马谏议》一文记录下来，从中可看出当时议论之一斑，也可以看出王安石坚持这个政策的原因（司马光给王安石的原信有3300多字，其中杂引经传和汉唐时期的文献、文章可以在他的文集中找到）。

昨日蒙教，窃以为与君实游处相好之日久，而议事每不合，所操之术多异故也。虽欲强聒，终必不蒙见察，故略上报，不复一一自辨。重念蒙君实视遇厚，于反覆不宜卤莽，故今具道所以，冀君实或见恕也。盖儒者所争，尤在于名实。名实已明，而天下之理得矣。今君实所以见教者，以为侵官、生事、征利、拒谏，以致天下怨谤也。某则以谓受命于人主，议法度而修之于朝廷，以授之于有司，不为侵官；举先王之政，以兴利除弊，不为生事；为天下理财，不为征利；辟邪说，难壬人，不为拒谏。至于怨诽之多，则固前知其如此也。人习于苟且非一日，士大夫多以不恤国事，同俗自媚于众为善。上乃欲变此，而某不量敌之众寡，欲出力助上以抗之，则众何为而不汹汹？然盘庚之迁，胥怨者民也，非特朝廷士大夫而已。盘庚不为怨者，故改其度，度义而后动，是而不见可悔故也。如君实责我以在位久，未能助上大有为，以膏泽斯民，则某知罪矣。如曰今日当一切不事事，守前所为而已，则非某之所敢知。无由会晤，不任区区向往之至。

这段文字虽然很简短，但是从中可以看出王安石在处理事务时的坚定和艰辛，以及他对自己的信心。这些品质跃然纸上，即使千年之后阅读这些文字，也能感受到王安石的精神，足以激发人们的斗志。当时的制度规定，官府向农民贷款的青苗钱收取两成的利息，所以有些人指责王安石，说这是聚敛财富。王安石在《答曾公立书》中回应说：

示及青苗事。治道之兴，邪人不利，一兴异论，群聋和之，意不在于法也。孟子所言利者，为利吾国，利吾身耳。至狗彘食人食则检之，野有饿莩则发之，是所谓政事。政事所以理财，理财乃所谓义也。一部《周礼》，理财居其半，周公岂为利哉？奸人者，缘名实之近而欲乱之，以眩上下，其如民心之愿何？始以为不请，而请者不可遏；终以为不纳，而纳者不可却。盖因民之所利而利之，不得不然也。然二分不及一分，一分不及不利而贷之，贷之不若与之。然不与之而必至于二分者，何也？为其来日之不可继也。不可继，则是惠而不知为政，非惠而不费之道也，故必贷。然而有官吏之俸，辇运之费，水旱之逋，鼠雀之耗，而必欲广之，以待其饥不足而直与之也，则无二分之息可乎？则二分者，亦常平之中正也，岂可易哉？公立更与深于道者论之，则某之所论，无一字不合于法，而世之哓哓者不足言也。

这篇文章可以说是解释推行青苗法意义的说明书。当时整个朝廷都在反对，除了王安石和他的几个同事外，几乎没有一个人不反对青苗法。他们递交的弹劾状纸，几乎可以堆满房间。但是王安石并没有因此而动摇，神宗也没有动摇。这不仅仅是因为王安石信心坚定，得到了皇帝的全力支持，当时那些批评者实际上没有一句话能够真正切中要害。他们都说王安石是在聚敛财富，损害了下层民众的利益来增加上层人士的利益，但实际上，王安石立法的本意恰好相反。他立法的本意是为了惠及民众，没有一丝一毫借此来增加国库收入的心思。条例司原奏中说的，不是虚假的言辞，而是真实的情况。但是那些批评者却将王安石比作桑弘羊、孔仅那样的人，这是无的放矢，难怪王安石不敢认同，神宗也对此一笑置之。王安石在名实之辩上的坚持不就是这样吗？他认为推行实现国家大治的改革方案，那些邪恶的人不会受益，而那些提出不同意见的人，他们的意图并不在于法令本身。这话多么一针见血，而且也是多么痛苦的领悟啊！以前罗马的伟人格力加士在执政时，提倡限制民众拥有过多土地的制度，全国人民都欢声雷动，但是议院几乎全体反对，最后他在议院中被围殴至死。这说明也有不利于推行实现国家大治方案的人，但他们的用意并不在于法令本身。王安石刚执政时，裁减了十分之四的不必要的财政开支，那些朝臣大多数靠不必要的财政开支为生，他们早就不看好王安石的改革方案了。而青苗法的本意是为了抑制豪强的兼并，但那些朝臣本身就是豪强，他们有力量进行兼并，他们不看好王安石的改革方案，也是理所当然的。当时那些气势汹汹反对的人，怎么保证他们不是怀有这种心思？即使三三两两的贤者，不一定就是如此，但他们也不过是一群聋子的和声而已。而且，那些所谓的贤者都习惯于苟且偷安，把惹是生非当作大忌，不管事情好坏，只要有新生事物发生就惊慌失措，这就难怪他们会与王安石和神宗格格不入。而几百年后的今天，社会的状况竟然与王安石时代一模一样，王安石的话仿佛就是为今天而发的，真是可悲啊！

青苗法的立法本意是如此美好，那么它是否可行呢？答案是：不一定可行。好的政策却不可行，为什么呢？而且王安石在鄞县实施青苗法时取得了成效，但仍然怀疑它不可行，为什么呢？因为一县的情况并不能与全国相比。在一县，王安石可以自己决定怎么做；但在全国，就不是他一个人能决定的了。这就是为什么当时青苗法有禁止“抑配”条（抑配，即强迫百姓贷款）。但是官吏以完成发放贷款的任务为功，即使不想贷款也不行。另外，还有遇到灾害“下料造纳”的规定（即遇到灾年时可以在下一年补缴所贷的款项）。但是年岁丰歉不确定，灾年尤其多，官吏们因此得以上下其手，即使不想让债务累积也无法避免。这两个弊端，只有韩琦、欧阳修的奏议中说得最为详细，他们几乎可以被称为王安石的诤臣（韩琦和欧阳修的奏议太长，此处不录，下一段只是概括了他们奏疏的大意）。

有人问：“韩、欧两位公卿所说既言中其弊端，而王安石还是不听从，那么说他固执，难道过分了吗？”答案是：并不是这样的。当时那些君子攻击新法，有弊端的固然攻击，没有弊端的也攻击。确实有如王安石所说的，他们的意图并不在于法令本身。为王安石考虑，只有什么事也不做，公然与那些人同流合污，这样或许可以避免罪责，但这样做并不是王安石的本意。而且，法已经很好了，如果有弊端，那也不是法的弊端，而是人的弊端。比如青苗法，王安石在鄞县实施时已经有效，李参在陕西实施时也已经有效，如果每个县都能有像王安石这样的县令，那么每个县都会像鄞县一样。即使不能做到如此，如果每一路都能有像李参这样的转运使，用名实考核的方法来监督各县，那么每一路也都会像陕西一样。根据条例司的核定，全国设立了41名提举官，当时贤才那么多，想要找到41名像李参这样的人应该不难。而且王安石并不是不想与那些君子共事，但是那些君子一听到有议案是王安石提出的，就捂住耳朵不听，也不问议案的内容是什么；一看到有诏书是王安石起草的，就闭上眼睛不看，也不问诏书的内容是什么。如果被要求执行，他们不是倚老卖老，就是辞职不干。那些君子既不屑于帮助王安石，而王安石又不能违背道义，什么都不做来向他们表示道歉。而说他也不能仅凭自己一个人担下天下所有的事务，那么除了向那些君子寻求帮助外，还能从哪里找到帮助他的人呢？然而那些君子不仅不帮助，还在旁边煽风点火，希望看到青苗法的弊端越来越多，无法收到成效，以此为乐。青苗法本来可以实行而且没有弊端，但因为那些君子，想要没有弊端，怎么可能呢？其他事情也是一样的。

从这些话可以看出，我所说的青苗法虽然好，但它不一定可行。如果每个人都能像王安石那样做县令，那么确实可行；但如果没有这样的人，就不可行。如果这样不行，那么再退一步想，如果每个人都能像王安石那样做提举，那么还是可行的；但如果没有，也还是不可行。再退一步想，如果每个人都能像王安石那样做事公正，那么在不可行中还是有可行的；但如果还是没有，就还是不可行。

那么青苗法的弊端真的完全像当时的那些君子所说的那样吗？王安石的良法美意，百姓最终真的没有得到一点好处吗？答案是：也不是这样的。史书是由那些诽谤先生的人写成的，他们的目的是宣扬恶行而隐藏善行。凡是可以表现先生功绩的，他们就尽量抹黑。尽管如此，当然还是有一些他们无法完全抹黑的地方。王安石在《答曾公立书》中提到："开始认为没有人申请贷款，但是申请的人太多，无法阻止；最后认为没有人缴纳贷款，但是缴纳贷款的人太多，无法阻挡。"这就可想而知当时百姓的欢欣鼓舞了。王安石在《上五事札子》中写道："（熙宁五年）以前贫穷的人，是向富人借贷；现在贫穷的人，是向官府借贷。官府减轻他们的利息，而百姓解决了他们的贫困。"这说明这个政策实施数年后已经取得效果。王安石在《谢赐元丰敕令格式表》中写道："在众多人之前创立了法律，在众多不同意见之后收获了成果。"这说明王安石在辞去首相之后，这些政策的效果更加显著。

然而，仍然有人会说王安石自己说的话不能完全相信，那么请看看旁观者的言论。河北转运司王广廉上奏，说百姓都欢呼感激朝廷的恩德。李定来到京城，李常见到他，问他："你从南方来，百姓对青苗法怎么看？"李定回答："百姓觉得方便，没有不喜欢的。"李常说："朝廷正争论这件事，你不要这么说。"李定说："我只知道根据事实说话，不知道京城的观点。"这说明当时的舆论是，有人想阻止他们说话，但无法做到。

然而，仍然有人会说这些人是依附王安石以求得宠的人，他们的说法不能完全相信，那么请再听听反对党的意见。朱熹在《金华社仓记》中写道："我观察前人的论述，并以今天的事情来评论，青苗法的立法本意本来不是不好。"程颢也评论过青苗法，但他对自己过于极端的批评感到后悔，这说明程颢晚年意识到自己攻击青苗法是错误的。而朱熹则歌颂青苗法。苏轼在《与滕达道书》中写道："我们在新法实施之初，就坚持自己的偏见，以至于有不同意见的争论。虽然我们的心是忠诚的，是为国家忧虑，但我们所说的话有些错误，很少有符合道理的。现在皇上的恩德每一天都在更新，众化大成，回头看我们之前坚持的观点，更加觉得不合道理了。”这是苏轼晚年深刻地反省并忏悔自己的言行，感叹新法大成。他的言论与王安石所说的“在众多不同意见之后收获了成果”的说法是相符合的。他所说的“众化”，指的便是所有的新法，而青苗法肯定是其中之一。程颢、苏轼两人是当时最坚决反对新法的人，而他们都有这样的看法，这说明青苗法确实取得了成效，否则他们的观点不会流传下来。由此推测，与程颢、苏轼观点相同但没有流传下来的人又有多少呢？不仅如此，元祐初年，新法被全部废除。元祐元年（1086年）二月，废除了青苗法；三月，范纯仁因为国家财政困难，请求恢复青苗法；八月，司马光上奏称，颁发青苗法的本意是利民，只需要禁止抑配即可。这些都是写在奏章和正史中的事实。司马光和范纯仁不是当时最初攻击青苗法的人吗，而且是最坚决的攻击者，为什么在十八年之后，他们又会如此热衷讨论青苗法的好处呢？由此可以看出，当时的青苗法确实取得了显著的成效，百姓也长期受益于它，即使想要抹黑它也不可能。那么之前那些喧嚣和争议又是为什么呢？有句话说：“凡民不可与虑始而可以乐成。”这些君子也只是普通人而已。对于我们今天的人来说，仍觉得青苗法难以像当时那样推行，而王安石在当时实施它时，尽管存在无法避免的弊端，但成效也是显而易见的。因此，我更加赞叹王安石的才能超群，而对于那些当时说新法都是由小人执行的人，我始终是怀疑的。

再平心讨论一下，青苗法其实不过是一种银行业务，想要依靠它来抑制豪强的兼并行为，效果实际上是微乎其微的。而银行业务其性质更适合民间经营，而不适合官方经营。只要国家为此制定详细的条例，使得贷款者和借款者都能从中受益而没有人受到伤害，并且国家再设立一家中央银行，作为各个私立银行的枢纽，而不必直接与人民进行贷款和借款，那么这个政策实施就合理了。王安石这样做，就像代替大工匠砍木头，很容易伤到自己的手。此说也只是对于今天来说而已。如果在当时，人民没有设立银行的能力，全国也没有一家金融机构，各行各业因此衰败，王安石能够察觉到弊病的根源，并创造这个办法来救治，不就是因为他有过人的见识和能力才能做出来的吗？自古以来，中国人认识到金融机构是国民经济命脉的，只有王安石一个人。

后来有暗中在本质上实行青苗法但表面上避开其名称的，那就是朱熹的社仓法。这种方法收取百分之十二的利息，夏天放贷冬天收回，这与青苗法有什么区别？朱熹在崇安实施并取得了效果，又想在全国推广，这也像王安石在鄞县实行并取得效果，然后想要在全国推广一样。朱熹平时本来强烈批评王安石，说他不务正业，追求财利，让天下人丧失安居乐业之心。等到他提出社仓法的时候，有人问他，他就愤怒地说："王安石只有推广青苗法一件事是对的。"（这些都可在《朱子语类》中看到。）王安石真的是为了追求财利吗？王安石正确的措施，难道就只有青苗法一条吗？不过是他想说对就对罢了。

第三　均输法

均输法是调节全国物资流通、掌握物价涨跌、决定物资征购或发散的政策，它使物资的运输更为便利，促进了各地物资的贸易与流通，可以说是一种使民众受益的政策。王安石在熙宁二年（1069年）二月制置三司条例司上报说：（按：这篇文章是王安石自己撰写的，《宋史·食货志》引录时删去了很多重要内容，现在根据《临川全集》全文引录。）

窃观先王之法，自畿之内，赋入精粗，以百里为之差，而畿外邦国，各以所有为贡，又为经用通财之法，以懋迁之。其治市之货财，则无者使有，害者使除。市之不售，货之滞于民用，则吏为敛之，以待不时而买者。凡此非专利也。盖聚天下之人，不可以无财；理天下之财，不可以无义。夫以义理天下之财，则转输之劳逸，不可以不均；用度之多寡，不可以不通；货贿之有无，不可以不制；而轻重敛散之权，不可以无术。

今天下财用，窘急无余，典领之官，拘于弊法，内外不以相知，盈虚不以相补。诸路上供，岁有定额，丰年便道，可以多致，而不敢或赢；年俭物贵，难于供备，而不敢不足。远方有倍蓰之输，中都有半价之鬻。三司转运使，按簿书促期会而已，无所可否增损于其间。至遇军国郊祀之大费，则遣使刬刷，殆无余藏。诸司财用事，往往为伏匿，不敢实言，以备缓急。又忧年计之不足，则多为支移、折变以取之，民纳租税数至或倍其本数。而朝廷所用之物，多求于不产，责于非时，富商大贾，因时乘公私之急，以擅轻重敛散之权。

臣等以谓发运使总六路之赋入，而其职以制置茶盐矾税为事，军储国用，多所仰给，宜假以钱货，继其用之不给，使周知六路财赋之有无，而移用之。凡籴买税敛上供之物，皆得徙贵就贱，用近易远，令在京库藏年支见在之定数所当供办者，得以从便变卖，以待上令。稍收轻重敛散之权，归之公上，而制其有无，以便转输，省劳费，去重敛，宽农民，庶几国用可足，民财不匮矣。

《宋史·食货志》记载了均输法实施的前后经过，大致内容如下：

书既上，诏本司具条例以闻，而以发运使薛向领均输平准事，赐内藏钱五百万缗，上供米三百万石。时议虑其为扰，多以为非。向既董其事，乃请设置官属，神宗使自择之。向于是辟刘忱、卫琪、孙珪、张穆之、陈倩为属，又请有司具六路岁当上供数、中都岁用，及见储度可支岁月，凡当计置几何，皆预降有司。从之。其后，侍御史刘琦、侍御史里行钱颉、条例司检详文字苏辙、知谏院范纯仁、谏官李常等，屡疏言其不便，且劾向，帝皆不听，且下诏奖薛向。然均输后迄不能成。

均输法的起源可以追溯到汉朝的桑弘羊，到了唐朝的刘晏时变得更加完善。王安石实际上是借鉴了他们的制度，并不是创新。在古代，货币的使用还不普及，人们用实物来进行交易，国家征收的租税也是实物形式。因此，由于道路远近的不同，运输的辛苦程度也不一样，年景好坏的不同，供需之间的平衡也会失调。百姓深受其害，国家也无法从中获得利益，这就像条例司最初奏报中所说的情况。因此，桑弘羊和刘晏实行均输法，没有增加赋税，但国家的财政收入却充足，史学家对此给予了高度评价，这不是没有原因的。现在，交通便利和货币使用的广泛性都有很大的提升。我们读历史，看到他们不怕麻烦地做这些事情，苦于无法得到解释，却不知道当时治理事务的人煞费苦心地钻研，从而创造他人所达不到的业绩，是多么的难以企及。（观察近世的漕运，就可以知道均输法的妙用。如果能够用商船运输供给京师的米粮，并且完全取代南方的漕运，那么国家和人民每年受益的数额何止千万？均输法的意图也是一样的。漕运的米粮实际上也是以实物形式充作租税，这是古代不好的制度至今还未完全改变的例子。）然而当时讨论这个问题的人却纷纷攻击它，为什么呢？《宋史》说最终这个办法没有成功，但没有说明为什么失败，难道是因为攻击的人太多，所以终止了吗？

第四　市易法

市易法起源于汉朝的平准法，目的是控制商品价格的高低，以实现商品的均衡流通，实际上是一种专卖法。其起源和内容如下：

熙宁三年，保平军节度推官王韶倡为缘边市易之说，丐假官钱为本。诏秦凤路经略司以川交子易货物给之，因命韶领其事。韶欲移司于古渭城，李若愚以为多聚货以启戎心，文彦博、曾公亮、冯京、韩绛、陈升之皆以为疑。王安石乃言："今蕃户富者，往往蓄缗钱二三十万。彼尚不畏劫，岂朝廷威灵乃至衰弱如此？今欲连生羌，则形势欲张，应接欲近。古渭边砦，便于应接，商旅并集，居者愈多，因建为军，增兵马，择人守

之，则形势张矣。且蕃部得与官市，边民无复逋负，足以怀来其心，因收其赢，更辟荒土，异日可以聚兵。”（《宋史·食货志》）

由此看来，市易法的实施原本是王安石殖民政策的一部分。因为边疆地区还未开发，他想要通过人力来促进这些地区的发展，使它们变得繁荣，而着手点必然是商业。然而，由于地区尚未开发，商人都犹豫不前，如果不依靠国家力量来推动，就难以取得成效。这就是王安石要排除众议而坚持实施市易法的原因。后来，这个方法取得成效，就推广到了内地。

熙宁五年，遂诏出内帑钱帛，置市易务于京师。先是有魏继宗者，上言：“京师百货无常价，富人大姓，乘民之亟，牟利数倍，财既偏聚，国用亦屈。请假榷货务钱，置常平市易司，择通财之官任其责，求良贾为之转易，使审知市物之价，贱则增价市之，贵则损价鬻之，因收余息以给公上。”于是中书奏在京置市易务官，凡货之可市，及滞于民而不得售者，平其价市之，愿以易官物者听。欲市于官，则度其抵而贷之钱，责期使偿，半岁输息十一，及岁倍之。凡诸司配率，并仰给焉。……其后，诸州皆设市易务。（《宋史·食货志》）

我曾经疑惑，为什么当时的均输法只是短暂实行就立刻被废除了？神宗和王安石绝不是被别人的意见所动摇的人。起初是因为市易法实施，所以均输法就被废止了。市易法和均输法在立法意图上大致相同，只是均输法所涉及的仅限于规定的租税，而市易法所涉及的则是所有的商业活动，因此它们的范围有宽有窄。既然有了市易法，那么均输法的效果也可以包含在其中。考察王安石实施市易法的意图大致有两个。一是专门注重经济学上所说的分配，用来抑制豪富，保护贫民。因为小农和小手工业者生产的东西卖到市场上，常常被豪富联手压低价格，不给他们好价钱，这伤害了贫民中的生产者；豪商以低价购得商品后，再转卖时又联手提高价格，这又伤害了贫民中的消费者。王安石思考要用什么办法救济他们，所以他制定的法令规定，如果有客人的货物卖不出去，愿意卖给官府的，可以到市易务中投卖，由勾行人、牙人与客人公平议价购买。卖出的价格也要随时评估，不得过高，以此来追求分配的均衡。二是更加注重经济学上所说的生产，使金融得以流通，资本的使用更加广泛。因为小农和小手工业者中用以生产的资本有限，必须等到所生产的货物卖出去后，才能回收资本再次投入生产。这样，中间常常会出现断裂，导致生产力衰退。王安石想要救济他们，所以他制定的法令规定，只要人民能够得到五人以上的保证，或者用产业、金银作为抵押，官府就可以贷款给他们，而且根据借期长短收取十分之一或十分之二的利息，以此来扩大生产的资本。

这些便是市易法的立法本意，王安石对民事的尽心也可以说是到了极点。然而，这一变法真的可行吗？在我看来，王安石的各项新法中，没有比这更不可行的了。其原因：根据后一目的来说，市易法实际上就像是一家银行（青苗法和市易法都与现代银行的业务相近，青苗法类似于农业银行，市易法类似于商业银行）。王安石生活在八百年前，就知道银行是国民经济最重要的机构，他的见识确实是卓越超群的。但是，银行这种机构，其性质适合民办而不适合官办。即使是现代各国的中央银行，也是通过集股而成，政府只是进行严格的监管，而其他大小银行，无一不是民办，更不用说其他的了。现在如果一切都由政府亲自经营，由官吏管理，不仅琐碎，而且不符合治理的原则，而且也绝对无法把事情做好，欧洲各国都已经尝试过这一点并且深受其害。根据前一目的来说，市易法就是一种专卖制度，其立法的本意不过是说，那些卖不出去的货物，由官府来收购。但到最后，必然会导致所有货物都被官府垄断，由官吏来买卖。即使不是这样，也必须由官府来评估货物的价值，因为不这样就无法达到所谓平抑物价的目的。如果官府垄断了天下的货物并且由官吏管理，这实际上是近代社会主义派所主张的一种制度，但他们的制度有相互辅助的措施，根据他们的说法，国家成为唯一的资本家和企业家，没有其他人与之竞争，因此可以实行。然而果真是否可行，还不能下结论。而且在现今的社会制度下，想要实行这种制度，又怎么可能呢？现在的经济社会，只能听任供求自然平衡，意即自由竞争是不可动摇的原则。现在竟然想要把商业运营的职责全部归于国家，不仅无法实现，即使能够实现，也将更加危险。因为本意是想抑制兼并，但最终的结果，却必然是国家自己成为兼并者。兼并对百姓有极大的危害，然而如果有一个人开始兼并，就不能禁止其他人也兼并，而兼并者之间的竞争可以使价格逐渐趋于平衡。如果国家成为唯一的兼并者而没有人能与之抗衡，那么百姓的困苦将难以得到缓解。这些都是市易法不可行的理由。而且还有一点，王安石想要通过市易法同时达到前面提到的两个目的，却不知道这两个目的是不能通过一个手段同时达到的。银行的性质最不适合兼营其他商业，而普通商业又最忌讳用抵押的方式贷出资本。现在市易法竟然同时兼有这两种矛盾的经营方式，结果只能是两败俱伤。所以当时的各项变法中，这项变法对百姓的伤害最大，且给国库带来的收益也很少。这是因为王安石的意图虽好，但实行的方法不当。

第五　募役法

募役法是将当时最损害百姓的差役制度改为募役制度，让民众出资来替代役使。这实际上是一种人身税，其方法与现在文明国家的所得税非常相似，是王安石救时惠民的第一良政。我们生活在今天，自从本朝康熙雍正年间实行一条鞭法以后，政府再也没有役使过百姓。提到役法，人们往往不知道它是什么。然而，数千年来，不知道有多少国民因此困苦而死，直到伟大的政治家王安石出现，才开始为他们开辟了生存之路，我们今天还在享受他的恩赐。

考察差役法的历史，它的起源非常古老，儒家经典文献中提到的“力役之征”，说的就是古代君王的政事，其也只是说使用民力每年不超过三天。按照这个说法，力役之征即使在三代以前也是存在的。因为古代租税制度不完善，国家财政非常薄弱，想要有所建设，不得不使用民力。考虑到人民对国家的义务，这也不能说是过于严苛。但是，君主经常滥用这种权力而没有节制，所以孟子说剥夺百姓的生产时间，使他们不能耕种，以致于家人冻饿离散，那种水深火热的情况是可以想象的。秦汉以后，这种制度一直延续而没有改革，到了宋朝，这种弊病更加严重。现在摘录当时士大夫的记载和他们的建议，从中可以看出王安石的改革是顺应时代的要求，是绝对必要的，而且他的方法完善而周密，与之前论者的观点相比，也可以看出这一点。

仁宗皇祐年间，并州知州韩琦上疏说：

州县生民之苦，无重于里正衙前。兵兴以来，残剥尤甚。至有孀母改嫁，亲族分居，或弃田与人，以免上等；或非分求死，以就单丁。规图百端，苟脱沟壑之患。每乡被差疏密，与资力高下不均。假有一县甲乙二乡，甲乡第一等户十五户，计资为钱三百万；乙乡第一等户五户，计资为钱五十万；番休递役，即甲乡十五年一周，乙乡五年一周。富者休息有余，贫者败亡相继，岂朝廷为民父母之意乎？

英宗时，谏官司马光上疏说：

置乡户衙前以来，民益困乏，不敢营生，富者反不如贫，贫者不敢求富。臣尝行于村落，见农民生具之微，而问其故，皆言不敢为也。今欲多种一桑，多置一牛，蓄二年之粮，藏十匹之帛，邻里已目为富室，指抉以为衙前矣，况敢益田畴、葺闾舍乎？臣闻其事，怒焉伤心，安有圣帝在上，四方无事，而立法使民不敢为久生之计者乎？

等到神宗即位，知谏院吴充也上疏说：

衙前被差之日，官吏临门籍记，杯杵匕箸皆计资产，定为分数，以应须求。至有家资已竭而逋负未除，子孙既没而邻保犹逮。是以民间规避重役，土地不敢多耕而避丁等，骨肉不敢义聚而惮人丁，无以为生。乞早定乡役利害，以时施行。

三司使韩绛也说：

害农之弊，无过差役。重者衙前，多致破产；次则州役，亦须重费。向闻京东有父子二丁，将为衙前，其父告其子云："吾当求死，使汝曹免冻馁。"自经而死。又闻江南有嫁其祖母及与母析居以避役者。此大逆人理，所不忍闻。又有鬻田产于官户，田归不役之家，而役并增于本等户。其余戕贼农民，未易遽数。望令中外臣庶，条具利害，委侍从、台省官集议，考验古制裁定，使力役无偏重之患，则农民知为生之利，有乐业之心矣。

以上所述力役之弊，连十分之一都不到，然而千年之后读起来，仍然让人皮肤发麻，鼻子发酸，眼泪不止。那么当时亲身遭受这些苦难的人，他们还能保留多少做人的乐趣呢！这里所说的衙前役，只是最受苦、最劳累的差役罢了，其他差役的名目更是多得难以计数。衙前负责管理官方的财物，里正、户长、乡书手负责督促赋税，耆长、弓手、壮丁负责追捕盗贼，承符、人力、手力、散从负责供官员使唤。从县曹司到押录、州曹司到孔目官，下至杂职、虞候、拣掏等，无法全部列举，每个人都根据乡里的等级来确定差役数量。而命官、将领、官吏、僧侣、道士都可以免除役使。狡猾的人可能会投身于这些人中，成为他们的用人或奴隶，也可以随之免役。百姓为了摆脱苦难，愿意出家为僧，度牒的价值甚至超过了地契。而乡村的平民和低等家族，承担的徭役越来越多，生活越来越困难。从前面的奏议中可以看出，当时的国民经济岌岌可危，几乎无法维持。

而史学家还称仁宗时代百姓富足，这让人不禁感叹孟子所说的“不如无书”。而导致这种困境的根本原因，没有比役法更严重的了。在此之前，范仲淹因为天下的县太多，所以役使繁重而百姓贫困，首先废除了河南府的各县，并打算在其他州逐渐实施裁减（但因为被旧党攻击，所裁撤的不久后又恢复了）。韩琦想要根据村镇的大小、徭役的频率来平均力役，但这些都是补漏救急，对于根本的治疗并没有什么帮助。司马光说衙前役应该招募百姓来做，其他的役使则由农民来做，这不过是五十步笑百步。而且招募一定会有报酬，报酬从哪里来呢？司马光并没有考虑。等到神宗即位，王安石成为宰相，才彻底改变了这种状况，募役法得以实施。《文献通考》卷十二记载了其大致情况：

熙宁二年，诏制置条例司讲立役法。条例司言：“考合众论，悉以使民出钱雇役为便，即先王之法，致民财以禄庶人在官者之意也。愿以条目付所遣官分行天下，博尽众议。”奏可。于是条谕诸路曰：“衙前既用重难分数，凡买扑酒税、坊场，旧以酬衙前者，从官自卖，以其钱同役钱随分数给之。其厢镇场务之类，旧酬奖衙前不可令民买占者，即用旧定分数为投名衙前酬奖。如部水陆运及领仓驿、场务、公使库之类，旧烦扰且使陪备者，今当省，使无费。承符、散从等旧苦重役偿欠者，今当改法除弊使无困。凡有产业物力而旧无役者，今当出钱以助役。”皆其条目也。

久之，司农寺言：“今立役条，所宽优者，皆村乡朴蠢不能自达之穷氓，所裁取者，乃仕官兼并能致人言之豪右。若经制一定，则衙司县吏又无以施诛求巧舞之奸，故新法之行尤所不便。筑室道谋，难以成就。欲自司农申明所降条约，先自一两州为始，候其成就，即令诸州军仿视施行。若其法实便百姓，当特奖之。”从之。于是提点府界公事赵子几以其府界所行条目奏上之，帝下之司农寺，诏判寺邓绾、曾布更议之。绾、布上言：“畿内乡户，计产业若家资贫富之上下，分为五等。岁以夏秋随等输钱，乡户自四等、坊郭自六等以下勿输。两县有产业者，上等各随县，中等并一县输。析居者随所析而升降其等。若官户、女户、寺观、未成丁减半输。皆用其钱募三等以上税户代役，随役重轻制禄。开封县户二万二千六百有奇，岁输钱万二千九百缗，以万二百为禄，赢其二千七百以备凶荒欠缺。他县仿此。”

然输钱计等高下，而户等著籍，昔缘巧避失实。乃诏责郡县，坊郭三年，乡村五年，农隙集众，稽其物业，考其贫富，察其诈伪，为之升降，若故为高下者，以违制论。募法：三人相任（按：任者，即担保人），衙前仍供物产为抵；弓手试武艺，典吏试书计；以三年或二年乃更。为法既具，揭示一月，民无异辞，著为令。于是颁其法天下。天下土俗不同，役重轻不一，民贫富不等，从所便为法。凡当役人户以等第出钱，名免役钱。其坊郭等第户，及成丁、单丁、女户、寺观、品官之家，旧无色役而出钱者，名助役钱。凡敷钱，先视州若县应用雇直多少，而随户等均取。雇直既已足用，又率其数增取二分，以备水旱欠缺，虽增毋得过二分，谓之免役宽剩钱。

呜呼，我读到条例司和司农寺所拟定的募役法条目，不禁感叹王安石和他的下属们，真可谓思虑周详、身体力行，可以成为立法家之典范啊！差役对百姓的祸害已经到了极点，所以势必进行改革。然而，以前的那些差役，有些是繁杂苛细而可以免除的，有些是国家必需而不能免除的。现在的熙宁新法，对于可以免除的，已经免除了（这就是条例司原议所说的，如部水陆运以下的差使现在应当省去，不再由百姓承担费用）；对于不能免除的，既不再由百姓承担，又不能因为不承担而废除这些事务，所以不得不由国家招募愿意承担的百姓来充任，这个道理不言而喻。然而，既然是招募，那就不再是义务的性质，而变成了合同的性质，如果没有报酬，谁愿意去做呢？但是国家并不像私人那样拥有自己的财产，国家有所需要，只能从百姓那里获取。而这些义务，百姓本来已经承担了数十年，只是因为立法不善，所以朴实善良的人更加困苦，而狡猾强势的人却得以幸免。现在只是对百姓原本就有的义务而加以修正，将征役的性质改为赋税的性质，这并不是对以前的增加。这就是免役钱合乎道理的原因。而其征收的方式，是根据财产的多少来分等级的，富人交的税更多，穷人交的税更少，特别贫困的人则完全免除，这与现在各文明国家征收所得税的方法正好相同。各国征收所得税，对于收入少到仅能维持生计的人不征税，有剩余收入的则征税（日本的法律是，收入在300元以下的不征税，300元以上的则征税。各国设定的界线不同，但原则相同）。而且征税的方式，是按照收入等级比例逐步增加（日本的法律是，收入300元以上的人按千分之十征税，500元以上的人按千分之十二征税，1000元以上的人按千分之十五征税，如此类推十一等，直到10万元以上的人按千分之五十五征税。这是大致的情况，其他国家也类似）。这实际上是一种非常公平的税收方法，也是各国财政学家所最为称道的。王安石在数百年前各国还未发明这种税法的时候，所制定的法律竟与之无意中契合，它根据产业的多少、家产的贫富来分等级，按照等级交钱，乡村的住户第四等级、城市的住户第六等级以下的，不再交税。豪族和僧侣不交赋税，不提供力役，国家的一切负担都落在了弱小而无力的平民身上，这是欧洲中世纪以来的弊政，法国大革命以及近百年来欧洲各国的革命，很大一部分原因就是这种不平等的政策。王安石对此深感痛心，他不畏权贵，毅然决定让他们交助役钱。这是欧洲各国通过无数人的流血才得到的改革，而王安石在朝堂上却轻松地指挥实施。

王安石的立法已经如此完善而周全，但他还是不敢自信没有问题，于是公示一个月，等待民众没有异议，然后才写成法令。法令实施的时候，又不敢过于急躁，而是先在一两州实施，等到成功后，再推广到各州郡。这不就是所说的劳谦君子终得吉祥吗？自从募役法实施以来，虽然后来屡有变迁，但最终没有被废除。直到今天，人民已经不再知道徭役是什么，甚至提到这个名字也往往不解其意，这是谁的恩赐？这是王安石的恩赐。王安石的这次改革，一举扫清了自尧舜三代以来的弊政，这实际上是中国史和世界史上最有名的社会革命。我们生活在今天，已经对徭役淡忘很久了。试着回顾当时人们所描述的旧社会困苦不安的情形，再考察欧洲中世纪和近现代的历史，看到那些封建时代的贵族、僧侣剥削平民的事实，两者相互印证，那么对于王安石，我们应当怎样崇拜和敬仰都不为过。然而，几百年来，一些人却吠影吠声，至今还说他迂腐、固执、苛刻，甚至说他自私，是个小人。唉，我国人民对于报答恩情是如此的淡薄，真是令人感慨啊！

当时的立法者说："现在所给予宽惠的，都是乡村中朴实善良且无法自我表达的穷苦百姓，所裁减的是那些既做官又能力强，能够影响他人的豪富权贵。我们知道新法不方便他们，所以阻挠的人一定很多。"果然，当时那些自称士人、君子的人纷纷起来攻击新法，他们所持的理由无非出于自利。现在简单举几个例子：

苏辙之言曰："役人之不可不用乡户，犹官吏之不可不用士人。"

苏轼之言曰："自古役人之必用乡户，犹食之必用五谷，衣之必用丝麻，济川之必用舟楫，行地之必用牛马。虽其间或有以他物充代，然终非天下所可常行。"又曰："士大夫捐亲戚、弃坟墓，以从官于四方者，宣力之余，亦欲取乐，此人之至情也。若厨传萧然，则似危邦之陋风，恐非太平之盛观。"

神宗曾与近臣谈论免役的利益。文彦博言："祖宗法制具在，不须更张以失人心。"上曰："更张法制，于士大夫诚多不悦，然于百姓何所不便？"彦博曰："为与士大夫治天下，非与百姓治天下也。"

唉，当时攻击新法的人，他们的心思简直一清二楚了！比如苏轼兄弟，他们认为乡村百姓服役是天经地义，不可更改，这是陷入了阶级制度的陈规陋习，认为天生万物就有贵贱之分。法国大革命时的贵族、俄国现在的贵族，都是用这种论调来维护他们不正当的权利的，没想到我国所谓的贤者竟然也是如此。在当今时代，无论中国还是外国，都已经没有了役使人的制度，也没有了差乡民服役的做法。这难道不是不用五谷就能得到食物，不用丝麻就能得到衣物吗？苏轼如果看到这种情况，他会怎么解释呢？何况苏轼所痛恨的免役法，只是因为没了厨子和随从官员，他无法在四方游玩取乐。他说用这些来装点太平盛世，确实是盛世，但是别忘了，因为这种制度，有的寡妇不得不改嫁，有的亲族被迫分居，有的放弃田地以减少家产，有的甚至求死以便成为单丁户；别忘了，因为这种制度，百姓不敢多种一棵桑树、多养一头牛，不敢储存两年的粮食，不敢藏十匹布。只是为了少数官员的取乐，就让多数人民家破人亡，饥寒交迫，这简直是吸人血以取乐！这是豺狼的言论！稍有良心的人怎么忍心说出口？没想到那些号称贤士大夫的人，竟然厚颜无耻地说出这种话，而且几百年的贤士大夫竟然还附和！这让我看到，中国已经很久没有公正的言论了！

至于文彦博所说的，更是让人震惊，他说："与士大夫治天下，非与百姓治天下也。"如果真是这样，那么为了讨好士大夫而剥夺百姓的生命和财产，难道就是治理得当了？我请求告诉天下后世读史的人：王安石当时的新法，没有一件事不是为百姓谋福利的，也没有一件事不是对士大夫不利的。士大夫的利益和百姓的利益本来就是冲突的。现在我们能看到的，都是当时士大夫的言论，而百姓的言论则一个也看不到。想要凭一面之词就定案，那其中的冤屈岂止是莫须有？免役法只是其中一个方面而已。

当时编造谣言诽谤的人多得不可胜计。根据《文献通考》的记载，其中有同判司农寺的曾布条上奏辩驳的文章，通过此文，可以看出那些诽谤者是如何虚构诬词，不了解实际情况就随意猜测的。现在摘录其大致内容如下：

畿内上等户尽罢昔日衙前之役，故今所输钱比旧受役时，其费十减四五；中等人户旧充弓手、手力、承符、户长之类，今使上等及坊郭、寺观、单丁、官户皆出钱以助之，故其费十减六七；下等人户尽除前日冗役，而专充壮丁，且不输一钱，故其费十减八九。大抵上户所减之费少，下户所减之费多。言者谓优上户而虐下户，得聚敛之谤，臣所未谕也。

提举司以诸县等第不实，故首立品量升降之法，开封府、司农寺方奏议时，盖不知已尝增减旧数。然旧敕每三年一造簿书，等第常有升降，则今品量增减，亦未为非。又况方晓谕民户，苟有未便，皆与厘正，则凡所增减，实未尝行。言者则以为品量立等者，盖欲多敛雇钱，升补上等以足配钱之数；至于祥符等县，以上等人户数多减充下等，乃独掩而不言，此臣所未谕也。

凡州县之役，无不可募人之理。今投名衙前半天下，未尝不典主仓库、场务、纲运，而承符、手力之类，旧法皆许雇人，行之久矣。惟耆长、壮丁，以今所措置，最为轻役，故但轮差乡户，不复募人。言者则以为专典雇人，则失陷官物；耆长雇人，则盗贼难止。又以为近边奸细之人应募，则焚烧仓廪，或守把城门，则恐潜通外境，此臣所未谕也。免役或输见钱，或纳斛斗，皆从民便，为法至此，亦已周矣。言者则谓直使输钱，则丝帛粟麦必贱，若用他物准直为钱，则又退拣乞索，且为民害。如此则当如何而可？此臣所未谕也。

昔之徭役，皆百姓所为，虽凶荒饥馑，未尝罢役，今役钱必欲稍有余羡，乃所以为凶年蠲减之备，其余又专以兴田利、增吏禄。言者则以为助钱非如税赋，有倚阁减放之期，臣不知昔之衙前、弓手、承符、手力之类，亦尝倚阁减放否？此臣所未谕也。

两浙一路，户一百四十余万，所输缗钱七十万耳，而畿内户十六万，率缗钱亦十六万，是两浙所输财半畿内，然畿内用以募役，所余亦自无几。言者则以为吏缘法意，广收大计，如两浙欲以羡钱侥幸，司农欲以出剩为功，此臣所未谕也。

看看这些就可以知道，当时的诽谤者都是尽力宣扬恶行而隐藏善行，他们对于变法前后的利弊，从未进行过一次比较来权衡其轻重，他们的言论都是出于个人的情感，而不是基于公正的道理。免役法只是其中一个方面。等到神宗去世，司马光掌权，首先废除了募役法，恢复了差役法。而在此之前攻击新法最积极的范纯仁，却认为差役的事情应该仔细讨论，否则会伤害百姓。在此之前，把服役乡户比作丝麻五谷的苏轼，又极力主张可以雇役，不能差役，即使是圣人再世也无法改变，并且认为让农民承担差役，官吏会百般搜刮，其苦乐与雇役比起来可以说是相差十倍。同是一个人，在前后十多年间，其言论竟然如此相反，这难道不是因为他们之前对没有见过的事物感到惊骇，等见到成效显著，才不得不内心折服并改变心意吗？常言道："非常之原，黎民惧焉"（事业的开端非同寻常，百姓往往会非常恐惧），"凡人可与乐成，难与虑始"。即使范纯仁、苏轼这样的贤者，他们的见识也不过和普通百姓一样，王安石将他们视为流俗，这怎么能说是诬蔑呢？然而，范纯仁、苏轼在认识到自己之前的错误后，立刻改正，仍旧不失为君子。唯独让人奇怪的是司马光，王安石还没有实施这些法律之前，他就已经极力批评差役的弊端，首先提出募役的说法，但是等到他继任相位，却听信了蔡京这个反复无常的小人，完全推翻了前任宰相的办法，甚至连自己之前的观点也弃之不顾。这难道不是因为他觉得募役法取得的成绩不是由自己实现的，所以就通过倾轧他人来满足自己的私念吗？以司马光的贤明，我当然不敢这样怀疑他，但是除了这个，我想不到他还有什么别的意图。

第六　其他民政、财政新法

以上提到的青苗、均输、市易、募役这四项涉及民政和财政的新法，都是王安石当时特别创立的（保甲法也是民政中重要的一项，但因为王安石实施它的意图在于整顿军政，所以将在下一章讨论）。除此之外，其他变法则是根据旧有法令进行整顿和改良而颁行的，现在简单讨论一下。

（甲）农田水利

王安石刚一上任，就派遣各路常平官专门负责农田水利。官吏和百姓如果懂得土地种植的方法，以及陂塘、圩埠、堤堰、沟洫的利害，都可以提出建议。如果实施有效，就会根据收益大小给予奖赏。在王安石任相期间，他始终致力于这项工作。《宋史》记载，从熙宁三年到熙宁九年，开封府及各路兴修的水利工程共10793处，灌溉农田总计361178顷。

王安石开工建造的水利工程数不胜数，其中最大的是疏浚黄河和疏通汴河。他关于疏浚黄河的说法是："北流如果不堵塞，会占用很多公私田地，而且水流散漫，时间久了又会沉积堵塞。过去我们修的两条支流，费用最少，而且公私田地都得到了灌溉，之前的盐碱地都变成了沃土。"当时司马光和欧阳修都反对他。欧阳修说："开河就像放火，不开就像灭火。与其让人劳累，不如不开。"王安石回答："让人劳累是为了除去灾害，这就是所说的役使天下而民乐于跟随。"这两种说法，一种是贪图安逸，一种是不辞劳苦，哪种更贤明是一目了然的。疏通汴河的建议是王安石早就提出的了，直到他请求退休后的元丰元年才开始实施，用了四十五天就完成了。疏浚黄河与汴河这两件事，是利是害，我无法评价，但它们足以证明王安石对民事的尽心尽力。当时苏轼上疏诋毁他，说："国家久安，民生物富，全国原来未尽其用的利益也已经挖掘完，现在想要挖空心思寻找水利，必然会引起骚乱。"这些都是把不做事、不作为奉为准则，是士人的风气使然。中国直到今天，未尽其用的利益仍然随处可见，更何况宋朝在经历了大乱之后，真仁年间的凋敝已如前述，却说已经没有未尽其用的利益，这是欺骗谁呢？

（乙）方田均税

方田均税法是王安石整理田赋的政策。《宋史》记载它的始末如下：

熙宁五年八月，诏司农以《均税条约并式》颁之天下。以东西南北各千步，当四十一顷六十六亩，一百六十步为一方；岁以九月，县委令、佐分地计量，随陂原平泽而定其地，因赤淤黑垆而辨其色；方量毕，以地及色参定肥瘠而分五等，以定税则；至明年三月毕，揭以示民，一季无讼，即书户帖，连庄帐付之，以为地符。均税之法，县各以其租额税数为限，旧尝取蹙零，如米不及十合而收为升，绢不满十分而收为寸之类，今不得用其数均摊增展，致溢旧额，凡越额增数皆禁之。若瘠卤不毛，及众所食利山林、陂塘、路沟、坟墓，皆不立税。凡田方之角，立土为埄，植其野之所宜木以封表之。有方帐，有庄帐，有甲帖，有户帖；其分烟析产、典卖割移，官给契，县置簿，皆以今所方之田为正。令既具，乃以济州钜野尉王曼为指教官，先自京东路行之，诸路仿焉。

这是当时对土地进行调查和整顿赋税的一项政策，虽然不是王安石特别创立的，但也是理财者首先应该做的事情。方田法大概就像近世所说的土地台账法，研究地税的人认为此法最为妥善。但是它要求每年都要重新确定一次税费，实在太烦琐了，因此无法持久。朝廷先向民众公布此法，如果一季没有引起百姓诉讼，才将其制定为法律，这又是一种极其仁慈的政策啊！方账、庄账、甲帖、户帖，虽然关于它们的具体内容现在已经无法知道，但与现在文明国家的法律制度相比，应该是非常相似的。严禁超过限额增加税赋，豁免贫瘠和公共土地的税赋，显示了此法的惠民之意。谁说王安石的立法是通过损害百姓利益来增加国家利益呢？

（丙）漕运

历朝建都北方，都依赖东南的粮食，所以漕运实际上是国家的一大政策，北宋时期尤其如此。以前的漕运官吏和士兵一起上下侵吞、盗窃货物，甚至假托船遇到大风大浪沉没了来消灭证据，官家的物品因而每年损失不少于20万斛。熙宁二年，王安石推荐薛向担任江淮等路的发运使，开始招募民船和官船分别运输，互相检查，旧有的弊端才得以消除。此后，每年的漕运数量不仅达到了规定数量，而且招募的商船运输到京师的粮食超出了26万石不止。这在王安石的相位中，虽然是很微小的事情，但他知人善任、注重实效的能力，从这里就可以看出来。

以上所列举的，都是王安石在民政和财政方面采取的大致措施。这些条目都班班可考，可见王安石的本意无一不是出于利民，哪里有像那些庸俗的官僚对百姓巧取豪夺一样，通过损害百姓利益来增加国家利益的行为呢？虽然当时执行不力，导致有些政策行为与立法本意相悖，收效不如预期，这确实也是有的。然而，我已经说过，在交通不便的时代，想要用干预政策治理大国，实际上是很难的，因此这根本不能完全归咎于王安石。更何况当时那些所谓的廉洁君子都不愿意帮助他，所以即使有用人不当的情况，那些所谓的君子也难辞其咎。因此，我详细描述了当时财政的真相，以便后来读史之人参考。

王安石传

第十一章

王安石的政术

（三）

军政新法

第一　省兵

宋朝因为养兵而耗尽了国力，国家拥有超过百万的兵员，每年的军费占据了财政收入的三分之二，却不能打一场胜仗，稍微有见识的人没有一个不为此感到忧虑的。然而，最终没有人能够解决这个问题。长期积累的问题，不是英雄豪杰就无法扭转。而当时的士大夫习惯了偷懒和怠惰，他们的精力和决心不足以承担这项任务。现在请先让我描述当时各位贤者对养兵问题的批评，然后再谈王安石省兵的策略。（下面所记录的内容虽然有些冗长，但阅读这些才能了解当时法度之极度腐败，不得不进行改革。同时，也可以看出王安石的保甲法与省兵法是相辅相成的，而那些攻击他的人是在无理取闹。）

在仁宗嘉祐年间，知谏院范镇上疏说：

今田甚旷，民甚稀，赋敛甚重，国用甚不足者，正由兵多故也。议者必曰，以为契丹备也，且契丹五十年不敢南入为寇者，金缯之利厚也。就使弃利为害，则大河以北，妇人女子皆是乘城之人，其城市无赖、陇亩力田者，又将焉用而预蓄养之以困民？夫取兵于民则民稀，民稀则田旷，田旷则赋役重，赋役重则民心离。寓兵于民则民稠，民稠则田辟，田辟则赋役轻，赋役轻则民心固。与其离民之心以备契丹，契丹未至而民力先已匮，孰若固民之心以备契丹，虽至而民力有余，国用有备。其利害若视白黑，若数一二。而今以为难者，臣所以深惑也。昔汉武以兵困天下者，用兵以征匈奴，空漠北，得所欲也。陛下以兵困天下者，不用兵养兵以至是也，非以快所欲也。何苦而为是乎？

欧阳修对此也进行了论述，他说：

国家自景德罢兵，三十三岁矣。兵尝经用者，老死几尽，而后来者未尝闻金鼓识战阵也。生于无事而饱于衣食也，其势不得不骄惰。今卫士入宿，不自持被而使人持之；禁兵给粮，不自荷而雇人荷之。其骄如此，况肯冒辛苦以战斗乎？前日西边之吏，如高化军、齐宗举两用兵而辄败，此其效也。夫就使兵耐辛苦而能斗战，虽耗农民为之可也。奈何有为兵之虚名，而其实骄惰无用之人也？古之凡民长大壮健者，皆在南亩，农隙则教之以战。今乃大异，一遇凶岁，则州郡吏以尺度量民之长大，而试其壮健者，招之去为禁兵；其次不及尺度而稍怯弱者，籍之以为厢兵。吏招人多者有赏，而民方穷时争投之，故一经凶荒，则所留在南亩者，惟老弱也。而吏方曰不收为兵，则恐为盗。噫，苟知一时之不为盗，而不知终身骄惰而窃食也！古之长大壮健者任耕，而老弱者游惰。今之长大壮健者游惰，而老弱者留耕也。何相反之甚邪？然民尽力乎南亩者，或不免乎狗彘之食；而一去为增兵，则终身安佚而享丰腴，则南亩之民不得不日减也。故曰有诱民之弊者谓此也。

又说：

古之善用兵者，可使之赴水火。今厢禁之军，有司不敢役，必不得已而暂用之，则谓之借倩。彼兵相谓，亦曰官倩我，而官之文符亦曰倩。夫赏者所以酬劳也，今以大礼之故，不劳之赏，三年而一遍，所费八九十万。有司不敢缓月日之期，兵之得赏，不以无功知愧，乃称多量少，比好嫌恶，小不如意，则持梃而呼，群聚欲击天子之命吏。无事之时犹若此，以此知兵骄也。

兵之敢骄者，以用之不得其术，而法制不立也。前日五代之乱，可谓极矣。五十三年之间，易五姓十三君，而亡国被杀者八，长者不过十余岁，甚者三四岁而亡。其主岂皆愚邪？其心岂乐祸乱而不欲为久安之计乎？顾其力不能者，时也。当时东有汾、晋，西有岐、蜀，北有强胡，南有江、淮、闽、广、吴、越、荆、潭，天下分为十三四，四面环之，以至加之中国，又有叛将强臣割而据之，其君天下者，类皆为国日浅，威德未洽，强君武主，力而为之，仅以自守，不幸孱子弱孙，不过一再传而复乱败，是以养兵如儿子之啖虎狼，犹恐不为用，尚何敢制？天下之势，方若敝庐，补其奥则隅坏，整其桷则栋倾，支撑扶持，苟存而已，尚何暇法象规矩而为制度？

今宋之为宋，八十年矣，外平僭乱，无抗敌之国；内削方镇，无强叛之臣。天下为一，海内晏然，为国不为不久，天下不为不广也。然而兵不足以威于外而敢骄于内，制度不可为万世法而日益丛杂，一切苟且，不异五代之时，此甚可叹也。

苏轼也对此进行了论述，他说：

夫兵无事而食，则不可使聚，聚则不可使无事而食，此二者相胜而不可并行，其势然也。今夫有百顷之闲田，则足以牧马千驷，而不知费，聚千驷之马而输百顷之刍，则其费百倍，此易晓也。昔汉之制，有践更之卒，而无营田之兵，虽皆出于农夫，而方其为兵也，不知农夫之事。是故郡县无常屯之兵，而京师亦不过有南北军、期门、羽林而已。边境有事，诸侯有变，皆以虎符调发郡国之兵，至于事已而兵休，则涣然各复其故，是以其兵虽不离农，而天下不至于弊者，未尝聚也。唐有天下，置十六卫府兵，天下之府八百余所，而屯于关中者至有五百，然皆无事则力耕而积谷，不惟以自赡养，而又足以广县官之储，是以兵虽聚于京师，而天下亦不至于弊者，未尝无事而食也。

今天下之兵，不耕而聚于畿辅者以数十万计，皆仰给于县官，有汉唐之患，而无汉唐之利，择其偏而兼用之，是以兼受其弊而莫之分也。天下之财，近自淮甸，而远至于吴楚，凡舟车所至，人力所及，莫不尽取以归于京师。晏然无事，而赋敛之厚，至于不可复加，而三司之用，犹苦其不给，其弊皆起于不耕之兵聚于内，而食四方之贡赋。非特如此而已，又有循环往来屯戍于郡县者。昔建国之初，所在分裂，拥兵而不服。太祖、太宗，躬擐甲胄，力战而取之，既降其君而籍其疆土矣，然其故基余孽犹有存者，上之人见天下之难合而恐其复发也，于是出禁兵以戍之，大自藩府而小至于县镇，往往皆有京师之兵。由此观之，则是天下之地，一尺一寸，皆天子自为守也。而可以长久而不变乎？

费莫大于养兵，养兵之费莫大于征行。今出禁兵而戍郡县，远者或数千里，其月廪岁给之外，又日供其刍粮，三岁而一迁，往者纷纷，来者累累，虽不过数百为辈，而要其归，无以异于数十万之兵，三岁而一出征也。农夫之力安得不竭？馈运之卒安得不疲？且今天下未尝有战斗之事，武夫悍卒非有劳伐可以邀其上之人，然皆不得为休息闲居无用之兵者，其意以为为天子出戍也。是故美衣丰食，开府库，辇金帛，若有所负，一逆其意，则欲群起而噪呼，此何为者也！

天下一家且数千百年矣，民之戴君，至于海隅，无以异于畿甸，亦不必举疑四方之兵而专信禁兵也。曩者蜀之有均贼，近岁贝州之乱，未必非禁兵致之。臣愚以为郡县之土兵，可以渐训而阴夺其权，则禁兵可以渐省而无用。天下武健岂有常所哉？山川之所习，风气之所咻，四方之民一也。昔者战国常用之矣。蜀人之怯懦，吴人之短小，皆尝以抗衡于上国，夫安得禁兵而用之？今之土兵，所以钝弊劣弱而不振者，彼见郡县皆有禁兵而待之异等，是以自弃于贱隶役夫之间，而将吏亦莫训也。苟禁兵渐省，而以其资粮益优郡县之土兵，则彼固以欢欣踊跃出于意外，戴上之恩而愿效其力，又何遽不如禁兵邪！夫土兵日以多，禁兵日以少，天子扈从、捍城之外，无所复用。如此，则内无屯聚仰给之费，而外无迁徙供亿之劳，费之省者，又已过半矣。

又说：

三代之兵，不待择而精，其故何也？出兵于农，有常数而无常人，国有事要，以一家而备一正卒，如斯而已矣。是故老者得以养，疾病者得以为闲，民而役于官者，莫不皆其壮子弟，故其无事而田猎，则未尝发老弱之民；师行而馈粮，则未尝食无用之卒。使之足轻险阻，而手易器械，聪明足以赴旗鼓之节，强锐足以犯死伤之地，干城之众，而人人足以自捍，故杀人少而成功多，费用省而兵卒强。……及至后世，兵民既分，兵不得复而为民，于是始有老弱之卒。夫既已募民而为兵，其妻子屋庐既已托于营伍之中，其姓名既已书于官府之籍，行不得为商，居不得为农，而仰食于官，至于衰老而无归，则其道诚不可以弃去，是故无用之卒，虽薄其资粮，而皆廪之终身。凡民之生，自二十以上至于衰老，不过四十余年之间；勇锐强力之气，足以犯坚冒刃者，不过二十余年。今廪之终身，则是一卒凡二十年无用而食于官也。自此而推之，养兵十万，则是五万人可去也；屯兵十年，则是五年为无益之费也。

……今天下募兵至多，往者陕西之役，举籍平民以为兵，加以明道、宝元之间，天下旱蝗，次及近岁青齐之饥，与河朔之水灾，民急而为兵者日益众。举籍而按之，近世以来，募兵之多，无如今日者。然皆老弱不教，不能当古之十五，而衣食之费百倍于古，此甚非所以长久而不变者也。凡民之为兵者，其类多非良民。方其少壮之时，博弈饮酒，不安于家，而后能捐其身，至其少衰而气沮，盖亦有悔而不复者矣。臣以谓五十以上愿复而为民者，宜听。自今以往，民之愿为兵者，皆三十以下则收，限以十年而除其籍。民三十而为兵，十年而复归，其精力思虑，犹可以养生送死，为终身之计。其应募之日，心知其不出十年，而为十年之计，则除其籍而不怨。以无用之兵终身坐食之费而为重募，则应者必众。如此，县官常无老弱之兵，而民之不任战者，不至于无罪而死。彼皆知其不过十年而复为平民，则自爱其身而重犯法，不至于叫呼无赖，以自弃于凶人。今夫天下之患，在于民不知兵，故兵常骄悍而民常怯，盗贼攻之而不能御，戎狄掠之而不能抗。今使民得更代而为兵，兵得复还而为民，则天下之知兵者众，而盗贼戎狄将有所忌。

读了这些内容，就可以清楚地知道当时养兵的种种弊端，是必须要改革了。范镇、欧阳修、苏轼等先生所提出的建议，实际上就是王安石后来所实施的政策。而为什么一定要等待王安石来实施呢？这是因为说起来容易，做起来难。天下的大事，终究不是坐着空谈的人能够解决的。仁宗本来就是一个优柔寡断的君主，不能和他讨论国家大计。至于神宗，他英明果断，天赋异禀，似乎可以辅佐他实施这些主张。但是，每当神宗提出要实施这些政策时，群臣都会脸色大变，没有人敢承担这个责任。首先阻挠的人是司马光，他说：

沙汰既多，人情惶惑，大致愁怨，虽国家承平，纪纲素张，此属恟恟，亦无能为。然诏书一下，万一有道路流言，惊动百姓，朝廷欲务省事，复为收还，则顿失威重，向后不复可号令骄兵。若遂推行，则众怨难犯。梁室分魏博之兵，致张彦之乱，此事之可鉴者也。

司马光的这些言论，差不多可以代表当时反对党的观点了。问他们反对的理由，不过是担心士兵过于骄横，难以控制，一旦减少兵员就可能引发变乱，因此他们不惜主张采取妥协的办法来养痈遗患。如果没有王安石，这个改革措施可能也会像建造房屋时征求路人意见一样，最终无法实现。当神宗和王安石讨论减少兵员时，神宗说：“枢密院认为这会导致唐建中时期的变乱。[①]”王安石回答：“陛下您亲自施行德政，勤勉处理政务，上下通达，绝对不会出现这种情况。建中时期发生变乱，是因为德宗皇帝任用了卢杞这样的人，而疏远了陆贽，能够不亡国已经是侥幸了。现在陛下只需要下定决心，详细制定制度，逐步推行。”神宗于是拿定了主意。熙宁元年，神宗下诏命令各路监司检查州兵是否合规，不称职的禁军降为厢军，不称职的厢军免为平民。不久之后，又下诏挑选年龄在四十五岁以下、身体健壮的“半分”[②]升为正规军，五十岁以上愿意成为平民的听其自愿。按照旧规士兵要到六十一岁才能免除兵役，现在却有很多士兵被免为平民，冗余的士兵因此大大减少。到了第二年，又下诏废除合并了一些军营，陕西的马步军营从327个减少到270个，马军编制定为300人，步军编制定为400人。后来，总兵的马步军营从545个减少到355个，而京师的士兵，则大部分被调拨合并到京郊的各路和厢军中，将零散的兵力整合，各自确定了固定的兵额。从熙宁到元丰年间，每年都有很多军营被废除合并，同时增加了武卫军，加以严格训练，不久都变成了精兵。

冗余兵员的减少，当时的人都知道是必要的，但没有人敢提出改革，因为他们担心士兵会因此发生变乱。然而，王安石坚决地实施了这项改革，结果并没有引起任何骚动，那些所谓的可怕情况又因何而起呢？也许是因为当时的贤者们害怕承担责任，不愿意招惹麻烦，宁愿坐视国家衰败，也不愿意用他们的地位和名誉去冒险尝试那些成败未卜的事情。他们这样做对自己是有利的，但是不知道国家为什么要任用这样的大臣？治平年间，军队共有116.2万人；到了熙宁年间，减少到568688人；元丰年间稍有增加，也只有612243人，相比最初减少了一半。王安石刚执政时，能够减少宫廷费用和其他不必要的开支十分之四，执政十年后，又能逐步减

① 指唐德宗建中年间削藩失败，引起军阀混战。

② 半分：指不征战，只在军中负担杂役的士兵，属于非正规军，只领半分军俸。又称“小分”。

少冗余兵员十分之五，这种魄力和果敢是多么的伟大。而他在担当大事上的艰辛和劳苦也可以想象。这两点，都是当时那些空谈家们整天喋喋不休的话题。他们谈论这些事情却不能实施，而王安石实施了，他们却又在后面诋毁他，这真是没有良知！而后世的史学家对于这些伟大的成就也熟视无睹，这真是有眼无珠。关于王安石减少兵员，《宋史·兵志》详细记录了撤员合并的情况，并比较了建隆以来的制度与熙宁以后的制度。学者们如果想要了解详细情况，可以查阅这些资料，现在我就不详细展开了。

第二　置将

王安石的军事改革，并不是减少兵力或者放弃军事的政策，而是一种积极的进取策略。宋朝的士兵虽然数量众多，但无法有效利用的原因很多，其中最严重的问题是将领和士兵之间互不了解，士兵不熟悉将领，将领也不熟悉士兵。宋太祖赵匡胤观察到晚唐和五代的弊端，担心将领将士兵据为己有，因此创立了轮流戍守边疆的制度，派遣禁军分赴各地防守边境，以此来遏制骄横的将领和士兵的跋扈行为。这个策略本应是好的。然而，这个制度存在弊端，不仅仅让更换防地变得复杂，浪费钱财，损害百姓利益，更严重的是，因为将领不了解士兵，士兵不了解将领，导致有兵等于无兵。等到王安石执政，开始重新分配各路的军队，统一归属禁军管理，使得士兵了解自己的将领，将领训练自己的士兵，平时只有训练的劳苦，不再有轮换守卫边疆的劳累，只有在战时才会派他们出征。这实际上是宋朝兵制的一次重大改革。现在考察当时的将领和士兵的数量，以及他们被部署的地方，列表如下：

<table>
<tr><td rowspan="4">（一）拥护京畿士兵，共计37将（熙宁七年置）</td><td>河北四路：第一至十七将，共17将</td></tr>
<tr><td>府畿：第十八至二十四将，共7将</td></tr>
<tr><td>京东：第二十五至三十三将，共9将</td></tr>
<tr><td>京西：第三十四至三十七将，共4将</td></tr>
</table>

（续表）

<table>
<tr><td rowspan="5">（二）西北边防士兵，共计42将（熙宁八年置）</td><td colspan="3">鄜延：9将</td></tr>
<tr><td colspan="3">泾原：11将</td></tr>
<tr><td colspan="3">环庆：8将</td></tr>
<tr><td colspan="3">秦凤：5将</td></tr>
<tr><td colspan="3">熙河：9将</td></tr>
<tr><td rowspan="13">（三）戍守东南士兵，共计13将（元丰四年置）</td><td rowspan="2">淮南</td><td colspan="2">东路：第一将，1将</td></tr>
<tr><td colspan="2">西路：第二将，1将</td></tr>
<tr><td rowspan="2">两浙</td><td colspan="2">西路：第三将，1将</td></tr>
<tr><td colspan="2">东路：第四将，1将</td></tr>
<tr><td rowspan="2">江南</td><td colspan="2">东路：第五将，1将</td></tr>
<tr><td colspan="2">西路：第六将，1将</td></tr>
<tr><td rowspan="3">荆湖</td><td colspan="2">北路：第七将，1将</td></tr>
<tr><td rowspan="2">南路</td><td>潭州：第八将，1将</td></tr>
<tr><td>全州、邵州、永州：第九将，1将</td></tr>
<tr><td colspan="3">福建路：第十将，1将</td></tr>
<tr><td rowspan="3">广南</td><td colspan="2">东路：第十一将，1将</td></tr>
<tr><td rowspan="2">西路</td><td>桂州：第十二将，1将</td></tr>
<tr><td>邕州：第十三将，1将</td></tr>
</table>

总共有92将。还有马军的13个指挥，忠果直禁军的10个指挥，土军的2个指挥，总共有25个指挥，这些指挥与将一起行动。这是确定的常备军的编制。每将下属的士兵数量是多少，历史上没有明确的记载，现在无法考察。只知道忠果直禁军十指挥的兵员各有500人，而东南路各将所属的士兵在3000人以下。关于防卫，大致上是根据驻地的险易程度来决定兵力的多寡，编制并不是固定不变的。

所谓的将，并不是指将帅，而是一个团体的名称。这大概类似于今天新军制中的所谓“镇”，类似于日本军制中的“师团”。用第一将、第二将等来作为标记，也和现在的军制相符合。它们在全国险要的地点进行驻防，每个地方都得到了适宜的配置，这是现在管理军队的人所无法比拟的。第一项的37将，是为了保卫京师，同时也防备契丹。韩琦建议撤销军队以免引起契丹的怀疑，就是指这些军队（颜元曾经批评韩琦的做法，《御批通鉴辑览》也不认同他的观点）。第二项的42将，是为了对付西夏。王安石为了对付契丹、西夏这两个敌国，一直殚精竭虑，因此把大部分兵力都集中在以上地方。第三项的13个将，只是为了稳定国内的治安，因此放置在比较远的后方，兵力也只占全国兵力的五分之一。

王安石改革的将兵制度，与晚唐五代制度不同的地方，是前者都是禁军，由皇帝自己担任大元帅来统领他们，将领不能私吞兵权，因此兵权不会旁落；与建隆以来的制度不同的地方，是前者将领和士兵相互熟悉，他们有实际的训练，而没有频繁更换防地的麻烦。在现代，只有德国和日本的陆军编制法最接近这一点，而中国现在的制度，仍然在学习但未能完全达到。王安石的思想真是超前、有远见啊！自从元祐年间推翻了新法，王安石的将兵制度虽然没有完全被废除，但是也让州县官员能够统领军队，与将领分权，军令不再由一个人发出，士兵的怠惰日益严重，最终导致女真族长驱直入，无法阻挡，宋朝也因此南渡。真是悲哀啊！

第三　保甲法

减少兵员和设置将领，都是王安石的权宜之策，只是暂时解决了一些问题而已。他的根本政策，并不在于此。王安石持有全民皆兵的理念，想要实现这个目标，就必须废除募兵制度，改为征兵制度，于是保甲法应运而生。

保甲制度有两个性质，一是作为地方自治体的警察力量，二是作为后备兵和国民兵。王安石推行保甲制度的初衷，是想改革兵制，而他开始实施的时候，则是从警察力量入手。熙宁三年，保甲法颁布，其内容如下：（由于《宋史》原文记载较为繁杂，现在我简要归纳。）

（一）十家为一保，五十家为一大保，十大保为一都保。其同保不及五家者，附于他保。有自外入保者，则收为同保，俟满十家乃别置焉。

（二）每保置保长一人，每大保置大保长一人，以主户有干力者充之。每都置都保正一人，副一人，以众所服者充之。凡任保正、副保正，皆以选举。

（三）每户有两丁以上者，选一人为保丁，附保两丁以上，有余丁而壮勇者亦附之。

（四）凡不在禁内之兵器，许保丁习之。

（五）每一大保，夜轮五人儆盗，凡告捕所获，以赏从事者。

（六）凡同保中有犯强盗、杀人、放火、强奸、略人、传习妖教、造畜蛊毒等罪，知而不以告者罚之，但非法律所听纠者，毋得告发。

（七）有窝藏强盗三人以上，经三日以上者，邻保虽不知情，亦科以失觉之罪。

（八）此法先行诸畿甸，以次推及诸路。

从这个角度来看，保甲最初的性质与现在所说的警察非常相似，这点显而易见。而且，其警察权力是委托给地方自治团体的。警察权力应该集中在中央呢，还是分散到地方呢？应该由官员专门负责呢，还是由人民兼任呢？这两者各有优缺点，直到现在政治家们还没有完全定论。在国土辽阔的国家，中央政府的力量难以细致地管理到每一个角落，与其让官员来管理，不如让人民自己来管理，而王安石的保甲，就有地方警察的性质。

王安石推行保甲法，不仅仅是为了建立警察制度，实际上他是想改变募兵制度，实行征兵制度，并借助保甲法来开始他的改革。当时宋朝有所谓的“义勇兵”，数量相当多，但他们的作用并不大，与禁兵和厢兵差不多。王安石想利用保甲形式改变他们的精神状态，这就是设立保甲法的初衷。在刚开始的时候，朝中的大臣们没有人认为这个办法可行，王安石与神宗以及各位大臣反复辩论，最终才得以实施。现在根据《宋史·兵志》的记载，我们可以看到他们辩论的言辞。

皇帝说府兵必须与租庸法相结合。

王安石回答："现在的义勇兵与土军轮番服役，已经有粮食供给了，所以无论贫富都可以负责首都的警备和戍守边疆。虽然没有租庸调法，但也可以自给。只是义勇兵都是良民，应该用礼义来奖养他们。现在的情况却是相反的，他们被在手背上刺字涂墨，被检阅和训练所困扰，还要被派去运送粮食，这三件事都是他们所不愿意做的。如果再让他们去面对敌人，那就更让他们害怕了。"

冯京说："义勇兵也有通过挽强弓得以应试、推恩的。"

王安石说："如果只挑选强壮但实际力量不足的人，那么他们就会失去进取之心，朝廷也有滥施恩惠的问题，并不是真的鼓励人们追求武功。现在我们想要治理义勇兵，就应该反过来做，让不成为义勇兵的人感到不利，而成为义勇兵的人感到有利，这样风气就会改变，而且大家的技术也可以提高。我愿意选择乡间的豪杰来担任将校，对他们稍微加以奖励和提拔，人们就会心悦诚服。何况现在招募兵员作为宿卫，有官员甚至积累军功，做到了刺史以上的职位，把这些人和义勇兵调换也是可以的，而且不需要像现在这样耗费官禄，就已经足够让人乐意去做了。如果陛下能够审慎选择亲近的大臣，他们都有处理政事的能力，那么将来就可以让他们分别统领这些军队。现在招募的兵员都是些无赖之人，尚且可以成为军厢主，那么亲近的大臣难道不比这些人更合适吗？这是先王制定的法则，也是国家的长远之计。"

皇帝说："是的。"

皇帝又提到节省财政开支。

王安石说："减少兵员是最紧迫的事。"

皇帝说："相比庆历年间，兵员已经减少很多了，但是考虑到河北、陕西的兵员数量，担心募兵太少，紧急情况下可能会出现问题。”

王安石说：“如果精心训练招募的士兵，并鼓励三路的民众学习兵法，就可以减少兵员。我多次说过，河北以前被武人割据，内部反抗朝廷，外部对抗四邻，还能抵御奚、契丹，兵员储备并不需要向外求援就足够了。现在河北人口增长，又把全国的财物都供给他们，还常常感觉不足以应对一方面的敌人，其设施还不如武人割据时期。所以三路的事情应该重新考虑，其关键在于充分利用当地民众。”

皇帝又说边防兵员不足以守卫边疆，只是白白浪费了衣物粮食，但边防兵员又不能全部减掉。

王安石说：“现在如果再减少兵员，那么确实没有办法应对紧急情况；如果不减少，财政负担又会一直困扰国家。我认为如果不能整理兵制，稍微恢复古制，中国就没有富强的道理。”

皇帝说：“唐朝时期，府兵多在关中，是为了稳固根本。而现在以关东都城，府兵全都集中在这儿，京师反而不足以应对四方。”

王安石说：“府兵可以在任何地方发挥作用，也可以让他们进入京师卫戍，这样就不必担心都城防御不强大了。”

韩绛和吕公弼都认为让义勇兵进入京师卫戍很困难。

文彦博说：“像曹州、濮州那些专门做盗贼的人，怎么能让他们进入京师卫戍呢？”

王安石说：“曹州、濮州难道就没有应募的人吗？他们都是些凶暴狡猾的无赖之人，尚且不足以成为忧虑。何况义勇兵都是良民，而且我们是让有物力、有资财的人担任将校，怎么能对他们产生怀疑呢？”

陈升之想逐渐让义勇兵戍守近处的州。

王安石说：“陛下如果想要消除数百年募兵的弊端，就应该果断详细地制定法令，让事情从头到尾都准备充分，否则起不了什么作用。”

皇帝说：“制定并使用法律，应当预先设立条款，然后逐渐推行。”

文彦博等人又认为很难让土兵去戍守远地。

王安石说："前代征伐流求、讨伐党项，难道不是用的土兵吗？"

皇帝说："募兵专门从事战斗和守卫，所以可以依靠。至于民兵，则军务、耕种各占一半，可以靠他们战斗、守卫吗？"

王安石说："唐朝以前没有刺字的士兵，但他们也可以战斗和守卫。我认为募兵和民兵没有区别，关键在于任用的将帅如何。将帅不难找，只要君主能够识别并善于任用他们，人才就会涌现出来，不怕没有将帅，有了将帅就不怕民兵不发挥作用。"

皇帝说："长远来看，必须要组织民众，能节省开支，而且兵员众多，还可以与募兵相互配合。"

王安石说："想要公私财用不短缺，为了国家的长远考虑，募兵制确实需要改变。"

皇帝说："枢密院认为这会导致唐建中时期的变乱。"

王安石说："陛下您亲自施行德政，勤勉处理政务，上下通达，绝对不会出现这种情况。建中时期发生变乱，是因为德宗皇帝任用了卢杞这样的人，而疏远了陆贽，能够不亡国已经是侥幸了。"

当时有人散布谣言，说朝廷在训练保甲，准备将他们迁移到边疆去戍守。乡民感到惊慌，有的父子相泣，有的自残以逃避被编入保甲。韩维等人请求暂停训练以安抚民众。

王安石说："以前保甲是人们自愿报名，然后才被征召，这符合人情，不会引起惊疑。而现在藏匿盗贼和做盗贼的人，当然不希望新法的实施。陛下看看仅长社一个县，就捕获了被保甲驱逐出开封府的30个盗贼，这些人在京畿已经无法立足，又在邻近郡县被捕，他们没有什么其他出路，只能专门煽动人心。自古以来，没有不依靠权势来统率众人，而能使上下一致的。如果让他们自由来去，谁会愿意听从命令呢？如果用法令来驱使他们，又不符合人们的愿望。而且治理天下，如果只是想按照民众的意愿行事，那么何必设立君主、安排官吏呢？现在应该派遣官员先传达圣旨，然后再依法推行。"

一天，皇帝对王安石说："曾孝宽说百姓斩断手指来控告保甲法。"

王安石说："这件事情是蔡驷告诉我的，赵子几派蔡驷去核实，结果是百姓因为砍木头误伤了手指，有几个人能做证。大体上，保甲法是上面从执政大臣，中间到两制官，下面到盗贼和窝藏盗贼的人，都不想实行。但是我召集乡民来问，他们都认为这个办法好。虽然有为了逃避丁税而砍掉手指的人，但并不是所有人都是这样。何况保甲不仅能够除去盗贼，还可以逐渐训练成为士兵。既然人人都能射箭，又通过旗鼓来训练他们的视听；而且约定轮番服役可以免税，以代替之前的巡检兵；保正、保长以上，能够捕获盗贼的人就奖励他们官职。这样人们就会竞相鼓励，然后让他们与正规军一起参战，这样就可以消除募兵的骄傲心态，并且节省财政开支，这是国家长远的计划。"

皇帝于是按照府畿保甲法改革了三路义勇兵制度。

冯京说："义勇兵已经有了指挥使，指挥使就是他们乡里的豪杰，现在又要设立保甲，让谁来担任大保长呢？"

王安石说："古时候，民居就是乡，五家为一比，比有长官。一旦用兵，五人为一伍，伍有伍司马。二十五家为一闾，闾有闾胥。二十五人为一两，两有两司马。两司马就是闾胥，伍司马就是比长，只是随着时代变化而名称不同。这是三代六乡六军遗留下来的法度，这个法制在古书中可以看到，从夏朝到周朝都没有改变。秦朝虽然破坏了阡陌，但是什伍制度还是像古代一样，这就是为什么秦朝兵力众多而且强大。近代只有府兵制比较接近这个制度。现在却放弃已经成形的制度，而坚守五代乱亡后留下的制度，这显然不足以使国家安全与强大。然而人们都安于现状，不认为因循不变是应该担忧的，这是因为他们的见识太浅薄了。"

有人说："保甲不能代替正规军服兵役。"

王安石说："等到他们熟练之后，再让他们服役。不过东部地区的士兵技艺，也不比义勇兵、保甲更好，我观察广勇军、虎翼军就是这样。现在招募的兵员，大部分都是偷懒、耍滑、不能自立的人。农民朴实、专一，一心听从命令，无论是缓是急，只有民兵才足以依靠。”

冯京说：“太祖征伐天下难道用的是民兵吗？”

王安石说：“太祖时接替了五代时期的困境，许多豪杰都认为从军是有利可图的。现在百姓安居乐业，在军队中不再像以前那样能够被提拔为公侯，也就是说，豪杰不再在军队中，而应募的人实际上都是些偷懒、不能自立之人。”

文彦博说：“用道义来辅助君主，不会依靠兵力来强大天下。”

王安石说：“依靠兵力来强大天下不是正道。但是有道义的人，既能柔弱也能坚强，既能弱小也能强大；当他们能够坚强的时候，就不会变得柔弱。张扬六军，确实是先王所崇尚的，只是不应只专注于兵力的强大罢了。”

皇帝说：“保甲、义勇兵的粮草费用，应当提前做好计划。”

王安石说：“应当减少募兵的费用来供应保甲与义勇兵，所供应保甲的费用，仅相当于供养募兵费用的十分之一二。”

皇帝说：“畿内募兵的数量已经比以前减少了，但为了增强根本的势力，还不能全部裁减。”

王安石说：“既然有了保甲来代替募兵之役，就不需要募兵了。现在京师的募兵，逃亡和死亡的情况很多，一个季度就有数千人，只要不再招募填补，就可以减少。现在厢军数量已经很少，禁兵也不多，我愿意早点训练民兵。民兵一旦训练成熟，募兵就应该减少了。而且现在保甲武艺考核分了八等，奖励非常优厚，人们都争相私下练习，不必等到服役时才开始学习。我认为不用几年的时间，他们的技艺不仅会超过义勇兵，也一定会超过正规兵。正规兵的技艺，只是为了应对官法而已，不像保甲民兵那样每个人都有积极性。”

以上都是王安石在初设保甲法时在朝廷上辩论的言辞。我之所以不怕冗长地详细记录下来（虽然引录时有所删节），一方面是因为这个法寄托了王安石的精神，应该通过记载传下来；另一方面是因为《宋史》记载王安石的政绩往往过于简略，无法考察到他立法的真正意图，只有《兵志》这部分对此事说得稍微详细一些，必须加以表述。我读到这些内容，感叹王安石深远的见识、对国家真诚的忧虑、担任事务的勇气，确实是自古以来没有人能比的！服兵役是国民对国家最大的义务，没有人能够在天地间逃避这个责任。所以士农工商都应该成为兵员，而不能在士农工商之外，还有一个所谓的兵的阶级存在。如果士农工商之外还有一个兵的阶级存在，那么这个阶级一定会成为藏污纳垢的地方，而且这些兵员未必能够被使用。宋朝因为募兵制度，兵员成了一个独立的阶级，当时的贤人们已经详细地谈到了这个问题。然而，不必追溯到宋朝，即使是现在的旗兵、绿营、防勇，他们的腐败现象已经是有目共睹的了。王安石想要清除这个问题的根源，于是提出专门使用乡民为兵的制度，这就是曾国藩、胡林翼、江忠源、罗泽南训练湘军能够取得功绩的原因。王安石说："农民朴实、专一，一心听从命令，无论是缓是急，只有民兵才足以依靠。"如果查看曾国藩的书信，类似的话数不胜数，如果不是真心治理事务并且有经验的人，是不容易看到这一点的。而王安石使用民兵的方法，首先是用礼义来奖励、培育他们，用名誉来鼓舞他们，曾国藩、罗泽南等人能够建立大业，也是依靠这些。日本人经常夸耀大和魂，并屡屡取得出其不意的成功，使世界各国对它瞠目而视，也是依靠这个。而中国自从秦汉以后的两千年间，被称为贤士大夫的人，能够知道这个道理的有几个呢？能够知道并且能够实行的又有几个呢？

王安石当时实行的所有新法中，只有保甲法花费他的心力最多，受到的诽谤和埋怨也最重。因为其他法律大都是为了方便民众，所以只有朝廷一些持有偏见的人才反对，而民众并不会和他们一起反对。唯独保甲法，因为和减少兵员一起实施，所以募兵的人会因此埋怨它。因为保甲负责警察工作以维护治安，所以盗贼和窝藏盗贼的人也会因此埋怨它。然而这些还不足以成为问题，关键是这项新法让全国的成年壮汉，无论贫富、贵贱，都要从事武事，接受纪律约束，这就引来很多不愿从事的人的埋怨。常人的心态是喜欢安逸、讨厌劳苦，喜欢自由、讨厌束缚。何况中国几千年来人民习惯了自由放任，再加上宋朝中期纪纲废弛，上上下下都习惯了偷懒，认为这是天性，突然想要改变他们，让他们劳累筋骨，承担重负，民众认为这是对他们不利的。所以当时的朝臣们所听到的，比如有人为了逃避兵役而砍掉手指，有人聚在一起哭泣，这些都是情理之中的事情，不一定是虚构的。然而，这些足以成为保甲法的缺点吗？子产有“孰杀”之歌，孔子有“麛裘”之谤[①]，凡是改革之初，必然会有很多人感到痛苦。如果因此就废弃法律而不执行，那么天下还能有改革的机会吗？王安石说：“自古以来，没有不依靠权势来统率众人，而能使上下一致的。”又说：“如果只是想按照民众的意愿行事，那何必设立君主呢？”这难道是随便为法家专制辩护的话吗？实际上，这是政治的大原则。人们之所以讨厌专制，是因为它损害了国家和人民，却自以为有利。然而如果事情关系到国家和人民的利益，而掌握主权的人强制执行，那又有什么可反对的呢？强迫国民履行服兵役的义务，正是对国家应该做的事情，如果有反抗，那就是对国家的叛逆。而王安石当时对于那些人并没有进行过任何惩罚，只是反复劝导，并且为他们提供了多条办法，来引导、奖励他们，让他们自己慢慢明白。我只看到他的仁心满怀。而那些议论的人却认为这是束缚人民的政策，这实在是太过分了，是无知者的谬论，不足以作为判断是非的标准。

《宋史》记载训练保甲来建立民兵的次序，是这样的：

---

① 《吕氏春秋·乐成》记载，子产在郑国推行改革，整理田地疆界、沟洫，遭到人们的反对，当时有“孰杀子产，吾其与之”的歌谣，意思是谁要是杀子产，我一定参加。孔子在鲁国初执政时，国人不服，人们议论纷纷，当时有“麛裘而韠，投之无戾”的歌谣，意思是穿着幼鹿皮衣，抛弃他也没关系。“麛裘”指幼鹿皮做的衣服。

熙宁二年十一月，始立《府界集教大保长法》，以王中正、狄谘兼提举府界教保甲大保长，总二十二县为教场十一所，大保长凡二千八百二十五人，每十人一色事艺，置教头一。凡禁军教头二百七十，都教头三十，使臣十。弓以八斗、九斗、一石为三等，弩以二石四斗、二石七斗、三石为三等，马射九斗、八斗为二等，其材力超拔者为头等。当教时，月给钱三千，日给食，官予戎械、战袍，又具银楪、酒醪为赏犒。

三年，大保长艺成，乃立团教法，以大保长为教头，教保丁焉。凡一都保相近者分为五团，即本团都、副保正所居空地聚教之。以大保长艺成者十人衮教，五日一周之。五分其丁，以其一为骑，二为弓，三为弩。府界法成，乃推之三路，各置文武官一人提举，河北则狄谘、刘定，陕西则张山甫，河东则黄廉、王崇拯，以封桩养赡义勇、保甲，钱粮给其费。是岁，引府界保甲武艺成，帝亲阅，录用能者，余赐金帛。

四年，改五路义勇为保甲。其年，府界、河北、河东、陕西路会校保甲，都保凡三千二百六十六，正、长、壮丁凡六十九万一千九百四十五，岁省旧费缗钱一百六十六万一千四百八十三，岁增费缗钱三十一万三千一百六十六，而团教之赏为钱一百万有奇，不与焉。

迄熙宁九年，凡义勇、保甲及民兵七百一十八万二千二十八人云。

这就是保甲法推广的大致情况。

王安石推行保甲法，效果显著。最初他是将保甲用作警察力量，结果使盗贼大大减少。以前，京城周边的盗贼频繁攻击、抢劫和杀人，每年都有两百起事件，但到了这时，这样的事件几乎没有了。仅仅一个长社县，就捕获了30个首都附近地区的剧盗，这些剧贼原是被保甲驱逐出开封府的。接着，他又把保甲当作民兵使用，刚开始对保甲训练时，大家意见纷纷，但训练完成后，他们的战斗力竟然超过了正规军。保甲所需的奖励和赏赐费用，都来自封桩库和禁军缺额省下来的钱，没有动用户部的一分钱。由司农寺官亲自负责奖赏之事，他们监督和检查得非常仔细，如果有县令强迫保甲购买不必要的衣物，或者无理骚扰保甲，都会受到处罚，所以最终没有人敢不遵守法律。由于奖赏非常优厚，官员和有财力人家的子弟都乐意参加保甲。（以上均据《宋史·兵志》描述。）从这些内容来看，王安石和神宗十多年来经营的苦心，也可以说是没有白费。但是谁能想到，神宗尸骨未寒，这些良法美意就都被破坏殆尽了。元丰八年（1085年），哲宗即位，陈州知州司马光立即上疏请求废除保甲法，他的奏疏说：

自唐开元以来，民兵法坏，戍守战攻，尽募长征兵士，民间何尝习兵？国家承平百有余年，戴白之老不识兵革，一旦畎亩之人皆戎服执兵，奔驱满野，耆旧叹息，以为不祥。事既草创，调度无法，比户骚扰，不遗一家。……又朝廷时遣使者，遍行按阅，所至犒设赏赉，靡费金帛，以巨万计。此皆鞭挞平民铢两丈尺而敛之，一旦用之如粪土，而乡村之民，但苦劳役，不感恩泽。农民之劳既如彼，国家之费又如此，终何所用哉？若使之捕盗贼、卫乡里，则何必如此之多？使之戍边境、事征伐，则彼远方之民，以骑射为业，以攻战为俗，自幼及长，更无他务；中国之民，大半服田力穑，虽复授以兵械，教之击刺，在教场之中坐作进退，有似严整，必若使之与敌人相遇，填然鼓之，鸣镝始交，其奔北溃败可以前料，决无疑也。

唉，司马光反对保甲法的理由，不过如此而已。我现在试着辨析他的这些说法。他说民众已经一百多年不知道战争了，所以民兵的力量不可能再恢复。人之所以比其他万物高贵，是因为通过学习，人能做到即使以前从未经历过的事情，只要国家有奖励和教导，就能逐渐掌握和实现，更何况一百年前的传统还没有完全消失呢？如果按照司马光的逻辑，那么国家的一切教育和培养政策都可以不用实施了，难道只有保甲法吗？他说老年人不了解战争，看到穿军装、拿武器的人会叹息，认为是凶兆，这种荒谬的说法更令人发笑。大臣为国家百年大计谋划，而政策却取决于乡村的老年人，天下的事情就可想而知了。正因为人民不了解战争，所以执政者更应该努力振兴军事，这正是神宗和王安石为什么迅速、坚决地实施保甲法，希望在严格规定的期限内完成，并看到军事改革成果的原因。如果按照司马光的看法，全国都忌讳战争，而只拿着冰块玩耍，这对歌舞升平的社会来说确实是好的，但后来胡骑长驱直入，百城尽陷，我不知道这算什么吉利？

他还说保甲法刚开始时调度无方，家家户户受到骚扰。事情初创时，没有经验，措施不当，这是难免的。而且我们也听说过，办一件事应该看它该不该做，如果事情应该做，那么即使多次受挫，也不应该突然停止。何况司马光写这篇建议时，距离熙宁年间初创保甲法已经过去十七年，官吏已经习惯这些事情了，而保甲法也已经看到了效果。现在追究过去的事情，难道公平吗？而且在过去人民不习惯的情况下推行新法，固然可以说造成骚扰；而现在百姓已经习惯却又要废除，难道说不是骚扰吗？用暴力代替暴力，尚且不可以，更何况用暴力代替仁爱呢？

他又说奖赏耗费了国家财政，这看起来似乎有道理，但是为什么不考虑保甲法所花费的都是封桩库和省兵的钱，没有动用户部的一分钱呢？为什么不看熙宁四年的统计，因为改行保甲法，每年节省了160多万，而保甲赏赐所需的钱只有130多万，两者比较，节省的还有30多万呢（这里举的是京畿内的统计，全国的节省肯定更多）？再说，为了保护国家，即使破费也不能停止。现在世界各国不惜花费数亿来建造船队，何况实际上还比以前节省呢！

司马光的这些话，恐怕只是想迷惑君主视听而已。至于他最后的论述，说中国的民众，即使教会他们武事，也没有什么用。这种说法，对于国民来说，可以判他大不敬之罪了。如果按照他的说法，那么外国民众按道理说应该永远是征服者，而中国民众按道理说应该永远是被征服者（参看前面引用的奏议原文）。人民既然教会了也不会作战，那么那些招募的士兵难道不是人民的一部分吗？以前募的兵不能抵御外侮，连小孩子都知道，难道司马光不知道吗？现在只是说保甲不能作战，而不去寻求真正可以作战的方法，那么推导司马光的意图，难道不是将向北方蛮族称臣视为天经地义而不敢有半点反抗吗？唉！当时那些贤者对新法不满，其理由竟然只是这样。只保甲法这一项，就可以推断他们是怎么反对其他新法的了。

自从元祐年间废除保甲法之后，到了元符二年（1099年），虽然有人提议恢复，但最终没有实施。到了徽宗崇宁年间，蔡京这个反复无常的小人提出要继承先制，于是又重新提倡保甲法，但其精神和形式都已经不再是王安石时代的样子了。高安的陈汝锜说得好："宋朝，是一个武备衰弱的积弱国家。将军的权力在酒席间被剥夺，于是军镇的军力弱小。天子的禁军用来戍守边境和征讨，于是首都附近的军力弱小。朝廷招募游手好闲的人加以训练，既不符合当地的风俗，又加重了民众负担。结果各地的防御军队也弱小。因此，金兵一出击，就攻陷了朔州和代地，围困了太原，攻下了燕蓟，直捣汴京，并感叹南朝无人。太后发布的诏书，也表达了对朝中无人懂兵的遗憾。如果保甲制度没有被废除，那么训练就能按时进行，人们熟练掌握兵法，家家户户都有武器，人人都能怀愤抗敌，即使胡骑南侵，又何至于让金军轻易行进数千里，而没有一座城池或堡垒能够抵挡？又何至于频繁召集各地军队，发布悲痛的勤王诏书呢？所以我认为，编练保甲，训练民兵，是因为已经预见到将来必有靖康之变。而靖康之变之所以如此惨烈，正是因为保甲制度的被破坏，只保留了它的名字，而实质已经被丢弃，当兵的人越来越多，战斗力却越来越弱，让病弱的妇女和小孩拿着空弓箭去和饥饿的豺狼搏斗，结果只能是在敌人的爪牙下被击碎。还要咒骂王安石吗？"（引自蔡上翔著《王荆公年谱考略》。）唉，这些话真是正中我心。保甲制度被废除后，将兵制度也跟着崩坏了，宋朝想要不灭亡，还可能吗？那么，真正祸害宋朝的是王安石还是司马光呢？

第四　保马法

保马法是指官府给民众马匹，让他们代为养育，并且鼓励民众自己养马，等到有紧急需要时，官府会按照马匹的价值给民众以补偿，并收回马匹的使用权。

马匹是战场上的重要武器，军事治理者不能忽视马匹，所以历代都将马政视为国家的重要政策之一，现代各国也是这样。宋朝非常缺马，之前特别设立了群牧监，常常由枢密院的大臣领导，以示重视。然而，官方养马存在很多作弊行为，耗费巨大，却没能收到马匹繁殖数量增多的效果。直到王安石时期，才有了保马法。

熙宁五年五月，诏开封府界诸县保甲愿养马者听，仍以陕西所市马选给之。六年，又诏司农寺立养马法，于是曾布等上其条约，凡五路义勇、保甲愿养马者，户一匹，物力高者愿养二匹者，听。皆以监牧见马给之，或官予其直令自市，毋或强予。府界毋过三千匹，五路毋过五千匹。袭逐盗贼之外，乘越三百里者皆有禁。在府界者，免输粮草二百五十束，加给以钱布；在五路者，岁免折变缘纳钱。三等以上十户为一保，四等以下十户为一社，以待病毙补偿者。保户马毙，马户独偿之；社户马毙者，社人半偿之。岁一阅其肥瘠，禁苛留者。凡十有四条，先从府界颁焉，五路委监司、经略司、州县更度之。

在王安石创立的各项新法中，最不符合科学道理的莫过于保马法。因为马是活物，它们的肥瘦和生死往往不完全由人力决定。而让民众负责养马，如果马死了或者出了问题，就要民众赔偿，这不是施政的方法啊。元祐初年，建言者纷纷指出这个法子对民众的困扰，从道理上分析，这大概是可信的。然而，王安石当时实施这个法子也是有原因的。王安石最重视的是训练民兵，也就是保甲制度，而训练民兵则不能没有马匹，如果官府不提供，那么就无马可用；如果官府提供，那么马匹的来源又成了问题，所以只好将马匹借给民众让他们饲养，以此来维持保甲制度。然而，即使是这样，也应该有适当的方法。保马法在它不应该干涉的地方进行了干涉，这是百密中的一疏。现在世界各国，筹划马政的方法有很多，因为无关宏旨，这里就不详细说了。

第五　军器监

器械不精良，就是将士兵送给敌人。军器自古以来非常重要。宋朝自仁宗以来，习惯了太平，军器都腐朽不堪，无法再使用。熙宁五年，崇政殿说书王雱上疏说：

汉宣帝号中兴贤主，而史称技巧工匠，独精于元、成之时。是虽有司之事，而上系朝廷之政。方今外御边患，内虞盗贼，而天下岁课弓弩、甲胄入充武库者以千万数，乃无一坚好精利实可为用者。臣尝观诸州作院兵匠乏少，至拘市人以备役，所作之器，但形质而已。武库之吏，计其多寡之数而藏之，未尝责其实用，故所积虽多，大抵敝恶。大为政如此，而欲抗威决胜，外攘内修，未见其可也。倘欲弛武备，示天下以无事，则金木、丝枲、筋胶、角羽之材，皆民力也，无故聚工以毁之，甚可惜也。莫若更制法度，敛数州之作聚为一处，若今钱监之比，择知工事之臣使专其职，且募天下良工散为匠师，而朝廷内置工官以总制其事，察其精窳而赏罚之，则人人务胜，不加责而皆精矣。

宋神宗赞同了王雱的意见。第二年，就设立了军器监，负责内外军器事务，设判官一人和同判官一人。之前军器是由三司管理的，现在取消了三司的管理，统一归军器监，任何了解军器利害的人都可以到军器监陈述，因此很多官吏和民众献上了各种器械法式。

（按）王雱是王安石的爱子，他的学问、品行和才能都超于常人，可惜他早逝，才能没能得到充分表现。后人不遗余力地诋毁他，即使是《宋史》记载这篇奏疏，也认为他是迎合皇上的心意，想要随意改变旧制。而旧制已经破败到这种地步，想不改变，怎么可能呢？看看王雱所说的，与现在东西方各国的法律正好相吻合。国家想要强兵，必须先让军器锋利；而想要让军器锋利，必须设立专官来管理。如果像宋朝之前那样，由各州的官吏按照惯例进献，即使想要得到不腐朽而稍微能用的军器也难以实现，更别说改良和更新了。军器监的设立，即使是在今天的中国，也是当务之急，但现在的执政者还没有看到这一点。而王雱在一千年前就能提出这样的建议，他的见识不是很高远吗？根据《宋史·兵志》的记载，自从设立军器监之后，新式军器的发明不计其数。鼓励军工业的效果，也可以从这里看出。然而元祐年间废除了军器监，将军器的事务又交给了各路的坊来做，这正是王雱所说的，聚集工匠来毁掉天下有用之材呀！宋朝的统治如此，即使想要不退居南方，也不可能啊！

综合来看，王安石的军事政策，大体上都是符合科学道理的，与现在各国的军政相近。他想用民兵代替募兵，这是长远的策略。现在中国还没能实施，但如果不坚决实施，就不足以图强。不过他的保甲法完全是模仿古代的制度，不仅是让人人都成为士兵，而且还想要让人人无时无刻不是士兵。在古代小国寡民的情况下，这可能行得通，但在秦朝以后的大国，就不可能了，为什么呢？因为在古代部落，战争是头等大事，经济只是为战争提供物资的存在。随着时代的进步和文明的发展，经济成了国家的头等大事，战争只是保护经济的手段。人人无时无刻不是士兵，即使是农闲时讲武，也会影响生产。这是新法不完善的地方之一。另外，古代国家小、人民少，非全民皆兵不足以抵御外侮。而后世是统一的大国，人口从数千万增加到数亿，人人无时无刻不是士兵，其实国家并不需要这么多士兵；而且即使倾尽国家的财力，也无法供给这么多的军费。这是新法不完善的地方之二。所以唐朝的府兵制度变成了彍骑，虽然可以说是执政无术，但也是形势所迫。

然而这就可以说王安石人人皆兵的主张不可行吗？答案是：也不是

这样。现在各国区分常备兵、预备兵、后备兵，这是可行的方法。人人都有拿起武器保卫国家的义务，但这个义务可能是服一年、两年或三年的兵役，过了这个期限，就回归农业，除非有特殊情况，否则不会被征调。这是各国已经实施的成熟的政策，即使是后来的圣人，也无可改变。有人可能会问：那么凭王安石的学识，怎么没有看到这一点呢？答案是：王安石其实已经看到了。有人可能会接着问：既然看到了，为什么不实行呢？答案是：这就应当考虑到当时的社会条件了。王安石执政时，国家已经有了100多万的募兵，这相当于各国的常备兵。按照王安石的计划，他想要废除这些募兵，用民兵来代替。但是面对唐朝以来几百年的积弊，改革不可能一蹴而就，所以他是逐步改革的：一方面减少募兵，另一方面用民兵来补充裁减下来的募兵名额，于是就有了所谓的上番。上番的民兵就是服常备兵义务的人，退番的民兵就是服预备兵和后备兵义务的人。所以谁能说王安石没有看到这一点呢？如果当时没有反对党的阻挠，王安石能够在相位上待得更久，谁知道现在各国通行的军事制度，我国在一千年前就不会创造出来，成为世界的模范呢？

第十二章

王安石的政术

（四）

教育与选举新法

王安石的新法几乎涵盖了民政、财政和军政。除此之外，还有其他方面，请允许我概括、讨论一下。

第一　教育

王安石最重视的是教育行政，他在《上仁宗皇帝言事书》中对此事的表述也最恳切。当他执政时，首先关注的是学校。熙宁元年，他增加了太学生的名额。熙宁四年，他将锡庆院和朝集院改为大学的讲堂，将学生分为三个等级：外舍、内舍和上舍。以初入学的为外舍，外舍进而升为内舍，内舍再升上舍。上舍有100人，内舍200人，外舍则没有名额限制。后来内舍的学生增加到300人，外舍的学生限定在2000人。这年，他在京东、京西、河东、河北、陕西五路设立了学校，并任命陆佃等人为各州学官。后来各路、州、府都设立了学校，学官共有53人。马端临认为这时朝廷大兴学校，而教官只有几十人，是因为重视师儒官职，不愿意轻易授给或随便设置。学官教授的内容以经为主，每人专门教授一部经书。到了熙宁八年，王安石所著的《三经新义》被颁发给学官，“三经”指的是《周官》《诗经》和《尚书》。

按：学习《三经新义》也是当时和后世攻击王安石的一大理由。史书记载，苏嘉在太学时，颜复曾经以策问的形式考察学生对王莽和后周变法的看法，苏嘉极力论述这些变法的错误，被评为优等。王安石对此感到非常愤怒，于是将学官们都驱逐出去，任命李定、常秩为同判官监事，选用学官时，要求非执政者所喜欢的人不予考虑。后来就颁发了《三经新义》。考察王安石平时的言论，他多次强调学术是正人心的基础，所以史书中的这些记载应该不是虚假的，这实际上是王安石政术中最不足的地方。因为想要社会进化，首先要保证思想自由。现在谈论政治的人，都认为整齐划一是最好的，但在学术上却不是这样，而是应该让各种学说一起茁壮成长，让人们信仰自己所喜欢的理论，这样真理就会越辩越明，人心的智慧就会不断涌现。强行统一思想，实际上是限制了它的发展。从汉武帝罢黜百家以来，中国学术史上的光辉就大大减弱了。王安石虽然贤明，但仍然蹈袭了这种过时的智慧，真是可悲啊！

考察王安石当时的情况，他也并不是在《三经新义》之外禁止其他学说，只是在大学中以此为教学内容。既然设立了学校，就会有教师，教师就会有他们主张的学说。学校既然成为一国学术的发源地，那么这些学说就会在社会中占据特殊的地位，这也是必然的事情，无可避免。就像现在的日本，帝国大学中一些老辈学者的学说受到了新进学者的抨击，但全国学者大多仍然学习这些学说，这也是无可奈何的。因此，这也不足以深责王安石。如果王安石禁止了异说，那就是侵害了思想自由，但王安石并没有禁止，只是提倡自己所主张的学说而已。学者有他们主张的学说，就会想要发扬光大，以改变世界，这不仅是理论上的追求，也是责任所在。对王安石来说，这又有什么可指责他的呢？如果学者不求自立，只是迎合执政者的喜好，想要以此求取官职，那么这是学者的过错，而不是提倡新学说的人的过错。

《三经新义》自元祐年间被废除后，南宋的学者们便更加激烈地抨击它，从此数百年来，学者们都不愿意提及它。《诗义》《书义》是由王安石的儿子王雱和王安石的门人编写的，已经失传。只有《周官义》是王安石亲自撰写的，本朝乾隆年间修《四库全书》时，从《永乐大典》中搜集整理而出，还可以看到。我曾经私下阅读过，发现其中有很多精要之处，实际上为中国经学开辟了新的道路，从汉朝至今，还没有著作能够超过它。这我将在第二十章中详细讨论，现在就不多说了。学者们没有认识到这一点，只是随声附和，肆意诋毁，这就像韩愈所说的“蚍蜉撼大树，可笑不自量”。王安石并没有禁止人们学习除了他的学说以外的其他学说，但反对王安石的人却禁止人们学习王氏学说。那么，是谁束缚了思想自由和言论自由呢？是王安石还是反对王安石的人呢？这一点不可以不搞清楚。哲宗元祐元年，国子司业黄隐焚烧了《三经新义》的印刷雕版，禁止学生们学习。大学的学生们听到王安石去世的消息，想要设立斋会表示哀悼，也被禁止了。元祐二年，朝廷下诏禁止科举考试中使用王安石对经义的解释。宋钦宗靖康年间，国子监祭酒杨时上奏，说王安石写的书都是邪说，迷惑了学者的耳目，请求朝廷追夺赐给王安石的封爵，使这些邪说不能再迷惑学者。宋高宗绍兴六年（1136年），张浚做宰相，重申禁止研究王安石的学术思想。由此看来，王安石和反对他的诸位贤达大人相比，究竟谁的胸怀更大呢？当杨时诋毁王学的时候，御史中丞陈过庭弹劾他说：

五经义微，诸家因而异见，所不能免也。以所是者为正，所否者为邪，此乃一偏之大失也。顷者指苏轼为邪学而加禁切，已弛其禁，许采其长而用之，实为通论。祭酒杨时矫枉太过，复诋王氏以为邪说，此又非也。诸生习用王学，率众见时而诋詈之，时引避不出，乃得散退。此亦足以见时之不能服众矣。

这段话可以说是非常确凿的论断。杨时是谁？他就是二程的门生，因为依附蔡京而得以晋升，学者们尊敬他，称他为“龟山先生”，至今仍然在孔庙中供奉他。而学者们尊敬他，又是因为他排斥王学的功劳特别大。当时的程氏学派，认为自己的学问是孔子的正宗，对于那些与自己不同的学派都加以排斥。著书讲学，驳斥别人的观点来宣扬自己的学说，固然是学者的本分，但是为什么要利用皇帝的力量来钳制天下的言论呢？宋朝的党争，以前只是在政见上有分歧，但是当程氏学派得势后，就开始禁止苏氏的蜀学，接着又禁止王学，从此学派之间的争论日益激烈，政治上也更加对立，以至于蔓延至整个宋朝。所以谁造成了祸端，不言而明，君子们不能不对杨时这些人深恶痛绝。后来的庆元年间禁止伪学[①]，读史的人往往加以驳斥。韩侂胄禁止伪学确实不对，然而有没有想过始作俑者是谁呢？韩侂胄所做的，只不过是请君入瓮而已。对于程朱之学，我虽然不愿意学习，但是我尊敬它，怎么敢随意诋毁呢？然而对于那些妄自尊大、排斥异己的君子们，我不仅不敢附和，而且认为中国近几百年来学术不发达，就是因为他们过分束缚了人的思想自由，他们应该为此负责。所以现在讨论王安石的经义时，也提到了这一点。

熙宁五年，王安石又在武成王庙建立了武学，选拔懂得兵法的文武官员为教授，教授各家兵法，编纂历代用兵的成败和忠义之节，让学生们学习，学生名额为100人。

熙宁六年，又在大学中设立了律学教授四员，官员和学生都可以自己申请入学。同年，又诏令进士、进士以外诸科，以及候补官、恩荫官考试，考核他们断案、律令、大义等方面的能力。

又在大学中设立了医学教授，由翰林医官以下和上等学生以及外地的良医担任。学生在每年春天参加入学考试，录取前300人。设有方脉科、针科、疡科。对学生的考查、升迁和补官，大致如同其他学科。其中，最优秀的学生可以成为尚药医师，以下的则根据各自的情况补授官职，可以成为本学博士、正录、外州医学教授等。（这件事在《宋史》中

---

① 指南宋庆元年间“庆元党禁”，韩侂胄为排斥异己，打击赵汝愚、朱熹等理学家，将理学称为“伪学”，禁止其活动，并规定理学家不得担任官职，参加科举。这一事件是宋朝党争的延续，对当时的学术氛围和士人心态产生了深远的影响。它不仅限制了学术思想的自由发展，也加剧了朝廷内部的权力斗争，进一步削弱了南宋政治的稳定性。

没有记载，现在根据《文献通考》描述。但《文献通考》没有说具体是哪一年设立的，只是说在神宗时期。）

这就是王安石教育改革的大致情况。看他所设立的制度，主要注重京师大学，而各州县的教育系统似乎还没有完全建立。不知道是史书没有记载，还是当时的力量还不足以支持这样做。至于他设立的大学，与今天欧美的大学相比，虽然不能说是完备，但是看它有律学、医学等科目，与经学并重，可以看出分科大学制度的起源，比英国的阿士弗大学①还要古老。如果当时没有中断，能够继续发展到今天，那么我们国家难道不足以在世界上称豪吗？然而即使是短暂的辉煌，也足以成为我国学术史上的光辉。当时王安石设立法科时，司马光上奏说："律令敕式，都是官员必须掌握的，何必单独设立一个科目，让士人提前学习呢？礼法所不齿的，就是刑律要制裁的，如果士人真的能够明白道义，他的行为自然与法律相吻合；如果他们不明白，那么学习法律只会让他们变得刻薄，这样怎么能够在为政时治理得当、廉洁奉公呢？"司马光这样的论点，在现在法治思想大行其道的时候，稍微有点见识的人都会知道这是错误的，不需要深入辩论。如果按照他的说法，那么现在那些文明国家，没有学过法律的人就不能担任官职，那么应该没有一个是好官了？我不明白司马光对王安石的每一个举动，无论大小，都一定要反对，他的用心究竟何在？我也不明白后世的读史者，对于当时的每一个举动，无论大小，都一定要站在司马光一边，贬低王安石，他们的用心又何在？

第二　选举

科举制度并不是王安石所提倡的，他在《上仁宗皇帝言事书》中详细论述了科举制度的弊端。但是当他执政时，却没有废除科举制度，这是为什么呢？王安石自己解释过，他在《乞改科条制札子》中说："现在想

① 指牛津大学（University of Oxford）。

要恢复古代的制度来革除这些弊端，但担心没有适当的过渡，应该先废除那些只追求韵律、对偶的文风，让学者能够专注于经义，等待朝廷建立学校，寻求三代教育选拔的方法，然后在全国施行。”从这可以看出，废除诗赋考试而改为经义考试，只是王安石的权宜之计，并不是他内心真正想要的，然而当时已经有很多人因此攻击他了。

在熙宁二年，朝廷商议改变贡举法，废除诗赋、明经等科目，用经义和论策来考试进士。直史馆的苏轼提出了反对意见，大致内容如下：

得人之道，在于知人；知人之法，在于责实。使君相有知人之明，朝廷有责实之政，则胥吏、皂隶未尝无人，而况于学校贡举乎？虽用今之法，臣以为有余。使君相无知人之明，朝廷无责实之政，则公卿、侍从常患无人，况学校贡举乎？虽复古之制，臣以为不足矣。夫时有可否，物有兴废，使三代圣人复生于今，其选举亦必有道，何必由学乎？且庆历间尝立学矣，天下以为太平可待，至于今惟空名仅存。今陛下必欲求德行道艺之士，责九年大成之业，则将变今之礼，易今之俗，又当发民力以治宫室，敛民财以养游士，置官立师；而又时简不帅教者，屏之远方，徒为纷纷，其与庆历之际何异？

至于贡举，或曰乡举德行而略文章；或曰专取策论而罢诗赋；或欲举唐故事，兼采誉望而罢封弥；或欲变经生朴学，不用帖墨而考大义，此皆知其一未知其二者也。夫欲兴德行，在于君人者修身以格物，审好恶以表俗。若欲设科立名以取之，则是教天下相率而为伪也。上以孝取人，则勇者割股，怯者庐墓；上以廉取人，则敝车羸马，恶衣菲食，凡可以中上意者，无所不至。德行之弊，一至于此。

自文章言之，则策论为有用，诗赋为无益；自政事言之，则诗赋、论策均为无用矣。虽知其无用，然自祖宗以来莫之废者，以为设法取士，不过如此也。近世文章华丽，无如杨亿，使亿尚在，则忠清鲠亮之士也。通经学古，无如孙复、石介，使复、介尚在，则迂阔诞谩之士也。矧自唐至今，以诗赋为名臣者，不可胜数，何负于天下而必欲废之？

神宗读了苏轼的奏疏，感到疑惑，去问王安石。王安石说："如果说这个科目曾经选拔出很多人才，那是因为没有其他的晋升途径，其中自然会有一些贤能的人。如果说科举制度已经很好了，那就不对了。年轻的时候正应该研究天下的真理，却要闭门造车地学习诗赋。等到他们做了官，对于世事一无所知，这便是科举制度败坏人才，使得现在的人才不如古代。"于是宋神宗下定决心，废除了明经和其他的进士科目考试，也废除了诗赋，改为每个考生专攻《诗经》《尚书》《易经》《周礼》《礼记》中的一经（称为"大经"，又称"本经"），同时还要学习《论语》《孟子》（称为"兼经"）。每次考试分为四场，第一场考大经，第二场考兼经以及大义十道，第三场写一篇论，第四场回答三道策问。礼部考试时增加两道题目，中书省制定大义题目的样式并颁布施行。这就是当时科举制度的大致情况，而这个制度延续了几百年直到今天。唉！王安石的良法美意何其多，却都被废弃了，没有留下来一点。唯独这个权宜之计，是王安石想要废除而直到他去世都没能废除的，结果却延续了数百年，给天下带来了灾难，真是悲哀啊！

能够完全废除科举制度，用学校教育来代替，那是最好的。但是在学校还没有建立起来时，国家又不能没有选拔人才的办法，所以科举制度当然不能一下子废除。既然不能一下子废除，那么与其考诗赋，不如考经义，后者比前者更好，这也是很容易看出来的。但是苏轼的话，一方面说如果三代圣人在今天复活，他们的选拔也不会通过学校；另一方面说诗赋虽然没有什么用处，但是选人方法差不多都这样；还说诗赋对天下没有什么害处，还严厉批评兴办学校只是空忙一场，劳民伤财。这些话真是荒谬，扰乱了政治，王安石斥责他们为流俗是有道理的。现在科举制度已经被废除，稍微有点见识的人都知道苏轼的话是错误的，不需要深入辩论。但我还是记录下来，只是为了让大家看到当时反对新法的人，他们所说的大多缺乏根据，也没有道理，大致都是像这种情况。

以上三章，是王安石当时所实施的主要新法政策。其他的小改革也有很多，但是未关系到一代的兴亡大计，我就不一一记录了。

（考异七）世人传说王安石在位时，设立了宫观祠禄官职来安置和自己政见不合的人。此说流传很广，却不知道是从哪里来的。王渔洋在《池北偶谈》中更是明确指出是在熙宁二年新增置，而不是先前传下来的，还引用了丘濬的《世史正纲》作为证据，而《御批通鉴辑览》也采用了这个说法。我不知道丘濬依据的什么书。但是查《宋史·职官志》，其中记载道：祠禄官是为了让年老有德的官员有个地方养老，以前的人员数量很少，熙宁年间以后才开始增加。还记载说：在京城的宫观，按照旧制由宰相和执政官员担任使者，以前的宰执留在京城的，很多都被任命为宫观使，以示优待。所以显而易见，这个制度并不是由王安石创立的。《宋史》诸传中记载了很多以前的大臣在罢官后被任命为宫观使的例子，就按《临川全集》中提到的，比如王德用在庆历八年（1048年）以同中书门下平章事的身份被任命为会灵观使，贾文元在嘉祐二年（1057年）以检校太师的身份充任景灵宫使，这些都是熙宁以前的事情。熙宁初年，朝廷讨论废除宫观使副都监的职位，王安石说："宫观设置使者、提举、都监，确实是冗余的，但是现在这些职位只是兼职，其中如果有特别设立的，朝廷于礼应该表示尊崇，而不应该用具体的职事去要求他们。废除和设立这些职位，其实对利害关系影响并不大。如果讨论节省开支，那么关于宫观这类机构的费用问题还有可以讨论的地方，而不仅仅是将使、提举、都监这些职位裁撤下来。"根据这些情况看，王安石在位时，并没有增加宫观祠禄官的事情。《职官志》中，熙宁以后增置宫观祠禄的说法，可能也是把别人诽谤王安石的话采纳进来了。而像丘濬、王渔洋这样的人，他们对于史籍中对祠禄来源的记载好像完全没有看到，这样的人怎么能够谈论历史呢？因为讨论王安石的新法，我就顺便辨明这一点。

第十三章

王安石的武功

一般俗儒批评王安石，最厉害的两件事，一是说他聚敛财富，二是说他滥用武力。关于王安石的理财方法，我前文已经详细解释过，并不是敛财。至于王安石的用兵，能否说是滥用武力，这也是需要辨明的。

现在外国人经常嘲笑我们国家不善于武力。我们国家不善于武力，并不是自古以来就是这样的，而是宋朝以后的思想观念误导了人们。宋朝人长期以来把忍辱负重当作美德。自从“澶渊之盟”以后，全国都把避免战争当作幸事，从此增加了岁币，求得了割地，就像小国侍奉大国一样，不敢不从。至于小小的西夏，自从李继迁、李德明①以来，叛变和归顺无常，虽然韩琦与范仲淹轮流担任经略安抚使，讨论战守，但是环庆、延鄜等州仍然连年救援死伤，哪里听说过有人为进攻提出过一条计策呢？孙子说：“毋恃敌之不来，恃我有以待之。”像宋朝的君臣，不计划如何应对敌人，只是侥幸敌人不来。再加上西南的土蛮，屡次蠢蠢欲动，成为心腹之患，而安南边境，也多次图谋。宋朝被两个大敌夹在中间，已经不能安宁，何况还有一些小丑在后面偷偷议论、图谋不轨呢？王安石的政策，就是先清除这些小丑，借此增长军事经验，然后再对付大敌。他对待两个大敌的策略是，如果它们联合起来对付我们，那么我们应对得将会很困难，

① 李继迁（963—1004），党项族，先后向辽、宋称臣，后攻取宋朝灵州，改名为西平府，割据自立。西夏建立后，追庙号为太祖。李德明（981—1032），李继迁之子，西夏开国者李元昊之父。李继迁死后，李德明嗣位，对内保境息民，恢复生产；对外附辽和宋，专力向西发展，为西夏崛起奠定了基础。

所以先对付较容易对付的，然后再对付困难的。以收复河湟来对付西夏，以对付西夏来削弱契丹，这是王安石一生的抱负，他在当政时就开始逐步实施。现在我把当时的战绩整理出来，展示给那些读历史的人，来证明对他滥用武力的指责是不当的。

第一　河湟之役

河湟是指哪里呢？就是现在甘肃巩昌以西的岷州、洮州，沿洮河一带地区。秦朝修建长城，从临洮开始，汉朝设立了武威、张掖、酒泉、敦煌等五个郡，称为切断匈奴的右臂。自古以来，要与西北的夷族争斗，没有不重视这个地方的。而且因为它靠近秦陇，如果被敌人占据，那么中原将没有安宁的日子。蜀汉末年，姜维多次出兵狄道（今甘肃临洮），以干扰陇西，魏国在这里建立了重镇，姜维于是未能得逞。晋朝衰败时，河西地区混乱。大致上可以说，占领狄道就足以侵犯陇西，狄道丢失，河西就有唇亡齿寒的危险。拓跋魏同时拥有秦州与凉州，把狄道当作咽喉之地，设立郡县作为屏障。唐朝抵抗吐蕃，把临州作为关键的控制点，等到临州不安定，陇右就成了边荒之地。这就是古今得失的例子。唐朝中叶以后，该地被吐蕃占领，中经五代十国，到了宋朝建国百年，却没有人提出要收复。熙宁元年，前建昌军司理参军王韶上奏《平戎策》三篇，大致内容如下：

国家欲取西夏，当先复河湟，河湟复则夏人有腹背受敌之忧。夏人比年攻青唐，不得克，万一克之，必并兵南向，大掠秦、渭之间，牧马于兰、会，断古渭境，尽服南山生羌，西筑武胜，遣兵时掠洮、河，则陇蜀诸郡当尽惊扰，瞎征兄弟，其能自保耶？今唃氏子孙，惟董毡粗能自立，瞎征、欺巴温之徒，文法所及，各不过一二百里，势岂能与西人抗哉！武威之南，至于洮、河、兰、鄯，皆故汉郡县，土地肥美，宜五种者在焉。其地可以耕而食，其民可以役而使。幸今诸羌瓜分，莫相统一，此正可合并而兼抚之时也。陛下诚能择通材明敏之士，周知其情者，令往来出入于其间，推忠信以抚之，使其倾心向慕，欢然有归附之意，但能得大族首领五七人，则其余小种，皆可驱迫而用之。诸种既失，唃氏敢不归？唃氏归，即河西李氏在吾掌握中矣。急之可以荡覆其巢穴，缓之可以胁制其心腹，所谓见形于彼而收功于此也。

奏疏递上后，宋神宗对王韶的话感到惊奇，王安石也极力支持他，于是朝廷任命王韶为管干秦凤经略司机宜文字[1]。熙宁年间，王韶提议修建渭、泾上下两座城池，在城池驻扎军队，以安抚洮河地区的各个部落。朝廷将这个提议交给秦凤经略安抚使李师中讨论，李师中认为这样做不方便，于是神宗下令罢免了他的经略安抚使职。王韶又提议说，从渭原到秦州，沿着河流有五六百里的良地没有被耕种，如果开发1000顷加以耕种，每年可以从中得到30万斛粮食。他建议设立市易司，用盈利来开发这些土地。神宗同意了他的建议，并任命他负责市易事务。李师中多次与王韶发生争执，说王韶所指的良地不过是边境上弓箭手的驻地，设立市易司，所得的盈利少而损失大。王安石坚决支持王韶的建议，因此罢免了李师中，让窦舜卿代替他。后来，统帅郭逵弹劾王韶盗用市易司钱，王安石认为这种说法没有根据，即使有也不值得计较，于是将郭逵调到泾原。熙宁四年，朝廷设立了洮河安抚司，任命王韶为安抚使。熙宁五年，将古渭砦升为安远军，以王韶兼任知军，实施军事训练。王韶首先降伏了青唐部的大首领，赐他姓名“包顺”。八月，王韶击败了吐蕃，收复了武胜。武胜，即唐朝的临州，现在兰州府的狄道县。于是王韶在这里筑城，建立了镇洮军。不久后，王韶在巩令城击败了木征。王安石《临川全集》中有《与王子醇第一书》，就是在这个时候写的。信中大致说：

---

① 机宜文字，宋代都督、招讨使、宣抚使、经略安抚使属官，掌机密文件。

洮河东西，蕃汉附集，即武胜必为帅府，今日筑城，恐不当小，若以目前功多难成，城大难守，且为一切之计，亦宜勿隳旧城。审处地势，以待异时增广。城成之后，想当分置市易务，为蕃巡检作大廨宇。募蕃汉有力人，假以官本，置坊列肆，使蕃汉官私两利，则其守必易，其附集必速矣。

熙宁五年十月，镇洮军被提升为熙州镇洮军节度，并设立了熙河路，任命王韶为经略安抚使。十一月，河州的首领瞎药等人前来投降。十二月，王韶开始修建熙州南北关和一些堡砦。王安石写了《与韶第二书》，说：

承已筑武胜，又讨定生羌，甚善。闻郢成珂等诸酋，皆聚所部防拓，恩威所加，于此可见矣。然久使暴露，能无劳费？恐非所以慰悦众心，令见内附之利。谓宜喻成珂等，放散其众，量领精壮人马防拓，随宜犒劳，使悉怀惠。城成之后，更加厚赏，人少则赏不费财，赐厚则众乐为用，不知果当如此否？请更详酌。荡除强梗，必有谷可获以供军，有地可募人以为弓箭手，特恐新募未便得力，若募选秦凤、泾原旧人投换，即素教之兵，足以镇服初附。事难遥度，心所谓然，聊试言之。

熙宁六年二月，王韶攻克了河州，并俘获了吐蕃首领木征的妻子和孩子。河州，在北魏时期被称为枹罕，现在是兰州府河州的治所。王安石写了《与韶第三书》，说：

今熙河所急，在修守备，严戒诸将，勿轻举动。武人多欲以讨杀取功为事，此而不禁，则一方忧未艾也。窃谓公厚以恩信抚属羌，察其材者，收之为用。今多以钱粟养戍卒，乃适足备属羌为变，而未有以事秉常、董毡也。诚能使属羌为我用，则非特无内患，亦宜赖其力以乘外寇矣。自古以好坑杀人致畔，以能抚养收其用，皆公所览见。且王师以仁义为本，岂肯以多杀敛怨耶？喻及青唐既与诸族作怨，后无复合，理固然也。然则近董毡诸族，事定之后，以兵威临之，而宥其罪，使讨贼自赎，随加厚赏，彼亦宜遂为我用，无复与贼合矣。与讨而驱之，使坚附贼为我患，利害不侔也。又闻属羌经讨者，既亡蓄积，又废耕作，后无以自存，安得不屯聚为寇？如募之力役，因以活之，宜有可为，幸留意念恤。边事难遥度，想公自有定计，意所及，尝试言之。

这一年九月，投降的羌族士兵有叛变的，王韶回军攻打他们。木征趁这个机会重新占据了河州，但王韶奋力战斗，打败并驱逐了他。岷州的头目木令征（和木征不是同一人）献城投降，王韶进城后，宕、洮、叠三个州的羌族首领也献城归附。王韶的军队行进了54天，跋涉了1800里，攻下了5个州，斩首数千人，俘获了数以万计的牛羊马。岷、宕、洮、叠现在都属于甘肃的巩昌府。

胜利的消息传来，神宗在紫宸殿接受群臣的祝贺，他解下自己佩戴的玉带赐给了王安石，以此来奖励他在战略策划上的功绩。自从王韶担任安抚使以来，不过两年时间，他就开疆拓土2000多里，招抚了大小蕃族30多万人，收回了两百多年来失去的旧领土。这也可以说是自古以来罕见的伟大功绩了。然而，如果不是王安石知人善任、坚定信任、勤勉调度，又怎么能够达到这样的成就呢？元绛的《平戎庆捷》诗写道："何人更得通天带？谋合君心只晋公。"意思是说，在这之前，满朝的阻挠比元和年间唐宪宗讨伐蔡州时还要严重，而神宗得到王安石，又比唐宪宗遇到裴度更加难得，王安石得到皇帝赐给玉带这样的殊荣，是当之无愧的。第二年四月，王安石又写了《与韶第四书》，说：

木征内附，熙河无复可虞。唯当省冗费，理财谷，为经久之计而已。上以公功信积著，虚怀委任，疆场之事，非复异论所能摇沮。公当展意，思有以报上，余无可疑者也。

看看王韶所策划的事情，以及王安石给王韶的信件，就可以知道恢复熙河确实是不得已，而王安石的慈悲为怀，不愿意让百姓受苦的心情也可以看出来了。但是，有些人却指责王韶轻易地挑起边疆争端，甚至归咎于王安石。他们说，敌人本来没有挑衅，是我们自己先挑起来的。他们有没有想过，在李继迁、李德明、李元昊这些人统治的六七十年间一直在用兵，当时的统治者，到底是谁在挑起争端呢？还是说是敌人先挑衅，我们虽然不想回应，但又不能不回应呢？景祐元年（1034年），李元昊攻打环庆卫，第二年攻打唃厮罗[①]，占领了瓜、肃、沙三州。李元昊想要南下侵略，担心唃厮罗会从后面攻击他，于是又攻打兰州的羌人。在当时，就像甲和乙在路上相遇，打了起来，甲知道自己打不过，就赶紧逃跑躲避，关上门户坚守，但仍有人在门口挥舞手臂。李德明、李元昊多次攻打唃厮罗，他们的势力将要到达我们的秦陇地区，这和甲乙相遇的情况有什么不同呢？所以，想要防御西夏，就必须恢复熙河；想要恢复熙河，就必须收服那些羌人，这样才能阻止西夏南下侵略，没有比这更迫切的了。那些人不把西夏南下侵略当回事，却把挑起边疆争端归咎于王韶和王安石，那么是不是只有开门请强盗进来才算无罪啊？更让人惊讶的是，元祐初年，司马光执政，王安石的政策全部被废除，司马光甚至想要废弃熙河。当时，孙路拿着地图进言说："如果这样做，那么西部边疆就危险了。"司马光这才作罢。以前汉灵帝时期，西羌叛乱，韩遂在陇右作乱，司徒崔烈建议放弃凉州。傅燮说："应该将司徒斩首！凉州是天下的要冲，国家的屏障，高祖初起兵时，就让郦商去平定陇右，世宗拓展疆域，设立了四个郡，用来切断匈奴的右臂。现在一个州叛乱，你就想要割让一万里的土地。如果让那些穿左衽的胡虏占据这个地方，他们兵强马壮，

① 唃厮罗（997—1065），吐蕃王朝赞普后裔，创建了吐蕃青唐政权。

趁机作乱，这是国家社稷最大的隐患和担忧。”由此可见，河西是西夏人必争之地，不会放弃，这是显而易见的。司马光能编写《资治通鉴》，难道会对傅燮的话不加记载思考吗？却坚决想要放弃，我真不明白他是什么意思！何况崔烈时期，凉州还有叛乱，傅燮都认为放弃的话应该被斩首。而此时熙河已经被恢复十多年了，王安石的善后策略，即使是赵充国提出的屯田政策也比不过，从他和王韶的信件就可以看出来。那些羌人投降内地，归附宋朝，已经逐渐被同化，那里的农业生产和牧业收入，足以支持边疆的守卫，从未让朝廷为西部边疆担忧，所以还有什么可疑虑的，为什么一定要废弃它呢？推究司马光的意思，不过是凡是王安石所做的，他一定要废除，这样他才能痛快！唉，这简直就是把国家大计当作发泄私愤和复仇的工具。说古代的大臣就应该这样子，我还真没听说过。从这一件事，就可以看出元祐年间那些人反对新法，说新法如何误国、如何害民，是多么疯狂了。

第二　西南夷之役

中国古代的历史，就是汉族与苗族相互斗争的历史。从女娲、黄帝直到大禹，相互交战数百年，汉族的地位才最终确定下来。苗族被压迫，迁徙到江淮以南，后来又辗转进入溪峒地区，从此不敢再与中原对抗。然而，一个国家内部有两个言语不通、风俗不同的民族交错居住，终究不是长久之计。因此，安抚苗蛮，让他们融入中原，实际上是中国最重要的政策之一。但直到今天这项工作还没有完成。自秦朝以后，最能推动苗人汉化的，前有汉武帝对西南夷的开发，后有本朝的两次改土归流，而中间则是王安石对湖川地区蛮族的经略与招抚。

王安石对蛮族的经略，总共分两路，一路在今天的湖南，一路在今天的四川。在湖南一路，任命的主帅是章惇；在四川一路，任命的主帅是熊本。现在我们分别来讨论这两路的情况。

（甲）湖南路

湖南的溪峒蛮族，从春秋时代开始就臣服于楚国。到了战国时代，秦国的白起攻占了这些地方，设立了黔中郡。汉代时，这里变成了武陵郡。东汉时，这些蛮族大规模侵扰边境，马援率军击败了他们。经过晋、宋、齐、梁、陈等朝代，这些蛮族时而反叛，时而归顺。隋朝在这里设置了辰州，唐朝时又设立了锦州、溪州、巫州、叙州，只是维持着松散的统治。唐朝末年的动乱中，蛮族首领各自占领一块地方，自封为刺史。马希范控制湖南时，蛮族的人们聚集在一起，总共有10多万人，以山势和江水作为天然屏障自保。到了周行逢时期，他多次侵犯边境，逼近辰州和永州，杀害抢掠百姓和牲畜，使得这些地区没有安宁的日子。宋朝建立后，由于国力不济，无法远征，这些蛮族首领就自己占地为王，而朝廷也只好承认他们的地位，因此他们越来越骄横放纵。其中势力较强的有北江的彭氏，南江的舒氏、田氏、向氏，梅山的苏氏，诚州的杨氏等。北江的彭氏世代统治着溪州，溪州有上、中、下3个，还统治龙赐、天赐、忠顺、保静、感化、永顺6个州，以及懿、安、新、远、给、富、来、宁、南、顺、高11个州，总共统治20个州。南江的蛮族，从辰州到长沙，各有自己的溪峒，例如：叙、峡、中胜、元4个州由舒氏控制；奖、锦、懿、晃四个州由田氏控制；富、鹤、保顺、天赐、古5个州由向氏控制。这些首领都剥削自己的百姓，并且还互相仇杀，使得百姓生活在水深火热之中，他们还多次侵犯边境，给民众带来了很大的苦难。到了熙宁初年，湖北的提点刑狱赵鼎上报，说峡州的蛮族首领剥削无度，蛮族民众愿意归附朝廷。辰州的平民张翘也上疏谈论南北江地区的利弊。当时宋神宗和王安石正打算用兵威慑四周的蛮族，熙宁五年七月，就派遣章惇去荆湖北路调查处理蛮族事务。十一月，章惇成功招降了梅山峒的蛮族苏氏。梅山以前与中原地区隔绝，它的东面是潭州、南面是邵州、西面是辰州、北面是鼎州和澧州。章惇招降了他们，登记民众1.48万余户，田地

26.04万余亩，并公平地确定了税额，使他们每年只需缴纳一次赋税。章惇还修筑了武阳、开峡两座城池，并设置了安化县，就是现在长沙府的安化县和宝庆府的新化县。

熙宁六年十月，南江的蛮族首领向永晤和舒光银分别向章惇投降，只有田氏的元猛比较桀骜不驯。章惇进军攻打懿州和南江州峒，最终全部平定，于是设置了沅州，以懿州新城作为治所。后来，诚州、徽州的蛮族首领杨光富也带领他的族人及23个州峒归附，因此设立了诚州。沅州就是现在的沅州府，诚州就是现在的靖州，而徽州则是现在靖州属下的绥宁县。

熙宁九年正月，章惇又招降了下溪州的蛮族首领彭师晏。彭氏一族长久以来统治着五溪，自从彭策担任刺史以来，已经好几代人了，朝廷一直不敢过问。章惇平定了南江之后，彭师晏感到恐惧，于是章惇和湖北提刑李平一起招降了他，彭师晏统治的20个州都归入了宋朝的版图，也就是现在的辰州府。朝廷于是下诏修筑下溪城，命名为会溪城，并派兵驻守，归属辰州管理，让它的百姓像汉人一样缴纳租赋。

章惇处理蛮族事务，三年多的时间里，招降了十几个大首领，土地涵盖40多个州，相当于现在的4个府。他还从广西的融州开辟了道路，通到诚州府，并增设了浔江等堡垒。融州就是现在的柳州府的融县。元祐初年，傅尧俞和王岩叟建议废除熙宁年间设置的所有新州。但因为蛮族已经习惯了已有情况，不便全部废除，所以只废除了诚州，保留了沅州。他们还拆毁了章惇所开辟的道路和设置的堡垒，从那时起，五溪地区的郡县就无人理会了。

王夫之评价说："章惇处理湖北的蛮族事务，是想要迎合神宗用兵的意图，以图因功获赏，这当然应该受到公众的非议。但是，澧、沅、辰、靖这些地方，蛮族不再内部侵扰，而安化、靖州等州县，直到现在还是文治之地，和湖湘地区的郡县一样，那么他的功绩又怎么能被忽视呢？章惇的事业没有坚持到底，而麻阳以西、沅溆以南，苗族的侵扰至今没有停止，居住地离蛮族近的百姓，他们的生命、妻子、孩子、牛马、粮食都不能自保。所以章惇是功是过，是很明显的。为什么要乐于宣扬别人的恶行，而不反思呢？如果从大义出发，他的功绩还不仅仅是这些。俗话说：‘王者不治理夷狄。’这是说九州以外的事情。……如果是在九州之内，那些依山傍谷的族群，有的是华夏族人，有的是夷狄，相互间并无截然区分，他们相互依存，却被隔离开来，使得他们像是身体的胸膛、腋下和胳膊一样，虽然连到一起，却相互矛盾而不了解对方。这些地方并不是无法治理，也不是不应该治理，但是却不去治理，那么君临天下的君主，其统治的价值又在哪里呢？君临天下，就是要仁爱天下；仁爱天下，没有比把人从禽兽中区分出来，并让他们珍视生命更重要的了。苗族部落的领袖，自行在地盘上称君治理，都引导人们走向蛮横、邪淫、凶暴，沉溺于禽兽般的生活，并且剥削和屠杀百姓，不分亲疏远近。仁爱的人当然不忍心看到这种情况，所以要诛杀他们的首领，平定他们的土地，让他们向国家纳税，洗净他们的污秽，让他们穿上文明的衣服，逐渐感化他们，兴起崇尚诗书礼乐的风气，于是忠诚、孝顺、廉正、节操、文章、政事等优秀的人才，在和谐的氛围中诞生。这难道不是仁爱天下的最大愿望吗？正是如此，夺取蛮族的土地，分设郡县，这样的功绩是广大而深远的，这样的德行是正义的，这样的仁爱是伟大的！……而且辰、沅、澧、靖等州山谷中依险自守的族群，难道不是汉唐时期政教施行之地的人民吗？将他们从泥泞中拯救出来，让他们走上光明的道路，即使有诛杀，也是仁人君子所不忌讳的。而且劳苦我们的士兵和马匹，耗费我们的粮草，都是为了保护和我们接壤的蛮族的妇女儿童。一时的劳苦，可以换来永世的安逸，即使有怨言，也是可以接受的。这是君临天下的人应尽的天职。章惇的动机，确实是想通过制造军事行动来求取功绩，还确实不足以达到这个目的。但是事情已经完成，就有了功绩；有了功绩，便最终不能加罪于他。直到今天，他所建立的州县仍然存在。那些沿着已设州县而建立的城市，像城步、天柱等城镇如棋子一样分布，也可以看到。而那些没有被平定，仍然是苗族的巢穴的地区，侵犯我们的郡县，也可以看到。哪个地方安全，哪个地方危险？哪个地方治理得好，哪个地方混乱？哪个地方得到了利益，哪个地方遭受了损失？这些事实都摆在眼前，人心自有公论，怎么能够掩盖呢？如果把人完全视为小人，那么他的功劳也会变成罪过，正确也会变成错误，还自认为是清议之论，不可改变。然而，确实有不相信自己内心的人存在。”

王夫之平时所持的观点，并不偏袒王安石，但在这件事上，他可以说是看到了问题的关键。只是奇怪元祐年间的一些贤人，他们对于已经建立起来的成绩，却一定要废除才感到快乐。他们说骚扰生事，那些措施确实已经陈旧，但只需要后来的人在原基础上加以调整就行了。国家的劳费并不多，而蛮民也已经适应这种生活很久了。他们必须废除的理由到底在哪里呢？从这里可以看出，当时朝廷和民间的一些争论，完全是出于私人的意气，而并没有真正为国家的长远考虑。

（乙）四川路

在四川路，巴蜀边界外的蛮夷，从汉朝以来，有夜郎、滇、邛都、巂、昆明、徙、莋都、冉駹、白马氐等，它们的离合和叛服一直不稳定。熙宁初年，泸州地区的乌蛮有两个首领，分别叫晏子和斧望个恕，他们逐渐变得强大，擅自劫持晏州山外的六姓和纳溪的二十四姓生蛮，从淯井计划入侵。熙宁六年，朝廷命令熊本去梓、夔察访，并授权他根据情况随机处理蛮夷事务。熊本认为那些能够扰动边疆的蛮夷，只是依靠一些村寨的豪强作为向导。他用计策招降了100多人，将他们在泸州处决，剩下的蛮夷吓得发抖，愿意拼死效命以弥补自己的罪行。熊本向朝廷请求给予重赏，这些蛮夷都踊跃归顺，只有柯阴的一个首领没有来。熊本联合晏州的十九姓蛮夷，发动黔南的义军，用强弓硬弩击败了他们，于是淯井、长宁、乌蛮罗氏鬼王等蛮夷都归附，愿意世代为中原王朝的官奴。提点刑狱范百禄用文书来为他们的归附宣誓，说道：

蠢兹夷丑，淯溪之浒。为虺为豺，凭负固圉。杀人于货，头颅草莽。莫惨燔炙，莫悲奴虏。狃哓熟慝，胡可悉数？疆吏苟玩，噤不敢语。奋若之岁，曾是强御。踯躅啸聚，三壕罗慕。偾我将佐，戕我士伍。西南绎骚，帝赫斯怒。帝怒伊何？神圣文武。民所安乐，惟曰慈抚。民所疾苦，惟曰砭去。乃用其良，应变是许。粥熊裔孙，爰驭貔虎。歼其渠酋，判其党与。既夺之心，复断右股。摄提孟陬，徂征有叙。背孤击虚，深入厥阻。兵从天下，铁首其举。纷纭腾沓，莫敢婴牾。火其巢穴，及其囷贮。暨其赀畜，墟其林栞。杀伤系缧，以百千数。泾滩望风，悉力比附。丁为帝民，地曰王土。投其器械，籍入官府。百死一赎，莫保铜鼓。歃盟神天，视此狗鼠。敢忘诛绝，以干罪罟。乃称上恩，俾复故处。残丑厥角，泣血愬语："天子之德，雨旸覆护。三五噍类，请比泾仵。"大邦有令，其警戒汝："天既汝贷，汝勿予侮。惟十九姓，往安汝堵。吏治汝责，汝力汝布。吏时汝耕，汝稻汝黍。惩创于今，无忕往古。小有堡障，大有城戍。汝或不听，汝击汝捕。尚有虓将，突骑强旅。傅此黔军，毒矢劲弩。天不汝容，暴汝居所。不汝遗育，悔于何取！

誓文写成后，即在武宁砦立了石碑。熊本回到朝廷后，神宗对他表示慰劳，说："你既没有耗费财物，也没有伤害百姓，一下子解决了百年的困扰。"于是提升他为集贤殿修撰，赐予三品官服。从那时起，边界外的蛮夷纷纷归附。淯井位于现在的长宁县北面，长宁县现在是一个县，属于叙州府。乌蛮居住的姚州，就是现在的泸州。

熙宁八年，渝州南川的獠木斗叛乱，朝廷下诏命令熊本去安抚。熊本进军到铜佛坝，击败了獠木斗的部众，獠木斗因此气焰顿挫，带着秦州五百里的土地归顺，朝廷在那里建立了4个砦和9个堡，将铜佛坝建立为南平军。渝州和秦州，就是现在的重庆府。

第三　交趾之役

在熙宁八年的冬天，安南国（今越南）国主李乾德入侵宋朝边境，攻陷了钦州和廉州。第二年春天，又攻陷了邕州（现在的广西南宁府）。朝廷任命郭逵为安南招讨使，赵卨为副使，发兵前去征讨。王安石亲自写了敕榜，内容如下：

敕交州管内溪峒军民官吏等：眷惟安南，世受王爵。抚纳之厚，实自先朝。含容厥愆，以至今日。而乃攻犯城邑，杀伤吏民。干国之纪，刑兹无赦。致天之讨，师则有名。今顺时兴师，水陆兼进。天示助顺，已兆布新之祥；人知侮亡，咸怀敌忾之气。然王师所至，弗迓克奔。咨尔士庶，久沦涂炭。如能谕王内附，率众自归，爵禄赏赐，当倍常科，旧恶宿负，一皆原涤。乾德幼稚，政非己出，造廷之日，待遇如初。朕言不渝，众听毋惑。比闻编户，极困诛求，已戒使人，具宣恩旨。暴征横赋，到即蠲除。冀我一方，永为乐土。

在熙宁九年的春天，郭逵驻扎在长沙，他先派遣将领收复了邕州和廉州，然后自己率领军队向西征讨。到达富良江时，蛮族用精锐士兵乘船前来迎战，官军无法渡过江去。赵卨分派将领和官吏砍伐树木制作攻城器具，像雨点一样投掷石块，蛮族的船只都被击坏，然后官军设下伏兵进行攻击，斩杀了数千人，其中包括蛮族的伪太子洪真。李乾德害怕了，派遣使者带着降表，到官军的军门前投降。富良江离安南国已经很近了，但是官军只有8万人，他们冒着酷暑穿越瘴气弥漫的地区，死亡的人数超过一半，所以没有再渡过江去。官军占领了广源州、门州、思浪州、苏茂州、桄榔县等地后返回。朝中的大臣纷纷祝贺。朝廷下诏将广源州改为顺州，赦免了李乾德的罪行，恢复了他原来的封号。从那时起，直到宋朝结束，安南国再也没有侵犯过边境，向朝廷的进贡也没有断绝过。

（考异八）《续资治通鉴》记载说："自从王安石掌权，他就急于开拓边疆。邕州的知州萧注喜欢谈论军事，羡慕王韶等人能够得到高位，于是上奏说交趾虽然表面上朝贡，但实际上早已包藏祸心，现在不采取行动，将来必成后患。朝廷下诏让萧注去桂州经营治理。萧注入朝后，皇帝问他攻取的策略，萧注又认为很难，于是朝廷派沈起代替萧注。沈起迎合王安石，一心一意地发动攻击，交趾就开始有二心了。"《宋史·王安石传》也记载："宋军获取了交趾的军事文书，上面写着中国实行青苗法帮助农民，结果却使百姓穷困，现在要出兵拯救他们。王安石看到这封信非常愤怒，亲自起草敕文反驳他们。"《续资治通鉴》还记载说："张方平说，把西北的壮士和健马放到炎荒之地，这样的祸患无法言说。如果军队疲惫、财物耗尽，却没有功绩就返回，那就是国家的福气。后来的一切都如他所说。"现在看来，这些记载都是故意诋毁王安石的。至于说交趾入侵完全是王安石引起的，而对他安抚边疆的功绩却完全不提，这是宋朝以来史家惯用的伎俩，我早已司空见惯，不再感到惊讶。然而，这些话支离破碎，充满诬陷，实在有必要辩解清楚。

根据《宋史·萧注传》记载，萧注曾经请求攻打交趾，但没有说是哪一年提出的。里面记载道，熙宁初年，萧注被任命为桂州知州，皇帝问他攻取的策略，他回答："以前我有过这样的建议，但现在交趾的百姓已经聚集训练了十五年，不可轻率行动。"还记载说萧注到了桂州后，深入民间，了解山川、老幼的情况，得到了百姓的欢心，他对交趾王李乾德的动静也了如指掌。萧注被任命为桂州知州的时间不清楚，但沈起代替他是在熙宁六年，所以萧注治理桂州应该是在熙宁四年或五年。他在入朝觐见后就去桂州任职，所以他觐见神宗的时间应该更早。他对神宗说十五年前的事情，说现在已经不同了。那么，他提议攻打交趾应该是在嘉祐元年、二年之间，那时王安石只是群牧判官，并未参与朝政，更别说王韶了。把这两件不相干的事情扯到一起用来诬陷别人，就算周兴、来俊臣[①]这样的法官，也不会这样做。《续资治通鉴》的说法来源于《宋史·沈起传》，沈起和萧注的传记在同一卷，前后相隔几页，但内容却如此矛盾，学者们还能相信《宋史》吗？

考察交趾的历史，自从李公蕴篡夺黎氏政权[②]自立以来，就屡次怀有异心。他的儿子李德政，李德政的儿子李日尊，都相当勇猛。景祐年间，交趾人陈公永等600多人归顺宋朝，李德政派出1000多名士兵追捕他们。景祐三年（1036年），李德政进攻邕州的思陵州、西平州、石西州以及诸蛮，抢掠百姓、牛马，焚烧房屋建筑。庆历三年（1043年），攻占占城，俘虏了占城王。皇祐二年（1050年），侬智高叛乱，李德政率领2万士兵，声称要援助他。等到李日尊即位，嘉祐四年（1059年），侵犯钦州；五年，侵犯邕州，又上表索要温闷峒等地。他们虽然世代接受宋朝的册封，但实际上是自行称帝。到了李日尊，竟然自称“法天应运崇仁至道庆成龙祥英武睿文尊德圣神皇帝”，国号大越，改元宝象。由此看来，交趾早该被讨伐。它多年来侵扰边境，真、仁、英宗三朝从未断绝，怎么能说是因为王安石好用兵而在边境挑衅呢？

至于青苗、募役等新法，又与交趾侵略有什么关系呢？宋朝实行新法数年，只听说朝中的官员互相攻击，从未听说百姓在田野里揭竿起义，即使外族借助异端思想发动战争，也不至于如此。史家

① 周兴、来俊臣两人是武则天任用的酷吏，以告发、用残酷手段打击反对者著称。

② 黎氏政权，即前黎朝，是越南历史上的一个王朝。1009年，大将李公蕴篡夺前黎朝政权，建立李朝。

这样说，是想将天下之恶都归咎于王安石。然而，看看王安石所写的榜文，那是真正的王者之师、仁人之言。与所谓愤怒诋毁的说法，何其不相符！当时交趾包藏祸心，众人都看在眼里。如果宋朝能够稍微振作起来，早就应该对交趾进行严厉的惩罚了。只是满朝文武都习惯了懒散无为，害怕谈论军事，导致交趾变得自大，竟然在两个月内连续攻陷了我们三个州。那时候王安石掌管国家，怎么可能坐视不管呢？但是王安石正专注于国内治理，国内的力量还没有完全增强，不想立即用在对外战争上。而且面对辽国和西夏这两个大敌，更不应该自己削弱自己，给对方可乘之机，所以只是对交趾进行轻微的打击，以剿灭代替安抚。从王安石发布的榜文中就可以看出他的意图。

史家赞美张方平的话，认为他有先见之明，但我不知道张方平所说的军队疲惫、耗费钱财却无功而返，到底有什么根据？赵卨等人在熙宁九年的春天出征，那年的冬天就在富良江取得大胜，不能说是军队疲惫。洪真被杀，李乾德乞求投降，宋廷夺取了他们几个州，设立了郡县，不能说是没有功劳。如果说因为没有灭亡他们的国家、俘虏他们的国王就是罪过，那么在刚开始使用武力的时候，本来就不打算要这么做。王安石只是打算养精蓄锐，等待时机。从那以后，交趾在整个宋朝时期都不敢再侵犯边境，这就足以知道这次战役对它的震慑作用有多大了。我不知道张方平的话验证于哪里。如果按照当时朝廷大臣的想法，敌人虽然压境，却还是不想办法应对，一应对就说是喜欢找事，是滥用武力，那么钦、廉、邕这些州郡，怎么会不变成燕云十六州那样，每年都要用丝绸和货币去侍奉李乾德呢？唉！

综合来看当时的所有战役，就可以知道王安石那时候使用武力，都是出于无奈，绝对不像那些诬陷他的人所说的那样是滥用武力。看他提拔和任用的人，比如王韶、熊本、章惇、赵卨，这些人虽然是文官，但却具备优秀的军事才能，他们所带领的军队都取得了成绩，这就说明王安石善于识别和任用人才。在几千年的中国史中，像王安石这样的人有几个呢？

第十四章

罢政后的王安石

齐有倜傥生，鲁连特高妙。明月出海底，一朝开光曜。却秦振英声，后世仰末照。意轻千金赠，顾向平原笑。吾亦澹荡人，拂衣可同调。

这是李白的咏史诗。呜呼，我在王安石那里也看到了这诗中描述的景象！

王安石年轻时候写过两首诗，一首写道："天下苍生待霖雨，不知龙向此中蟠。"另一首写道："谁似浮云知进退，才成霖雨便归山？"从这两首诗中可以看出他的抱负非常伟大，性格却很恬淡，愿意退让。

在古代，有范蠡泛舟五湖，张良跟赤松子一起游玩，他们的行迹和王安石很相似。但他们都是看到君主不能与自己共享安乐，为了保全自己，只想避免灾祸罢了，这属于老子的学说。王安石却不是这样，他能做官就做，不能做就不做，一进一退，都完全是为了道义。在这一点上，从古至今没有人能超过他。

王安石在熙宁二年二月开始参与政事。四年，升为同中书门下平章事。七年六月被罢免为江宁府知府。八年二月，又重新担任宰相。九年十月，再次被罢免。他的进退节义，全天下的人都昭然可见。现在我从他的文集中摘录几篇文章，并按照顺序排列起来。其中熙宁七年的《乞解机务札子》一共上了六次，现录其中两篇如下：

臣以羁旅之孤，蒙恩收录，待罪东府，于今四年。方陛下有所变更之初，内外大小纷然，臣实任其罪戾，非赖至明辨察，臣宜诛斥久矣。在臣所当图报，岂敢复有二心？徒以今年以来，疾病浸加，不任劳剧。比尝粗陈恳款，未蒙陛下听从，故复黾勉至今，而所苦日甚一日。方陛下励精图治、事事皆欲尽理之时，乃以昏疲，久尸宰事，虽圣恩善贷，而罪衅日滋，至于不可复容，则终上累陛下知人之明，非特害臣私义而已，臣所以冒昧有今日之乞也。伏奉宣谕，未赐哀矜，彷徨屏营，不知所措。然臣所乞，固已深虑熟计而后敢言，与其废职而至诛，则宁违命而获谴。且大臣出入，以均劳逸，乃是祖宗成宪。盖国论所属，怨恶所归，自昔以擅其事，鲜有不遭罪黜。然则祖宗所以处大臣，不为无意也。臣备位亦已久矣，幸蒙全度，偶免谴诃。实望陛下深念祖宗所以处大臣之宜，使臣获粗安便。异时复赐驱策，臣愚所不敢辞。（其一）

臣伏奉圣恩，特降中使，令臣入见供职。臣之恳诚，略已冒昧。天听高邈，未蒙垂恻。辄复陈叙，仰冀哀怜。伏念臣孤远疵贱，众之所弃，陛下收召拔擢，排天下异议而付之以事，八年于此矣。方陛下兴事造功之初，群臣未喻圣志，臣当是时，志存将顺，而不知高明强御之为可畏也。然圣虑远大，非愚所及。任事以来，乖失多矣。区区夙夜之劳，曾未足以酬万一之至恩。今乃以久擅宠利，群疑并兴，众怨总至，罪恶之衅，将无以免。而天又被之疾疢，使其意气昏惰，而体力衰疲，虽欲勉强以从事须臾，势所不能，然后敢干大威，乞解机务。窃以谓陛下天地父母，宜垂矜怜。论其无功，则虽可诛；闵其有志，则或宜宥，终始全度，使无后艰。而未蒙天慈顾哀，犹欲强以重任。使臣黾勉，尚能有补圣时，则虽灭身毁宗，无所避惮。顾念终无成效，而方以危辱上累朝廷，此臣所以不敢也。陛下明并日月，何所不烛，愿赐容光之地，稍委照焉，则知臣之惓惓，非敢苟忤恩指也。臣乞且于东府听候朝旨，伏望陛下垂恩，早赐裁处。（其六）

另外，在《答手诏留居京师札子》中写道：

臣伏奉手诏，欲留京师以为论道官，“宜体朕意，速具承命奏来”。

臣才能浅薄，误蒙陛下拔擢，历职既久，无以报称。加以精力衰耗，而咎衅日积，是以冒昧乞解重任。幸蒙圣恩，已赐矜允。而继蒙恩遣吕惠卿传圣旨，欲臣且留京师，以备顾问。臣窃伏惟渥荷知遇，诚不忍离左右。既又熟计，论道之官，固非所宜，且以置之闲地，似为可处。陛下付托，既已得人，推诚委任，足以助成圣治。臣义难以更留京师以速官谤。若陛下付臣便郡，臣不敢不勉。至于异时，或赐驱策，即臣已尝面奏，所不敢辞。

看他请求解除政务的奏疏，一共上了六次，言辞悲伤恳切。开始时得到了允许，皇帝还亲自写信安慰挽留他，让他留在京城以便咨询，这种关怀是不可言表的。但王安石还是坚决想要回家，这从他前后所上的公文中可以看出他的真实想法。王安石在掌管国家期间，无论是文化事务还是军事准备，内政还是外交，各种废弛的事务都得到了恢复。我们今天读历史，仍然感到应付不过来，而王安石一个人承担了这些繁重的工作，精力耗尽，这是意料之中的事。另外，处在众人怀疑和诽谤的环境中，他想要引退以堵住那些说个不停的人的嘴，也是出于无奈。然而王安石为什么不在前几年就请求辞职，而要在这一天呢？这是因为在此之前，新政刚刚开始，他担心一旦离开，会动摇改革，而且如果他不亲自承担责任，改革可能难以推行下去。到了这个时候，改革大体上已经完成了，有神宗在上面明智地主持，而接位的人能够遵循之前的规章制度，已经有了堆积九仞山那么高的功劳，也不会因为缺少最后一筐土而减少，所以王安石能够轻松离开。有人说王安石通过辞职来要挟皇帝，这是用小人的心思来衡量君子的心意。如果对君主有所请求而没有得到满足，那么大臣或许会采取要挟的手段，但神宗对王安石言听计从，他有何必要采取要挟的手段呢？

（考异九）《宋史·王安石传》中记载："郑侠上奏疏时，画了他看到的流民们扶老携幼、困苦不堪的画面，献给皇帝，说：'旱灾是由王安石造成的，如果罢免王安石，天必然会下雨。’慈圣、宣仁两位太后也流着泪对皇帝说：‘是王安石扰乱了天下。’皇帝也开始怀疑王安石了，罢免了他的官职，让他去做江宁府知府。”从王安石上书的札子来看，与《宋史》的记载恰恰相反啊！他前后请求解除政务的奏疏一共上了六次才得到允许，神宗还想强行留他在京城。如果宋神宗真的怀疑王安石，会这样做吗？而且接替他的人是韩绛、吕惠卿，都是王安石推荐的，如果宋神宗是因为郑侠和两宫太后的言论而罢免王安石，为什么还要用他推荐的人呢？由此可知《宋史》的记载没有一句不是妄言。

王安石获得闲散的职位后，就用剩余的精力写成《三经新义》。不到一年，他又被召回朝廷担任宰相，看来当时神宗一定与他有过约定，说再次召回他不得再推辞，他答应了，所以他辞职的奏疏里屡次说将来如果皇帝召唤，他不敢推辞，到了这个时候，他不得不应召。然而，再次担任宰相一年多后，他对江湖生活的向往越来越难以抑制，最终又辞官退隐。他上了很多次奏疏，但没有得到允许，神宗甚至下令不再接受他的奏疏，不允许他再陈情。王安石没有办法，又委托王珪替他陈述。《临川全集》中有《与参政土禹玉》两篇文章：

某久尸宰事，每念无以塞责，而比者忧患之余，衰疹浸加，自惟身事，漫不省察，持此谋国，其能无所旷废，以称主上任用之意乎？况自春以来，求解职事，至于四五。今则疾病日甚，必无复任事之理。仰恃契眷，谓宜少敦僚友之谊，曲为开陈，使得早遂所欲，而不宜迪上见留，以重某逋慢之罪也。（其一）

继蒙赐临，传谕圣训，彷徨踧踖，无所容措。某羁孤无助，遭值大圣，独排众毁，付以宰事，苟利于国，岂辞糜殒！顾自念行不足以悦众，而怨怒实积于亲贵之尤；智不足以知人，而险诐常出于交游之厚。且据势重而任事久，有盈满之忧；意气衰而精力弊，有旷失之惧。历观前世大臣如此而不知自弛，乃能终不累国者，盖未有也。此某所以不敢逃逋慢之诛，欲及罪戾未积，得优游里闾，为圣时知止不殆之臣，庶几天下后世，于上拔擢任使，无所讥议。伏惟明公方佐佑大政，上为朝廷公论，下及僚友私计，谓宜少垂念虑，特赐敷陈，某既不获通章表，所恃在明公一言而已。心之精微，书不能传，惟加悯察。（其二）

这时候，王安石的身体更加衰弱，已经无法承担繁重的工作。因此，熙宁八年二月，他再次被任命为宰相，但是九年的春天，他就多次请求辞去宰相职务。经过一段时间，他的请求没有得到批准，于是他又请求同事们帮助他。他的言辞非常恳切，担心如果自己坚持不住，会耽误国家大事，并且会影响君主英明识人。到了这个时候，神宗也知道王安石志在高远，不愿意再回到朝廷，于是授予他检校太傅的职位，依旧担任尚书左仆射和同中书门下平章事，让他持节洪州都督诸军事、兼镇南节度管内观察处置及江宁府知府，食邑增加到1000户，实封400户，并且赐封他为推诚保德崇仁翊戴功臣。这是一种特殊的礼遇，让宰相在外地居住，是宋代优待功臣的一种特殊做法。王安石多次上表推辞，但没有得到批准。第二年，他被任命为集禧观使，并封为舒国公。元丰二年，他又被任命为左仆射、观文殿大学士，升为特进，并改封为荆公。王安石在江宁居住了十年，其间朝廷对他的恩赐、慰问非常频繁，终神宗在位之期，王安石所推行的政策都没有发生大的改变。

（考异十）《宋史·王安石传》中记载：“王安石和吕惠卿互相倾轧，神宗对王安石的行为感到厌烦。等到王安石的儿子王雱去世，王安石悲伤不已，请求解除政务，皇帝也更加讨厌他了，于是将他罢免为江宁府知府。直到神宗去世，也没有再召回他。”

国史氏说：《宋史》敢于如此诬陷王安石，甚至诬陷神宗，太过分了！王安石辞职的本意，前面已经详细引述，他只是小心谨慎，把自满当作警示，忧虑自己的疏旷失误，担心因此连累了皇帝的用人识人的英明。他对大臣的进退之道，可以说是处理得非常完美、不留遗憾了。王安石离开朝廷后，宋神宗以使相的尊荣对待他，封他为荆公、舒国公，任命他为仆射、特进，每年都派人送去药物和慰问，王安石因此而感谢的表章在《临川全集》中有几十篇。宋神宗对待离任的大臣，可以说是仁至义尽。何况在王安石第二次辞职时，从春天到冬天，他多次上表请求，都没有得到批准，甚至皇帝下令不再接受他的请求，他只能请求同事帮忙。想想王安石离去的决心如此坚定，想要再让他复职，怎么可能呢？

曾公亮曾说：“皇上和介甫好得好像一个人。”神宗自己也说过：“自古以来，像我和王安石这样相互了解的君臣非常少。”正因为君臣之间了解深刻，所以宋神宗不仅知道王安石的才能和德行，也知道他的志向。王安石第一次辞职时，他说将来如果有需要，他不会推辞，所以后来他一听到召唤就立刻应命，履行了他的诺言。到了第二次辞职，王安石已经尽到了对君主的报答，于是也就坚定地不再回头了。神宗也深知这一点，所以只是以恩赐和慰问来酬谢他的功勋，而不再强迫他承担责任。这就是王安石十年间不再被召回的原因。

如果像《宋史》所说的那样，说皇帝厌烦他，又说皇帝更加厌烦他，还说太后也在宫中流泪哭泣。我要问的是，如果王安石当宰相而皇帝厌烦他，那么直接罢免他就好了，王安石难道有兵权可以自重，而皇帝投鼠忌器吗？如果不是这样，如果说因为优待大臣，维护他们的廉耻，那么在王安石辞职时神宗就应该立刻批准，为什么王安石恳求多次还不批准，甚至下令不再接受他的请求呢？而且如果神宗真的厌烦王安石，那么他离开后，就应该立刻改变新法，以此来安慰太后的心，成全孝道，也可以稍微减轻对王安石的厌恶情绪，为什么新法却在元丰年间一直执行，十年如一日呢？吕惠卿创立的手实法和鬻祠法，他一离开就被废除了；而王安石的新法，直到宋神宗去世时，都没有一项被废弃。由此就可以知道，曾公亮所说的宋神宗和王安石就像一个人，确实没有说错。

我曾经私下讨论过自古以来君臣相处的情况，君臣关系是很难说清楚的。萧何和汉高祖刘邦一起起兵，他帮助汉高祖统一天下，在功臣中排名第一。后来萧何的封地增加，设置卫队，购买民间的田地和住宅。汉高祖开始怀疑萧何，萧何也对汉高祖有所疑虑，最终他被投入监狱，受到严厉的打击。唐太宗说魏徵规劝他的过失，他一日也离不开他。魏徵去世后，太宗亲自为他写碑文，还答应将公主嫁给他的儿子，但没过多久他就推翻了亲自写的碑文，还取消了婚约。想要找到像神宗和王安石这样，有相同的德行，二十年如一日的君臣，自古以来是没有的。因为他们都只知道国家和人民，而不知道有私利，他们的见识和勇气都足以使他们相互成就，所以能够始终如一，没有任何隔阂。宋朝的小人儒生，对王安石恨之入骨，用尽一切手段诋毁他。他们对神宗也是如此怀恨。但是他们不敢直接诋毁神宗，而且又发现诋毁王安石无异于间接诋毁神宗，于是不得不编造这些诬词，说神宗也厌烦他，甚至更加厌烦他。他们不知道神宗对待王安石的方式，清清楚楚地展现在众人面前；神宗继承王安石的志向，完成他的事业，也清清楚楚地展现在众人面前。他们想要欺骗谁？欺骗天吗？如果神宗九泉之下有知，我相信他是不会瞑目的。如果说王安石真的像苏洵所说的那样，和王衍、卢杞是同样的人，那么宋神宗也必须像杨用修所说的那样，和周赧王、胡亥、汉桓帝、汉灵帝是同样的人才行。因为他们的君臣关系已经密不可分，有功就是一起有功，有罪就是一起有罪，贤明就是一起贤明，不贤明就是一起不贤明。现在既然想要诋毁王安石，又不得不把神宗说成尧舜那样的圣人，进退两难之下，说出这种自相矛盾的话，难道不是非常悲哀吗？然而，这些话已经写在正史中了，用一只手遮住天下人的眼睛，已经有一千年了。由此可知，那些污秽的历史对天下的毒害，比洪水猛兽还要厉害！

《隐居诗话》说：

熙宁庚戌冬，王荆公自参知政事拜相，造门奔贺者相属，公以未谢皆不见，独与余坐西庑小阁，语次忽取笔书窗曰："霜筠雪竹钟山寺，投老归欤寄此生。"放笔揖余而入。

王安石一生中在进退大节，以及自我处事的原则上，都在早年就已经确定了。他具有高尚的品德，像高飞的鹤一样超然物外，对于人世间的富贵荣华，他看作过眼云烟，对他来说连灰尘都不如，更不会污染他的心灵。他早就持有一种命中注定的事情无须担忧的信念，即使是对于大道的兴盛和衰败，他也坚信这不是人力可以强求的。因此，他在刚接受任命的时候，就怀揣着归农的打算。后来他也是这样一一实践了自己的诺言。这就是人们所说的那种白玉一样不受污染的高洁品质。黄庭坚为王安石的画像题词说："我曾仔细观察他的风度，真视富贵如浮云，不溺于财利酒色，是一世的伟人。"象山陆九渊也说："他英姿突出，对世俗的声色犬马、功名利禄丝毫不屑于追求。他的心灵坚定纯洁，就像冰霜一样清冷，这就是王荆公的性情。"又有说法："荆公是盖世的英才，具有超凡脱俗的节操，就像山川显灵。这样的人物大概几百年才出一个。"我们这些生活在千年之后的人，读他的书，还能感受到他当年的风采，如同高山仰止，景行行止，虽不能至，心向往之。然而像那些污秽的历史所记载的，王安石却成了一个只知追求利禄的小人，他仕途上升靠的是狡诈和机遇，他隐退则是因为被君主疏远，而且他还一心想要通过谄媚来谋求再次被起用。那么黄庭坚和陆九渊的话都是梦中呓语吗？对于那些批评新法的人，我只是可怜他们没有见识，还可以原谅，但是那些诋毁王安石人格的人，我每次读到这些，都会感到非常愤怒！

（考异十一）其他杂史如《邵氏闻见录》之类，记载王安石罢政后谋求再当宰相的事不胜枚举，我不屑于分辨，也就不再赘述了。

王安石从小就住在江宁，所以他特别喜欢那里。他在《忆昨诗示诸外弟》中写道："想见江南多翠微。归心动荡不可抑。"他从小就对江南有着特别的情感。神宗知道他的心思，所以任命他担任使相并管理江宁，王安石就在那里度过了晚年。在他辞去政务之后，他每天都在那里漫步，借助那里的山水美景来自我娱乐，就像一个普通的山野之人。读他的诗词，几乎让人忘记了他曾经做过那些惊天动地的大事，开创了千古的先河。欧阳修所说的"无施不可"（没有什么事情做不到）在这里更加得到了验证。在晚年，他精心编写了一本书叫《字说》，而且他越来越沉迷于佛教和老子的思想，对道的理解也越来越深。

元祐元年四月，王安石在江宁去世。司马光在《致吕晦叔书》中写道：

介甫文章节义，过人处甚多。但性不晓事而喜遂非，致忠直疏远，谗佞辐辏，败坏百度，以至于此。今方矫其失，革其弊，不幸介甫谢世，反复之徒必诋毁百端。光意以为朝廷宜特加优礼，以振起浮薄之风，苟有所得，辄以上闻。不识晦叔以为何如？更不烦答以笔札，扆前力言，则全仗晦叔也。

于是哲宗下旨追赠王安石为太傅，敕文是这样写的：

朕式观古物，灼见天意，将以非常之大事，必生希世之异人，使其名高一时，学贯千载，智足以达其道，辩足以行其言；瑰玮之文，足以藻饰万物；卓绝之行，足以风动四方；用能于期岁之间，靡然变天下之俗。故观文殿大学士守司空集禧观使王安石，少学孔孟，晚师瞿聃，罔罗六艺之遗文，断以己意；糠秕百家之陈迹，作新斯人。属熙宁之有为，冠群贤而首用，信任之笃，古今所无。方需功业之成，遽起山林之兴，浮云何有？脱屣如遗。屡争席于渔樵，不乱群于麋鹿，进退之际，雍容可观。朕方临御之初，哀疚罔极。乃眷三朝之老，邈在大江之南。究观规模，想见风采。岂谓告终之问，在予谅暗之中。胡不百年，为之一涕。于戏！死生用舍之际，孰能违天？赠赙哀荣之文，岂不在我！是用宠以师臣之位，蔚为儒者之光。庶几有知，服我休命，可特赠太傅。

这段敕文出现在《东坡集》中，是苏轼亲自起草的。这些话实际上是苏轼内心的真实感受，也是王安石去世后的光荣。他的丧事能有这样的文辞，说明公正的评价或许还没有完全消失。当时，熙宁年间的政治变革几乎完全被推翻，司马光和苏轼都是过去最强烈地反对王安石的人，但是司马光称赞王安石的节义超过常人，极力主张要优厚地对待他的后代。苏轼在起草敕令时，对王安石的政治成就虽然没有明确表示赞同或反对，但是对他的美德赞扬不已，不绝于口。虽然王安石在世时，他的品行已经得到了朋友和同僚的信任，但司马光和苏轼的贤德，也是一般人无法比拟的。

从此，这位绝世伟人离开了这个世界，但他的事业和言论却永远留在了世间，供后世的史学家去研究和评述。

（考异十二）和王安石同时代的贤人们，除了吕诲一人外（吕诲不是一个正直的人，将在别章专门讨论他），还没有人诋毁过王安石的私德，他们所争论的只是新法而已。这说明王安石的品行是得到大家认可的。自从杨时、邵伯温、范冲、魏泰这些人以后，才开始全面污蔑王安石，而且还把这些话假托给前人，以显得可信。于是就有了苏洵的《辨奸论》、苏轼的《谢张方平作老泉墓表》这些文章，还有司马光的《温公日录》《涑水记闻》等书，它们都描写了王安石的所谓“丑态”，读了之后让人觉得几千年来最邪恶的小人也没有王安石这样的。如果这些文章真的出自苏洵、苏轼、司马光之手，那么苏轼晚年为什么会多次和王安石交往，对他十分敬仰？这在苏轼文集中都有记载。难道苏轼愿意和恶人交往吗？他的父亲诋毁王安石为人阴险狡诈，不近人情，是大奸大恶之人，而苏轼却认为王安石是世间罕见的奇人，学问通达古今，卓越的品行感动四方，这不是在明目张胆地和父亲唱反调，还配做人子吗？至于司马光的《致吕晦叔书》，既说王安石在节义方面超过常人，又担心那些反复无常的人会诋毁他，那么后来王安石遭遇后人诋毁，司马光应该是有所预见的。如果《温公日录》和《涑水记闻》中所记载的是真的，那么王安石的人品简直连猪狗都不如，还谈什么节义？而且司马光所谓的反复无常的人百般诋毁王安石，他自己不正成了其中的一员？蔡上翔等人努力辩驳这些书籍都是南宋以后的小人儒者伪造的，这可以说是见解独到。这不仅仅是为王安石洗冤，也是为司马光、苏轼等贤人洗冤。但遗憾的是，错误的说法流传开来，错误的知识取代了正确的知识，以致元朝的浅陋儒生把这些东西收入正史，变成铁案，没有人敢怀疑。甚至教人稼穑的后稷和掌管民治的契与共工在一起欢乐，把伯夷、叔齐这样的贤人当作盗跖、庄蹻[1]那样的恶人，公正的言论消失了，人道几乎灭亡了。我难道是喜欢辩论吗？我是不得已才这么做啊！

---

① 盗跖，又称柳下跖、展雄，春秋末鲁国人，《庄子·盗跖》记载他率领盗匪数千人，横行天下，侵暴诸侯。所经之地，大国守城，小国入保，动荡不安。庄蹻，战国时楚国人，曾在楚怀王时起兵反楚，导致楚国分裂。后世常以蹻、跖相提并论，指代盗贼。

王安石传

第十五章

新政成绩

王安石的新法，是成功还是失败呢？显然不能完全说它成功了，这一点无须多言。为什么呢？因为它的效果没有达到预期。虽然如此，也不能完全说它失败了。为什么呢？因为虽然其实施过程中确实出现了一些弊端，但为了挽救时局，这些新法带来的利益总体上还是超过了它所带来的问题。在熙宁五年，王安石曾经上奏过一份《上五事札子》，其中说道：

陛下即位五年，更张改造者数千百事，而为书具，为法立，而为利者何其多也。就其多而求其法最大、其效最晚、其议论最多者，五事也：一曰和戎，二曰青苗，三曰免役，四曰保甲，五曰市易。今青唐、洮、河幅员三千余里，举戎羌之众二十万，献其地，因为熟户，则和戎之策已效矣。昔之贫者，举息之于豪民；今之贫者，举息之于官。官薄其息，而民救其乏，则青苗之令行矣。惟免役也，保甲也，市易也，此三者有大利害焉。得其人而行之则为大利，非其人而行之则为大害；缓而图之则为大利，急而成之则为大害。《传》曰："事不师古，以克永世，匪说攸闻。"若三法者，可谓师古矣。然而知古之道，然后能行古之法，所谓大利害者也。盖免役之法，出于《周官》所谓府、史、胥、徒，《王制》所谓"庶人在官"者也。然而九州之民，贫富不均，风俗不齐，版籍之高下不足据。今一旦变之，则使之家至户到均平如一，举天下之役，人人用募，释天下之农，归于畎亩，苟不得其人而行，则五等必不平，而募役必不均矣。保甲之法，起于三代丘甲，管仲用之齐，子产用之郑，商君用之秦，仲长统言之汉，而非今日之立异也。然而天下之人，凫居雁聚，散而之四方而无禁也者，数千百年矣。今一旦变之，而使行什伍相维、邻里相属，察奸而显诸仁，宿兵而藏诸用，苟不得其人而行之，则搔之以追呼，骇之以调发，而民心摇矣。市易之法，起于周之司市、汉之平准。今以百万缗之钱，权物价之轻重，以通商而贳[1]之，令民以岁入数万缗息。然甚知天下之货贿未甚行，窃恐希功幸赏之人，速求成效于年岁之间，则吾法隳矣。臣故曰：三法者，得其人缓而谋之则为大利，非其人急而成之则为大害。故免役之法成，则农时不夺，而民力均矣；保甲之法行，则寇乱息，而威势强矣；市易之法成，则货贿通流，而国用饶矣。

孔子说："欲速则不达。"又说："其人存则其政举，其人亡则其政息。"所有的事情都是这样，难道只有这三件事吗？王安石特别提出这三件事来郑重其事地说，是因为这三件事项最为繁重，而且官吏们也更容易在这三项上作弊。王安石在各项新法初创阶段即将完成的时候，突然上奏了这份奏折，或许是因为他察觉到神宗当时急于求得天下大治、用人过于随便的弊端。看他写的《论馆职札子》，提到神宗即位以来所提拔的多是有小才而无德行的人，就可以知道他对此早有顾虑。根据王安石的这份奏折，可以知道他认为和戎和青苗这两件事已经取得成效。和戎的功绩是大家都能看到的，不必多说。青苗法的立意虽然是好的，但按常理推测，不可能只有利没有弊。或许在初期实施时，因为用人得当，所以效果多而问题少；或者是王安石的聪明才智还有所局限，没有完全察觉到。虽然如此，当时反对派诋毁新法只有弊没有利，这也是完全不可能的。后来元祐年间想要废除新法，但主张不能废除的人反而更多，这就可见一斑了。免役法改革了几千年的严酷政策，为我国历史开启了新纪元。在改革之初，虽然有一部分人感到不满，但感到不利的是那些有权有势的家族，而普通百姓则都受到了恩惠，这可以说是只有利而没有弊的。保甲法构思宏大，

① 贳（shì），出借。

是王安石一生中最用力的工作，它发挥的警察作用可以说是有利而无弊，效果也已经明显可见。至于寓兵于农的作用，因为当时募兵制未能完全废除，常备军和后备军的区别也没有形成，所以对百姓有些干扰是意料之中的事。但为了挽救宋朝的衰落，这也是不得已的做法。至于市易法，虽然用意不错，但绝不能在专制的国家实行，也绝不能在以自由竞争为基础的经济社会中实行。即使执行者人选得当，也担心国家会成为兼并的领头羊；如果执行者人选不当，就会给官吏提供贪污的机会，让百姓的生活日益艰难。王安石的失策，大概没有比这一项更严重的了，当时，新政最不见成效的也要数这一项。

当时反对新法的人，没有一个不是说新法让百姓受苦，无处申诉，这些话都在史书里有记载，数不胜数。然而回顾历史，凡是实行严酷政策的，很少不引发乱亡的，比如秦始皇、隋炀帝这些人就不必说了。再比如王莽，虽然他也是借《周官》来改变许多事情的，但他所做的事没有一件符合先王法意，而且他一开始就没有让民众安乐的心思，所以引起了很多怨恨，没几年国家就动荡不安了。后世评价王安石的人，有的甚至把他比作王莽，但王安石创立法度，无一不是以国家和民众的利益为前提，他和王莽是根本不能相提并论的，这一点不必辩论。而那些学识浅薄的人，或许看不到这一点，那么为什么不比较一下结果呢？如果王安石的法度真的让民众受苦，那么在民众痛苦到无法自救的时候，他们势必会铤而走险，王安石虽然有强大的专制力量，又怎么能阻止呢？宋朝自真宗、仁宗以来，虽然号称太平，但小规模的叛乱还是年年不断，乡村里杀人抢劫的事情也到处都有。在此之前，已经招募了一些强悍的民众入伍，但国内还是不能保持安宁。直到熙宁、元丰年间，全面改革了这一切，又因为实行保甲法，不再禁止民间携带弓箭，如果政府的措施真的严重违背了民意，那么一个人振臂一呼，就会有成千上万的人响应，要引发大乱是很容易的。但不仅没有听到这样的消息，就连盗贼也减少了，全国上下和乐融融，好像忘记了帝王的恩泽。读当时贤人们的诗文集，可以想象出那时的气象。

王安石的文集中有一篇《元丰行示德逢》写道：

四山翛翛映赤日，田背坼如龟兆出。
湖阴先生坐草室，看踏沟车望秋实。
雷蟠电掣云滔滔，夜半载雨输亭皋。
旱禾秀发埋牛尻，豆死更苏肥荚毛。
倒持龙骨挂屋敖，买酒浇客追前劳。
三年五谷贱如水，今见西成复如此。
元丰圣人与天通，千秋万岁与此同。
先生在野故不穷，击壤至老歌元丰。

《后元丰行》写道：

歌元丰：十日五日一雨风。
麦行千里不见土，连山没云皆种黍。
水秧绵绵复多稌，龙骨长干挂梁梠。
鲥鱼出网蔽洲渚，荻笋肥甘胜牛乳。
百钱可得酒斗许，虽非社日长闻鼓。
吴儿蹋歌女起舞，但道快乐无所苦。
老翁堑水西南流，杨柳中间杙小舟。
乘兴欹眠过白下，逢人欢笑得无愁。

《歌元丰》绝句五首写道：

水满陂塘谷满篝，漫移蔬果亦多收。
神林处处传箫鼓，共赛元丰第二秋。

露积成山百种收，渔梁亦自富鰕鳅。
无羊说梦非真事，岂见元丰第二秋。

湖海元丰岁又登，稆生犹足暗沟塍。
家家露积如山垄，黄发咨嗟见未曾。

放歌扶杖出前林，遥和丰年击壤音。
曾侍土阶知帝力，曲中时有誉尧心。

豚栅鸡埘晻霭间，暮林摇落献南山。
丰年处处人家好，随意飘然得往还。

杜甫在他的追咏开元全盛诗中写道："稻米流脂粟米白，公私仓廪俱丰实。九州道路无豺虎，远行不劳吉日出。齐纨鲁缟车班班，男耕女桑不相失。"读王安石的这些诗，感觉像是描绘了这样的景象。如果不是达到了极度的太平盛世，怎么可能有这样的景象呢？那时候，新法已经实行十多年了，而王安石也已经退休了。相比于司马光所描述的英宗时期民间的情况，说人们不敢多种一棵桑树，多养一头牛，不敢储存两年的粮食，不敢藏十匹布，这之间的差距是多么大啊！前后不过二十年的时间，人民生活的宽松和紧张怎么会有这么大的变化呢？难道不是因为最严苛的差役法已经被废除，又有青苗钱的注入来帮助农业生产的发展？保甲法实施后，盗贼减少了，才会有不闭户的盛况，这也是自然而然的。从这个角度来看，新法的成效是显著的。

苏轼在《与滕达道书》中写道（这封信不知道写于哪一年，大约是在元丰年间）：

某欲面见一言者，盖谓吾侪新法之初，辄守偏见，至有同异之论。

虽此心耿耿，归于忧国，而所言差谬，少有中理者。今圣德日新，众化大成，回视向之所执，益觉疏矣。若变志易守以求进取，固所不敢；若哓哓不已，则忧患愈深。公此行尚深示知，非静退意，但以老晚衰病旧臣之心，欲一望清光而已，如此恐必获一对。公之至意，无乃出于此乎？

苏轼原本是那些强烈批评新法的人之一，他的《上神宗书》被那些反对新法的人视为经典之作，认为是悬诸日月的不刊之论。但他在晚年的观点却是如此，他深深感叹圣德日新，人民在教化下取得的成就广大。那么熙宁、元丰年间的治理，一定有超过前代的地方，让人们心悦诚服。新法对天下到底有什么亏欠呢？元祐年间的那些贤人纷纷叫嚷，到底又是为了什么呢？

第十六章

新政的阻挠及破坏（上）

国史氏说：我读西方历史，感叹于那些对国家有巨大贡献的政党，是如此伟大。我读中国历史，到了宋明两朝，感叹于那些对国家造成巨大伤害的私党，是如此剧烈。那些私党的人，不一定都是小人，其中也有很多君子。他们的目的不一定是求取官职，其中也有人是出于辞去官职的目的。他们所争论的问题不一定都是政治问题，但无论从何种问题开始，最后都会涉及政治。他们不一定是有意识的组织，但遇到任何事情，都会兴风作浪，前面有一个人查无实据地兴风作浪，后面就有一百个人应和。总之，就是凭个人感情行事。个人感情占了上风，国家的利害就可以放在一边。这种风气在王安石执政之前就已经开始，在他执政时期形成，在他罢政之后更加剧烈，宋朝因此而亡。朝代更迭，而这种流毒还未停止。观察其本质，就可以明白当时新法被阻挠和破坏的原因了。

王安石刚执政时，第一个弹劾他的人是吕诲，那是在熙宁二年。现在摘录吕诲的奏疏并进行辨析：

臣切以大奸似忠，大诈似信，惟其用舍，系时之休否也。至如少正卯之才，言伪而辨，行伪而坚，顺非而泽，强记而博，非宣父圣明，孰能去之？唐卢杞天下谓之奸邪，德宗不知，终成大患。所以言知人之难，尧舜其犹病诸！陛下即位之初，起王安石就知江宁府，未几召为学士。缙绅皆庆陛下之明，擢有文之得以适其用也。及进二台席，佥论未允，衡石之下，果不能欺其重轻也。古人曰“庙堂之上，非草茅所当言”，正谓是也。臣伏睹参知政事王安石，外示朴野，中藏巧诈，骄蹇慢上，阴贼害物，斯众所共知者。臣略疏十事，皆目睹之实迹，冀上寤于宸监，一言近诬，万死无避。

安石向在嘉祐中判纠察刑狱司，因开封府争鹌鹑公事，举驳不当，御史台略移文催促，谢恩倨傲不恭。相次仁宗皇帝上仙，未几安石丁忧，其事遂已。安石服满，托病坚卧，累诏不起，终英宗朝不臣。就如有疾，陛下即位，亦合赴阙一见，稍存人臣之礼。及就除江宁府，于私安便，然后从命。慢上无礼，其事一也。

安石任小官，每一迁转，逊避不已。自知江宁府除翰林学士，不闻固辞。先帝临朝，则有山林独往之思；陛下即位，乃有金銮侍从之乐。何慢于前而恭于后？见利忘义，岂其心乎？好名欲进，其事二也。

人主延对经术之士，讲解先王之道，设侍讲侍读常员，执经在前，乃进说，非传道也。安石居是职，遂请坐而讲说，将屈万乘之重，自取师氏之尊。真不识上下之仪，君臣之分，况明道德以辅益聪明者乎？但要君取名而已，其事三也。

安石自居政府，事无大小，与同列异议。或因奏对，留身进说，多乞御批，自中而下，以塞同列沮论，是则掠美于己，非则敛怨于君。用情罔公，其事四也。

安石自纠察司，举驳多不中理，与法官争论刑名不一，常怀忿隙。昨许遵误断谋杀公事，力为主张。妻谋杀夫，用按问欲举减等科罪，挟情坏法，以报私怨。两制定夺，但闻朋附，二府看详，亦皆畏避。徇私报怨，其事五也。

安石初入翰林，未闻进一士之善，首率同列，称弟安国之才。朝廷与状元恩例，犹谓之薄。主试者定文卷不优，其人遂罹中伤。小惠必报，纤仇必复。及居政府，才及半年，卖弄威福，无所不至。自是畏之者勉意俯从，附之者自鬻希进，奔走门下，唯恐其后。背公死党，今已盛矣。怙势招权，其事六也。

宰相不视事旬日，差除自专，逐近臣补外，皆不附己者，妄言尽出圣衷。若然，不应是安石报怨之人。丞相不书敕，本朝故事，未之闻也。意示作威，耸动朝著。然今政府同列依违，宰臣避忌，遂专恣而何施不可？专威害政，其事七也。

凡奏对御座之前，惟肆强辩。向与唐介争论谋杀刑名，遂致喧哗，众非安石而是介。介忠劲之人，务守大体，不能以口舌胜，不幸愤懑，发疽而死。自是同列尤甚畏惮，虽丞相亦退缩不敢较。是非任性，凌轹同列，其事八也。

陛下方稽法唐尧，敦睦九族，奉亲爱弟，以风天下。而小人章辟光献言，俾岐王迁居于外，离间之罪，固不容诛。上寻有旨送中书，欲正其罪。安石坚拒不从，仍进危言以惑圣聪，意在离间，遂成其事。朋奸之迹甚明，其事九也。

今邦国经费，要会在于三司。安石居政府，与知枢密者同制置三司条例，兵与财兼领之，其掌握重轻可知矣。又举三人者勾当，八人者巡行诸路，虽名之曰商榷财利，其实动摇于天下也。臣未见其利，先见其害，其事十也。

臣指陈猥琐，烦黩高明，诚恐陛下悦其才辩，久而倚毗，情伪不得知，邪正无复辨，大奸得路，则贤者渐去，乱由是生。臣究安石之迹，固无远略，惟务改作，立异于人，徒文言而饰非，将罔上而欺下，臣切忧之。误天下苍生，必斯人矣！伏望陛下图治之宜，当稽于众。方天灾屡见，人情未和，唯在澄清，不宜挠浊。如安石久居庙堂，必无安静之理，臣所以沥恳而言，不虞横祸，期感动于聪明，庶判别于真伪。况陛下志在刚决，察于隐伏，当质于士论，然后知臣言之中否。然诋讦大臣之罪，不敢苟逭，孤危若寄，职分难安，当复露章，请避怨敌。

吕诲是何许人也？他就是那个在治平年间因为“濮议”弹劾韩琦、欧阳修，甚至请求将欧阳修处死以谢祖宗的人。欧阳修在《濮议》中对他的言辞、举止、心机的描绘可谓淋漓尽致。欧阳修曾说：“扬君主之恶以显己之善，尚且不可，何况是诬陷君主的恶行来换取虚名呢！”当时的台谏官员大多如此，而吕诲就是其中的代表。现在我们来看看他弹劾王安石时的言辞并进行辨析。

吕诲一开始就用卢杞来比拟王安石，说他所列举的十件事，必定有值得讨论的地方，然而他却首先提出争鹌鹑这个案件。当时王安石的判决是否得当，由于案件的具体情况已不见于史册，无法考证。即便判决不当，也只是法官对法条解释的失误，而且事情发生在嘉祐末年，已经过去六七年了，也应该停止追究了吧。

他所列举的第一和第二件事，都说王安石沽名钓誉，实际上是想求取官职，本来讲的是一件事，却强行分成两件，以凑足十件事的数目，这已经很可笑了。再按照他所弹劾的内容，对照实际情况考察，治平二年七月，王安石服丧期满，英宗催促他赶赴朝廷任职，催促了三次，王安石也有《辞赴阙三状》，在他的文集中可以看到。他只是说自己久病未愈，不能长途跋涉，稍可支持，就同意任职，即便如此，他还请求在江宁府担任一个分司官，以方便调养身体，这三份辞状内容都是一样的，哪里有坚决卧床不起的情况呢？因此说他怠慢皇上，非常无礼，吕诲是不允许别人生病吗？治平四年正月，英宗驾崩，神宗即位。闰三月，王安石被任命为江宁府知府，他因为病情尚未痊愈，又上《辞知江宁府状》，这也可以在王安石的文集中看到。所以，哪里有不愿意奉事英宗，而只愿意奉事神宗呢？王安石从年轻到中年，都是因为贫穷而做官，从不轻视小官。所谓归隐山林的想法，确实是他晚年的愿望，但之前并没有这样的想法，即使生平的书信往来，也从未表露过这样的态度，更不用说对君主了。他之前辞试馆职、辞集贤校理、辞同修起居注，都是有原因的，都可在其文集的文章（《辞试馆职》《辞集贤校理》《辞同修起居注》）中看到，可以清清楚楚地考证。到了治平四年九月，王安石被任命为翰林学士，从此再也没有听到他坚决辞职的消息，只是因为他没有必须辞职的理由。在此之前，嘉祐六年他被任命为知制诰，也没有辞职。知制诰和翰林学士相差多少？怎么能说他之前傲慢、后来恭敬，见利忘义呢？这也太苛刻了！

第三件事说王安石主张坐着讲学是为了取悦君主，获得名声。古时候的三公，坐着讨论国家大事，从汉朝到唐朝，一直没有废除。但是自从宋朝的太祖篡夺了周朝，范质作为前朝的旧相，自己因为处于嫌疑之地，不敢坐下，从此就形成了惯例。于是在君主面前，不再有臣子的座位，臣子开始以奴隶自居，忘记了自己和君主共同治理天下的天职。王安石请求恢复坐讲，不仅仅是效法古人，实际上也符合道德的最高标准。如果这样是为了取悦君主，那么唐朝以前就没有一个忠诚的臣子了？考察叶梦得的《石林燕语》，提到熙宁初年侍讲官建议恢复坐讲的有吕公著、王安石、吴充，同时还有韩维、刁景纯、胡宇夫等人都支持这个建议，而苏子容、龚鼎臣、周孟阳、王汾、刘攽、韩忠彦等人认为讲读官叫作侍，是因为侍奉的是天子，他们不属于老师，所以吕申公等人的建议最终没有被采纳。这说明主张坐讲的不止王安石一个人，怎么能只弹劾王安石呢？而且这件事已经被否决，为什么他的罪行还不能被免除呢？后来在元祐初年，程颐任崇政殿说书时，强烈建议坐讲，当时的给事中顾临认为不可行，程颐就又上书给太皇太后，辩解说顾临不对，文章多达1500字。这和王安石的主张一样，如果说王安石是为了取悦君主，那么程颐是不是也是为了取悦君主呢？后来《资治通鉴纲目》只记载了程颐的经筵讲读疏，只提到了养育君德，却没有提到坐讲的事情，难道是因为当时吕诲攻击王安石太过分，而不得不为程颐掩饰吗？而且从那以后，讲学的学者也不再议论王安石坐讲的问题，难道是因为为程颐掩饰，王安石也就得以减轻罪名了吗？宋朝人的是非观念真是变化无常！

第四件事说王安石把好事都归于自己，错误则甩到皇帝身上，等等。自从新法实施以来，整个朝廷都把过错归咎于王安石，让他只有恶行没有美德，只有错误没有正确。如果说这是“掠美于己”，不知道这种形势下还有什么“美”可以“掠”？吕诲能具体指出他夺取了哪些荣耀吗？如果说这是“敛怨于君”，那么大家攻击的是新法，怨恨的是王安石，不知道还有哪些错误可以单独归咎于君主？吕诲能具体指出这些事情吗？

第五件事是关于登州阿芸案，这个案件是许遵审判的，但王安石支持他的审判结果。即使有人说这不符合法律，但也可以从中看出王安石的仁慈。然而大家却指责他徇私报复。试问案中的人，到底谁是王安石偏袒的，谁是王安石报复的呢？而且这件事是非常琐碎的小事，却喋喋不休，为什么不怕麻烦呢！

第六件事是把王安国及第也归咎于王安石。考察王氏家族考中进士的人，真宗咸平三年（1000年）有王贯之，是王安石的堂祖；大中祥符八年（1015年）有王益，是王安石的父亲；仁宗庆历二年有王安石，六年有王沆，是王安石的堂弟；皇祐二年有王安仁，是王安石的哥哥；嘉祐六年有王安礼，是王安石的弟弟；英宗治平四年有王雱，是王安石的儿子。六十年间，王氏祖孙父子兄弟共有七人考中进士，这说明科名是王家的家传，这小小的成就，哪里需要依靠关系才能得到呢？王安石的兄弟都有名望，而王安国实际上和哥哥齐名。之前吴孝宗在《上张江东书》中称赞王安国的贤能，说想要推荐他的人很多。而嘉祐五年，欧阳修有《送平甫下第诗》说："自惭知子不能荐，白首胡为侍从官？"这说明王安国的贤能是公认的。熙宁元年，王安国因为韩绛和邵亢的推荐，被召试并赐予进士及第，这与王安石有什么关系，为什么要因此诬陷他呢？幸好王安石的儿子王雱提前一年考中了进士，否则又会被吕诲用来作为攻击王安石的依据。

第七件事说王安石专权。如果按照他所说的那样，似乎是有些问题。但是根据《宋史》的记载，当时中书省的官员任命，几天都没有决定，皇帝就经常询问王安石的意见，说明这是出于神宗的意思，不能说是王安石专权。

第八件事说唐介因为愤怒而死，等等。根据《宋史》中唐介的传记，唐介多次与王安石争论，王安石与他辩论得很激烈，神宗也支持王安石的观点，唐介因此感到非常愤怒，最后背部长疮而死，享年六十岁。吕诲说王安石和唐介曾经争论过刑名问题，这也是为了阿芸案而说的。人们因为病疮而死是常有的事，而唐介六十岁而死更是常见。唐介曾经因为灯笼锦的事情在皇帝面前与文彦博争论，甚至被流放到远方，他没有因此而死去，却因为争论一个可能判刑过轻的妇女而死去，如果这个说法是真的，那他真是死得轻如鸿毛。如果一个人的死就可以列为同僚的罪状，那谁还能说自已无罪呢？

第九件事说章辟光建议岐王搬到外面去住。在古代的专制国家，兄弟争夺皇位导致混乱的情况屡见不鲜。所以后世分封诸王时，都会让他们搬到京师以外去住，认为这样比住在京师要好，可以长期保持安定。岐王赵颢和嘉王赵頵是神宗的同母兄弟，关系非常亲近。熙宁初年，著作佐郎章辟光建议让岐王搬到外邸去住，这与那些暗中挑拨离间的小人行为是不同的。神宗想要处罚章辟光，这也是出于对亲情的维护。只有王安石一个人违抗了大家的意见，不想给章辟光定下重罪，这也可以看出他是一个公正的大臣。而且岐王和嘉王本来就是贤王，自从熙宁以来，岐王多次请求搬到外面去住，但是每次上奏都被拒绝，这说明岐王是按照礼制行事的。元丰八年，神宗身体不适，之前两王每天都来询问他的身体状况，等到立了延安郡王赵佣为太子后，就下令他们不要再随便进来。宣仁太后和神宗母子的关系非常亲密，二十年来一直友爱，有什么嫌疑和疑问呢？但是还是这样做了，这说明宣仁太后也是按照礼制来处理这两位王子的。元祐初年，朝廷才开始赐予赵颢亲贤坊，与他的弟弟赵頵对邸，并且下诏说：“先皇帝非常重视兄弟之间的情谊，因为亲情胜过义理，所以不允许二王搬到外面去住。这就像武王对待周公的态度。太皇太后严格执行朝廷的礼制，用义理来制约亲情，才同意他们的请求，让他们搬到外面的宅邸，这也符合孔子所说的让儿子远离自己的意思。二圣的做法虽然不同，但最终都归于正道。”由此可见，章辟光的请求，按照同归于正道的原则，显然不能被定为离间之罪，而对王安石的责难更是无从谈起了。

第十件事是关于攻击三司条例的，这也是首次议论新法。当时国家的财政状况不得不进行整顿，而整顿财政必须有一个机构，所以三司条例是必须建立的，前面已经详细讨论过了。至于派遣使者巡视各路，也是要先进行调查，然后再立法，这是处理事务的正确顺序。所派遣的八个人中，有刘彝、谢卿材、侯叔献、程颢这样的贤者，他的初衷怎么可能是有意任用小人来败坏国家大事呢？当时均输、保甲、青苗、免役等新法还没有实施，王安石的抱负还没有得到尝试，吕诲怎么能断定他会误导天下百姓呢？根据《宋史·吕诲传》记载：章辟光建议让岐王搬到外邸去住，皇太后很生气，神宗下令处理他的离间之罪，王安石认为章辟光没有罪，吕诲请求将章辟光交给司法官处理，但没有得到允许，于是上奏弹劾王安石。这样看来，吕诲实际上是因为在章辟光的事情上没有得到满足，情绪激动，所以才不惜重重地污蔑王安石，这和之前因为“濮议”的事情没有得到满足，心情激愤，不惜重重地污蔑韩琦、欧阳修的行为是一样的。像这样的人，即使对他们宽容一些，也不免于孔子所说的心直口快而不学礼、说话尖刻而伤人；如果严格对待他们，那就符合帝尧所说的以谗言恶行耸动众人了。史书记载，吕诲准备进宫去向皇上奏对的时候，司马光在朝堂上遇见了他，就私下里问他今天要谈论什么事情。吕诲回答：“我袖子里有一份新的弹劾文书。”司马光听后惊讶地说：“大家都为这新来的人才感到高兴，你为什么要参劾他呢？”这可以看出当时的贤士大夫们，没有一个人不相信王安石的为人。那些诋毁他私德的人，实际上就是吕诲一个人。这和蒋之奇、彭思永用男女之事诬陷欧阳修的行为没有什么不同，但是后人却没有人出来为他们申辩。所以我才不惜花费笔墨在前文予以辩解。（我上面所辩解的内容有一半采用了蔡上翔的话，我自己的观点也夹杂在其中，所以没有写出蔡上翔的名字，在这里附注说明。）

（考异十三）《宋史·吕诲传》还记载：“章辟光让岐王搬到外邸的计划原本是由王安石和吕惠卿引导的，章辟光曾放话说：‘如果朝廷要严厉处罚我，我也绝不会放过这两个人。’”由此来看，王安石和吕惠卿实际上是让岐王搬迁的主要责任人，并且章辟光还公开宣扬他们二人是主使，吕诲肯定也听到了，他完全可以据实指出。但是

> 在吕诲的奏疏中却没有提到这一点，为什么呢？难道他对王安石有所偏爱吗？所以吕诲的奏疏，一定是后来那些恨王安石的人把吕诲诬蔑王安石的话故意扭曲夸大了，而史书竟然采纳了这些话，这才导致史书记载与吕诲原奏疏内容完全不符，这也是一种严重的诬陷。

现在我将当时因为争议新法而离职的官员列举如下：

熙宁二年五月，翰林学士兼开封府知府郑獬因为处理一起谋杀案时没有按照新法行事，被调任为杭州知府。宣徽北院使王拱辰和知制诰钱公辅都因为与王安石在讨论新法时意见不合，王拱辰被调任为应天府判官，钱公辅被调任为江宁府知府。

六月，御史中丞吕诲弹劾王安石，皇帝退还了他的奏章，吕诲于是请求离职，被调任为邓州知府。

八月，知谏院范纯仁说王安石改变了祖宗法度，只顾搜刮财利，导致民心不稳。皇帝不听从他的意见，范纯仁坚决请求离职，被调任为河中府知府。不久后，他又被迁到成都担任转运使。以新法不方便实施为理由，他告诫州县不要急于执行，王安石对他阻止新法实施感到愤怒，将他降职为和州知府。

同月，侍御史刘述、刘琦、钱顗不断上疏弹劾王安石，刘述被调任为江州知府，刘琦被派去监管处州盐酒务，钱顗被派去监管衢州盐税。

同月，条例司检详文字苏辙，因为与吕惠卿在讨论新法时意见不合，被调任为河南推官。

十月，同平章事富弼自称生病请求退休，被调任为亳州判官。

熙宁三年正月，判尚书省张方平极力陈说新法的害处，坚决请求离职，被调任为应天府判官。

二月，河北安抚使韩琦因为对青苗法的意见没有被采纳，上疏请求解除安抚使的职务，只担任大名府路的领导，皇帝同意了他的请求。

（考异十四）史书上记载王安石严厉批评韩琦和富弼，记载他说富弼外表恭敬，内心却傲慢无礼，还记载王安石因为欧阳修依附韩琦而怪罪他，甚至记载说王安石的儿子王雱在公开场合表示要斩首韩琦和富弼，以推行新法。种种的诬陷之词，数不胜数。

如果王安石真的说了这些话，那简直可以说是丧心病狂了。但是根据《临川全集》的记载，情况却完全相反。集中的《赐允富弼辞免左仆射诏》说："你辅佐我的祖辈，功绩显著，德行美好，始终如一。忠诚贤能，为国家考虑，你的忠诚和道义值得留下。国家有大的疑问，希望能得到你的帮助。"还有《赐允韩琦乞州诏》说："你以公卿的身份、将相的地位，统领四路，守护一方。重任在肩，群臣无法比拟。你虽然遭受疾病，但我们希望你很快就能痊愈。然而你频繁上奏，报告病情。作为老臣，朝廷对待你更加优厚，礼遇之间怎么敢怠慢？不过难以违背你的恳求，你姑且安心休养吧。"还有《贺韩魏公启》说："我敬仰您，您秉承天地间的杰出之气，成为世间的杰出谋士。您的忠诚和节操在当时彰显无遗，您的道德声望在近代无人能及。您掌管机密命令，总揽朝廷大权，尽管面临种种毁誉，但您始终坚守自己的信念，不为外物所动。因此，四海的百姓都视您的任用与否为国家安危的关键。……您进退之间都符合道义，出仕与隐居都适应时势。与那些只知追求名利的人相比，您的品德更为卓越。我长久以来受到您的庇护和关照，实际上也受到了您的提携和重用。我身为近臣，想要向您恭敬地进言。但当今时代正值盛世，我又担心自己的才能无法与您相比，因此我选择远离您的高门，但这并不代表我忘记了您过去的恩德。"从这些来看，王安石对韩琦和富弼实际上是非常尊敬的。而韩琦和富弼虽然与王安石在新法上意见不合，但私交始终没有改变。他们多次请求退休，实际上也是因为年老多病，未必全是因为新法。所以史书上关于王安石诋毁韩琦和富弼的说法肯定是诬陷，这是毫无疑问的。

同月，任命司马光为枢密副使，他坚决推辞，不接受。

三月，知审官院的孙觉因为认为青苗法不方便实施，被调任为广德军知军。

四月，御史中丞吕公著因为议论青苗法，被调任为颍州知州。

同月，参知政事赵抃恳求离职，被调任为杭州知州。

同月，监察御史林旦、薛昌朝、范育弹劾王安石，但没有得到皇帝回复，这三人也没有被罢免。

同月，监察御史里行程颢、张戬，右正言李常，御史王子韶，交替上奏说新法不便，各自请求离职。程颢被调任为京西路提刑，张戬被任命为公安县知县，王子韶被任命为上元县知县，李常被任命为滑州通判。

七月，枢密使吕公弼因为弹劾王安石，被调任为太原府知府。

九月，翰林学士司马光多次请求离职，朝廷挽留不住，调任为永兴军知军。

十月，翰林学士范镇弹劾王安石，然后以户部侍郎的身份退休。

熙宁四年三月，下诏调查那些执行新法不称职的官员。之前，山阴县知县陈舜俞没有分发青苗钱，长葛县知县乐京、湖阳县知县刘蒙没有执行募役法，都被夺去了官职。于是有了这一诏书。陈留县知县姜潜上任几个月后，青苗法颁布，姜潜在县门前张贴了三天公告，没有人来，他于是撤下公告交给吏员说："百姓不愿意实行。"然后就以生病为由离职。

四月，监官告院苏轼上奏极力批评新法，但没有被采纳，他请求外调，被调任为杭州通判。

五月，开封府知府韩维因为对保甲法有意见，坚决请求调到外郡，朝廷挽留不住，调任为襄州知州。

六月，蔡州知州欧阳修因为年老和疾病退休。

（考异十五）《资治通鉴纲目》中说："欧阳修以高风亮节自我

约束，在连续遭到污蔑后，他六十岁时，就请求辞官退休。等到他担任青州知州时，上疏请求停止散发青苗钱，皇帝想要重新召他担任执政大臣，而王安石则极力诋毁他，于是他被调任蔡州。到了这个时候，他请求辞官归乡的心情更加迫切。冯京请求朝廷留下他。王安石说：‘欧阳修依附韩琦，把韩琦当作社稷重臣，像这样的人，在一个郡任职就会败坏一个郡，在朝廷任职就会败坏朝廷，留下他有什么用？’于是欧阳修以太子少师的身份退休。”

蔡上翔曾为此辩解道：“天圣、明道年间以来，欧阳修以文章和风度在天下享有极高的声望。庆历四年（1044年），曾巩给欧阳修写信，说：‘王安石虽然已经取得科举的名声，但他确实自重，不愿意被人了解。他认为除了欧阳公，没有人能够真正了解他。’那时王安石才二十四岁。到了至和二年（1055年），欧阳修才见到王安石，从此他们书信往来，并在奏章中相互夸赞，无比亲密，这些从欧阳修的全集可以查证。熙宁三年，欧阳修认为青苗法不好，还擅自停止分发青苗钱，他只是讨论国家大事，希望对公私都有益，何曾被王安石称为奸邪，被当作仇敌一样对待——像吕诲那些人过分的言辞那样呢？世上却传说王安石当宰相后，曾经严厉诋毁欧阳修。考察欧阳修擅自停止青苗钱，是在熙宁三年夏天，到了十二月，王安石才成为同平章事，第二年春天，欧阳修写了《贺王相公拜相启》，其中说道：‘高步儒林，著一朝甚重之望；晚登文陛，受万乘非常之知。’像欧阳修这样刚直的人，如果在参政时有不满，又怎会在王安石当宰相时献媚呢？这还是欧阳修的为人吗？过了一年，欧阳修去世，王安石为他写祭文，对欧阳修的为人、文学成就、在朝廷的节操、经历的困苦以及生平知己的感慨，死后的怀念之情，都表达得淋漓尽致。王安石得到皇帝如此特殊的信任，推行新法如此坚决，又何必忌惮欧阳修，还一定要排挤他呢？欧阳修生前，他诋毁他为天下大恶之人，在他死后，又称赞他为天下难以企及的人，这又是王安石会做的事吗？考察欧阳修在治平三年因为‘濮议’受到吕诲、彭思永的攻击。治平四年，因为流言蜚语受到彭思永、蒋之奇的诋毁。从此他坚决请求调到外郡，历任亳州、青州、蔡州知州，直到去世。所以在熙宁四年间，欧阳修未曾有一天在朝廷中任职。而且他多年告病，特别是在王安石执政之前，这与王安石有何关系呢？那种‘在一国则乱一国’的说法，出自杨中立的《神宗日录辨》，属于显而易见的诬陷之词。后人却以此作为王安石的罪状，那么为何这两位大人物的作品全集却都未见记载呢？”

现在看蔡上翔的文章，辩证确凿，无须多余的话再赞美。欧阳修的离职，并非因为王安石。现在在这里叙说一遍，是为了辩驳所谓的王安石排斥忠良的谣言。欧阳修如此，那么其他杂史中记载王安石诋毁他人的言论，又怎能全部相信呢？王安石祭欧阳修的文章，实际上是中国为数不多的好文章之一，我将收录在后文第二十一章中，读者可以参考阅读。

七月，御史中丞杨绘和监察御史里行刘挚上奏章谈论免役法的害处，结果杨绘被调到郑州当知州，刘挚被派去监管衡州的盐仓。

熙宁五年三月，判汝州富弼上疏，说他不懂新法，无法治理好州郡，希望回洛阳养病，朝廷同意了他的请求。他被授予司空、武宁节度使的职位退休。

熙宁六年四月，枢密使文彦博请求离职，被授予司空、河东节度使的职位，担任河阳的地方官。

熙宁七年二月，监安上门郑侠献上了《流民图》，说大旱是新法导致的，没过多久，因为他擅自使用马递，被御史审讯治罪。八年正月，他被贬官流放到英州。

上面说的这些，都是当时阻挡新法的人的大致情况。高层有像山一样顽固的老臣，底层有正直敢言的谏官，他们都在反对新法。而王安石凭借一已之力，孤身一人站在中间，面对着天下苍生的艰难困苦，没有比他更艰难的了！他在熙宁三年写过一份《答手诏慰抚札子》，里面说：“我看陛下天赋聪明智慧，实在不难实现尧舜那样的治理，所以我才敢不考虑自己的才智和能力，去承担天下的非议，来迎合圣上的心意。自从参与政事以来，已经过去一年，我没能有所作为，反而内外都有人联手起来，专门想要诬陷百姓以混淆圣上的视听，让庸俗的见识如此猖獗！陛下也不能不有所疑惑，担心我这微不足道的诚意，最终不能成功。”王安石那种艰苦的情形，即使是一百代之后的读者也会感到同情。如果不是像王安石这样坚定不移的人，怎么可能做成一件事呢？后来那些恨他的人，就不必说了，即使是那些喜欢他的人，也为他用了小人而感到惋惜。至于他用的那些人是不是都是小人，我另当别论，但当时那些阻挡新法的人，不正是世上所谓的君子吗？像程颢、苏轼这些人，都是王安石最早提拔起来的。其他如韩琦、富弼、文彦博、吕公著这些老臣，跟王安石共事的时间有的长达一年，有的两三年，有的四五年，王安石一开始何尝想要排挤他们呢？这些贤人经常为了新法争论不休，王安石是要安慰留任同事而放弃自己的学问和志向，还是坚持自己的学问和志向而得罪同事呢？这两者必居其一。因此，王安石在熙宁三年上疏请求辞去政务，因为他知道自己的志向无法实现，只好退隐。但神宗更加信任他，依赖他，有这样的君主，王安石怎能忍心辜负？所以他全力以赴，只求能够完成大业。那些贤人既然不愿意妥协，发誓不与王安石共存于朝廷，王安石也只好听任他们离去了。我们这些生活在今天的人，如果设身处地为王安石着想，就能理解他有什么办法能够两全其美呢？

王安石当时的立法并不是不好，而他所革新的那些弊政也正是那些贤人皱着眉头议论纷纷的。后来改革的成果，或许没能达到预期，那也只是因为执行的人不是合适的人选而已。如果那些贤人能够和王安石同心协力，互相帮助，并且去掉那些过于极端的做法，那么新法的成效怎么会不明显呢？然而他们不问事情的是非曲直，一遇到新的改革措施，就必定竭尽全力去攻击，明知道这样做也无法改变皇上的心意，他们就投递弹劾的奏章然后辞职离去，这只是为了成就自己的名声而已。甚至有些人身为地方官员，却告诫州县不要执行朝廷的命令。这些人既然出身于显赫的家族，受到士人和庶民的瞩目，那么那些反对新法的人便都来依附他们，这些人巧舌如簧，鼓动天下，让人民疑惑不解，不知道该听从谁的话。就像一只手画圆，而十只手画方，虽然有好的方法和意图，但最终无法推进，这是必然的。所以说，导致新法的好处无法抵消它的坏处，是谁的过错呢？迫使王安石不得不任用小人，又是谁的过错呢？

尽管如此，王安石对待异己的方式，也可以说尽到他的责任了。对于那些老臣，他都是让他们自己主动离开，还多次安慰挽留，实在不得已才同意他们离开。对于那些小官，他最多也就是降职或者调到外地，并没有剥夺一个人的官职，更不用说治罪了。其中只有郑侠被流放到远方，那是王安石罢相回到江宁的一年里发生的事情（王安石在熙宁七年六月罢相，八年二月再度为相，而郑侠流放至英州则是在熙宁八年正月）。这与子产、商鞅对待贵族的方式相比如何？与张居正对待台谏的方式相比如何？与孔子处决少正卯的方式相比如何？我的朋友南海潘博曾经评论王安石，说他可惜只依靠儒家学说，缺乏法家的精神，此见解可谓深刻。而世上那些评论者，却都说王安石实行申商之术，以严刑峻法约束百官，这与当时的实际情况恰好相反。王安石对待士大夫非常有礼，虽然他的法令不能完全执行，但作为一个大臣的气度，足以成为千古的典范。而元祐年间那些贤人对待熙丰年间的大臣又是怎样的呢？说到这里，我不禁感到一片茫然。

章衮在《王临川文集序》中说：

熙宁之政，君以尧舜其民之心，坚主于上；臣以尧舜其君之心，力赞之于下；要皆以为天下而非私己也。诸臣若能原其心以议其法，因其得以救其失，推广以究未明之义，损益以矫偏胜之情，务在协心一德，博求贤才以行新法，宋室未必不尚有利也。而乃一令方下，一谤随之，今日哄然而攻者安石也，明日哗然而议者新法也。台谏借此以贾敢言之名，公卿借此以徼恤民之誉。远方下吏，随声附和，以自托于廷臣之党，而政事之堂，几为交恶之地。且当时下则未有不逞之民，借新法以为倡乱之端，远则未有二虏之使，因新法而出不逊之语，而缙绅之士，先自交构，横溃汹汹，如狂人挟胜心，牢不可破。祖宗之法，概以为善，其果皆善乎？新创之法，概诋为恶，其果皆恶乎？抑其为议，有一人之口而自相抵牾者，如苏颍滨尝言官自借贷之便，而乃力诋青苗钱之非；司马公在英宗时，尝言农民租税之外，当无所与，衙前当募民为之，而乃力诋雇役之非；苏东坡尝言不取灵武，则无以通西域，西域不通，则契丹之强未有艾，而乃力诋熙河之役之非；又如已非雇役不可行，而他日又力争雇役不可罢之类是也。有事体相类，自来行之则以为是，公行之则以为非者，如河北弓箭社，实与保甲相表里，苏东坡请增修社约，并加存恤，而独深恶保甲法之类是也……似此之类，既非真知是非之定论，亦非曲尽利害之订谟，宜公概谓流俗，而主之益坚，行之益力也。一时议论，既如此矣，而左右记注之官，异时记载之笔，又皆务为巧诋，至或离析文义，单摭数语而张皇之。然则当时所以攻新法者，非实攻新法也，攻公而及其法耳。……彼管仲、子产、商鞅之数子者，诸侯之贵臣耳，然皆以其计数之审，果敢坚忍，大得逞于其国。而公以世不常有之材，当四海为家之日，君臣相契，有如鱼水，乃顾落落如彼者，时势异而媢忌众故也。夫国内多故，四竟多敌，譬彼舟流，不知所届，惟才与智，众必归之，此管仲之人所以得志也。宋之治体，本涉优柔，真、仁而降，此风浸盛。士大夫竞以含糊为宽厚，因循为老成，又或高谈雅望，不肯破觚解挛以就功名。而其小人晏然如终岁在闲之马，虽或刍豆不足，一旦圉人剪拂而烧剔之，必然趯然踶而龂然啮。当此时而欲顿改前辙以行新法，无惑乎其骇且谤矣。公之所以不理于口者，此其一也。贾谊年少美才，疏远之臣慨然欲为国家改制立法，当时绛、灌之徒，虽甚害之，而未至若是之甚者，以谊未尝得政，而文帝直以众人待之也。公令闻广誉倾一世，既已为人所忌，加以南人骤贵，父子兄弟，蝉联禁近，神宗又动以圣人目之，而寄以心膂，及横议蜂起，公又悍然以身任天下之怨，力与之抗而不顾，公之所以不理于口者，此又其一也。

章氏的这个观点，说出了王安石遭受阻挠的原因，可以说是看透了问题的核心。他说因为南方人突然变得显赫，引起了很多人的嫉妒，这个观点尤其中肯。唉，王安石品质高洁，心胸开阔，就像凤凰飞翔在千丈高空，哪会注意到那些小鸟和腐鼠在下面呢？但王安石的失败，竟然就因为这些小东西。庄子说："中国之人，明于礼义，而昧于知人心。"又说："人心险于山川，难于知天。"王安石只是不了解人心罢了。所以他遇到了世上所谓的小人而失败，遇到了世上所谓的君子也同样失败。说到王安石的缺点，没有比这更严重的了！即使如此，如果王安石懂得了解人的内心，那他也许就会随波逐流，没有非议，没有指责，不仅能够得到一时的赞许，而且会在后世留下好名声，又怎会为了国家而牺牲自己的舒适和名誉，即使受到无数的责骂也不后悔呢？唉！我们中国几千年来，洞察人心的士大夫很多，不懂得人心的又有几人呢？

第十七章

新政的阻挠及破坏（下）

宋神宗元丰八年三月，神宗去世，哲宗即位，宣仁太后开始垂帘听政。到了五月，司马光被任命为门下侍郎，随后就废除了一切新法，并且驱逐了神宗时期的旧臣。下面是一些法令废除的记录：

元丰八年七月，废除了保甲法。

十一月，废除了方田法。

十二月，废除了市易法。

同月，废除了保马法。

元祐元年闰二月，蔡确被派出任陈州知州，章惇被派出任汝州知州。

同月，废除了青苗法。

三月，废除了免役法。

四月，废除了熙河经制财用司。

六月，邓绾和李定被流放到滁州，吕惠卿被流放到建州。

元祐二年正月，禁止使用王安石的《三经新义》和《字说》。

元祐四年四月，废除了明法科。

五月，蔡确被流放到新州（今广东新兴县）。

以上只是列举了一些重要的事项，其他的事情就不一一详细说了。简单来说，就是当时把神宗元丰时期所做的变革全部废除了，把那时候用的人全部罢免了。范纯仁曾经对司马光说："去掉那些过分的内容就可以了。差役的事情，更应该仔细讨论并慢慢来，不然的话，会增加人民的负担。希望您能够虚心接受大家的意见，不要只考虑自己的想法。只考虑自己的想法，那么奉承拍马的人就会趁机迎合了。差役法可能一时难以恢复，可以先在一路试行，看看结果如何。”但司马光没有听从，反而更加坚持自己的想法。范纯仁就说：“这样别人都没法说话了！如果想讨好您，为了让您高兴，为什么不年轻时迎合王安石呢？那样富贵岂不来得更早？”（以上对话出自《宋史·范纯仁传》。）以前司马光上奏神宗，说王安石虽然贤能，但是固执。司马光的贤能，我还不知道和王安石相比如何，但是如果说到固执，那可真是和王安石很像，甚至更厉害！从此以后，新法就彻底被废除了。

关于新法是否应该废除，我在前面的几章里已经详细讨论过了，这里就不再重复了。但是根据一些俗史记载，说元祐初年，天空晴朗，地面明亮，全国人民都感到高兴，连四周的少数民族都感到震惊。我没有时间为此辩论，不过我可以引用一些前代儒者的观点来帮助我阐述我的观点。陈汝锜在《司马光论》中写道：

靖康之祸，论者谓始于介甫，吾以为始于君实。非君实能祸靖康，而激靖康之祸者，君实也。夫新法非漫然而姑尝试之者，每一法立，其君其相，往复商订，如家人朋友相辨析，积岁弥月，乃始布为令甲。而神宗又非生长深宫，懵于闾里休戚之故者，推利而计害，原始而究终，法未布于方内，而情伪已了彻胸中如列眉。故虽以太后之尊，岐王之戚，上自执政，下逮监门，竞苦口焉，而不为中止。虽其间奉行过当，容有利与害邻而实与名戾者，要在因其旧以图其新，救其疵以成其美，使下不厉民，而上不失先帝遗意，斯宵小无所乘其间，而报复之祸无从起矣。安在悻悻自用，尽反前辙？前以太后诸人争之而不能得之于神宗者，今以范、苏诸人争之而亦不能得之于君实。一有逢己之蔡京，则喜为奉法。盖先帝肉未冷，而诸法破坏尽矣。是欲以臣而胜君，而谋之数十年者，可废之一朝也。是谓己之识虑为能贤于先帝，而昔以为良法，今以为秕政也。不大横乎！

孔子何以称孟庄子之不改父臣与父政乎？今其言曰：“先帝之法，其善者百世不可变，若王安石所建为天下害者，改之当如救焚拯溺。”夫以神宗之为君，岂政由宁氏听穿鼻于其臣者，而云安石所建立乎？安石免相居金陵者八年，新法之行如故也。安石建之，能使神宗终身守之，而不与手实、鬻祠俱报罢乎？且元祐之划除更张无孑遗，而所云百世不可变者安在乎？吾恐先帝有灵，目不能一日瞑地下也。

又云：“太皇太后以母改子，非以子改父。”夫一切因革所为，告之宗庙颁而播之天下臣民者，吾君之子，不曰吾君之母也。君母而可废阁先帝行事，是吕后之所以灭刘，而武后之所以篡唐为周也。人臣而可挟母后之权，弁髦其主，是徐纥、郑俨、李神轨之共相表里而势倾中外也。尚可训乎？况元祐之初，嗣君已十余龄矣，非遗腹襁褓而君者，朝廷进止，但取决于宣仁，而嗣君无与焉。虽嗣君有问，而大臣无对，此何礼也？苏子容危其事，每谓诸老无太纷纭，君长谁任其咎？而哲宗亦谓惟苏颂知君臣之礼。盖哲宗之藏怒蓄愤，已不在绍圣亲政之日，而小人之逢君报怨，亦不待惇、京用事之时矣。何者？人臣而务胜其君以为忠，岂人子而不务继述其父以为孝？上见其意，下将表异。一表之于章惇，而羁管窜逐无虚日。再表之于蔡京，而为妖为孽，外假绍述之名而以济其私，而宋事不可为矣。君实不当少分其咎哉？

孔子曰：“言必虑其所终，行必稽其所敝。”不虑终，不稽敝，乃举而委之于天，曰天若祚宋，必无此事。天可幸乎？天而以死先君祚宋乎？则太甲之颠覆典刑，为天实祚商；而汉惠帝之与曹参辈，守画一而清静焉，为天不祚汉矣。

王夫之在《宋论》中写道：

哲宗在位十有五年，政出自太后者，凡八年，哲宗亲政以还，凡六年。绍圣改元以后，其进小人，复苛政，为天下病者，勿论矣。元祐之政，抑有难于覆理者焉。绍圣之所为，反元祐而实效之也，则元祐之所为，矫熙丰而抑未尝不效之，且启绍圣而使可效者也。呜呼！宋之不乱以危亡者几何哉！天子进士以图吾国，君子出身以图吾君，岂借朝廷为定流品分清浊之场哉？必将有其事矣。事者，国事也，其本君德也，其大用治教政刑也，其急图边疆也。其施于民者，视其所勤而休养之，视其所废而修明之，拯其天灾，惩其吏虐，以实措之安也。其登进夫士者，养其恬静之心，用其方新之气，拔之衡茅，而相劝以君子之实也。岂徒绍圣哉？元祐诸公之能此者几何邪？所能卓然出其独至之忧，超出于纷纭争论之外，而以入告者，刘器之谏觅乳媪而已，伊川请就崇政、延和讲读，勿以暑废而已，范淳夫劝帝以好学而已。自是而外，皆与王安石已死之灰争是非，寥寥焉无一实政之见于设施。其进用者，洵非不肖者矣，乃一惟熙丰所贬斥之人，皇皇然力为起用，若将不及。岂新进之士，遂无一人可推毂以大任之，树百年之屏翰者？而徒为岭海迁客伸久郁之气，遂可无旷天工乎？其恤民也，安石之新法，在所必革矣。频年岂无水旱？而拯救不行。四海岂无冤民？而清问不及。督行新法之外，岂无渔民之墨吏？而按劾不施。触忤安石之余，岂无行惠之循良？而拔尤不速。西陲之覆败孔棘，不闻择一将以捍其侵陵；契丹之岁币屡增，不闻建一谋以杜其欺侮。夫如是，则宋安得有天下哉？一元祐诸公扬眉舒愤之区宇而已矣。马、吕两公，非无忧国之诚也，而刚大之气，一泄而无余。一时蠖屈求伸之放臣，拂拭于蛮烟瘴雨之中，愔愔自得。出不知有志未定之冲人，内不知有不可恃之女主，朝不知有不修明之法守，野不知有难仰诉之疾苦，外不知有睥睨不逞之强敌，一举而委之梦想不至之域，群起以奉二公为宗主，而日进改图之说。二公且目眩耳荧，以为惟罢此政，黜此党，召还此人，复行此法，则社稷生民，巩固无疆之术，不越乎此。呜呼！是岂足以酬天子心膂之托，对皇天，质先祖，慰四海之孤茕，折西北之狡寇，而允称大臣之职者哉？

吾诚养君德于正，则邪自不得而窥；吾诚修政事以实，则妄自无从而进；吾诚慎简干城之将，以固吾圉，则徼功生事之说自息；吾诚厘剔中饱之弊，以裕吾用，则掊克毒民之计自消；吾诚育士以醇静之风，拔贤于难进之侣，为国家储才于百年，则奸佞之觊觎自戢，而善类之濯磨自宏。曾不出此，而夜以继日，如追亡子。进一人，则曰此熙丰之所退也；退一人，则曰此熙丰之所进也；兴一法，则曰此熙丰之所革也；革一法，则曰此熙丰之所兴也。然则使元祐诸公，处仁、英之世，遂将一无所言，一无所行，优游而聊以卒岁乎？未见其有所谓理也，气而已矣。气一动而不可止，于是吕、范不协于黄扉，洛、蜀、朔党不协于群署，一人茕立于上，百尹类从于下，尚恶得谓元祐之犹有君、宋之犹有国也？而绍圣诸奸，驾驷马，骋康庄以进，莫之能御矣。反其所为者，固师其所为也。是故通哲宗在位十四年中，无一日而不为乱媒，无一日而不为危亡地，不徒绍圣为然矣。当其时，耶律之臣主，亦昏淫而不自保；元昊之子孙，亦偷安而不足逞，藉其不然，靖康之祸，不能待之他日也。而契丹衰，夏人弱，正汉宣北折匈奴之时会，乃恣通国之精神，敝之于一彼一此之短长，而弗能自振。呜呼！岂徒宋之存亡哉？无穷之祸，自此贻之矣！立乎今日，以覆考哲宗之代之所为，其言洋溢于史册，以实求之，无一是当人心者。苟明于得失之理，安能与登屋遮道之愚民，同称庆快邪？

按：王夫之此文章中“为岭海迁客伸久郁之气”和“拂拭于蛮烟瘴雨之中”两句话查无实据。王安石当政时未尝流放任何一个人，据前表所列，已十分明了。就是在王安石罢政后，八年间，也未听说有贬谪大臣被流放岭南之事。元祐时把蔡确流放到新州时，范淳夫说通向那里的路长满荆棘已经近七十年了，可以为证。

章衮在《王临川文集序》中写道：

元丰之末，公既罢相，神宗相继殂落，群议既息，事体亦安。元祐若能守而不变，循习日久，膏泽自润，孰谓非继述之善也？乃毅然追怼，必欲尽罢熙丰之法，公以瞑眩之药攻治之于先，司马公又以瞑眩之药溃乱之于后，遂使国论屡摇，民心再扰。夷想当时言新法不可罢者，当不止于范纯仁、李清臣数子，特史氏排公不已，不欲备存其说尔。不然，哲宗非汉献、晋惠比也，何杨畏一言，而章惇即相？章惇一来，而党人尽逐，新法复行哉？悲夫！始也群臣共为一党以抗君，终也君子小人各自为党以求胜，纠纷决裂，费时失事，至于易世，而犹不知止。从古以来，如是而不祸且败者，有是理哉？公昔言于仁宗，谓晋武帝因循苟且，不为子孙长远之谋，当时在位，亦皆偷合苟容，弃礼义捐法度，后果海内大扰，中国沦于夷狄者二百余年。又谓可以有为之时，莫急于今日，过此则恐有无及之悔。由此观之，则靖康之祸，公已逆知其然，所以苦心勠力，不畏艰难，不避谤议，而每事必为者，固公旦天未阴雨、绸缪牖户之心也。而古今议者，乃以靖康之祸归于公，毋亦秦人枭镮参夷之习未亡乎？

陈汝锜和章衮确实是过去一直崇拜王安石的人，他们的话可能也不免跟我一样，有偏袒自己喜好的问题。至于王夫之批评王安石，其实跟那些普通的儒家学者没什么两样，但他对于元祐时期的政治却做上述评价。那些把宣仁太后比作尧舜，把司马、吕等人物比作皋陶、夔的人，应该重新思考一下了。而且元祐时期值得讨论的人物，还不止这些。宋朝人王明清在《玉照新志》中写道：（这本书我没有看到，以下是引用蔡上翔的《王荆公年谱考略》。）

元祐党人，天下后世莫不推尊之。绍圣所定，止七十三人，至蔡元长当国，凡背己者皆著焉，殆至三百九人。然而祸根实基于元祐嫉恶太甚焉。吕汲公、梁况之、刘器之定王介甫亲党吕吉甫、章子厚而下三十人，蔡持正亲党安厚卿、曾子宣而下十人，榜之朝堂。范淳父上疏以为歼厥渠魁，胁从罔治。范忠宣太息语同列曰："吾辈将不免矣。"后来时事既变，章子厚建元祐党，果如忠宣之言。大抵皆出于士大夫报复，而卒使国家受其咎，悲夫！

章惇和蔡确发起的党狱，直到现在，稍微有点见识的人都厌恶至极，深恶痛绝。章惇和蔡确的行为确实应该被厌恶，但是有谁知道造成这种罪孽的根源并不在于章惇和蔡确，而在于那些被后世推崇的元祐时期的贤人呢？如果不是因为《玉照新志》记录了这件事，那么像吕大防等人将吕惠卿、曾布等四十人定为王安石的奸党，并在朝堂上张贴的事情，至今可能就无人知晓了。党籍榜和蔡京主持设立的党籍碑有什么不同呢？何况刻石碑并颁发到天下，是徽宗崇宁年间的事情。而在绍圣时期，他们也不过是张贴榜单而已。（《宋史·李清臣传》中记载，章惇将其他大臣驱逐后，登记了吕公著、文彦博等三十人的名单，准备将他们全部流放到岭表，李清臣说："他们改变先帝的法度，不是没有过错，但是他们都是历代的元老，如果按照章惇的说法去做，一定会让人震惊。"皇帝说："难道没有折中的办法吗？"于是将他们在朝堂上张贴榜单，不再追究其他人。）从这里可以看出，实际上开创这种恶劣先例的是吕大防、梁况之、刘器之等人，而章惇和蔡确则是效仿他们，他们的罪行反而可以从轻处理。党籍碑成了万世唾骂的对象，而党籍榜却没有人提起，这难道是幸运与不幸运的区别吗？实际上不过是史家将它们评价为一个幸运一个不幸运罢了。

蔡确被贬官后，台谏官还是不停地议论他，谏议大夫范祖禹也谈到蔡确的罪行，认为他不容于天下。执政的大臣想要处死蔡确，但范纯仁和王存却认为这样做不可取，坚决反对。文彦博想要将蔡确贬到新州岭峤，范纯仁听说后对吕大防说："这条路自从乾兴年间以来，荆棘丛生已经将近七十年了，我们把这条路打开，恐怕将来也不免被流放到那里。"吕大防于是不敢再说话。六天后，蔡确最终被流放新州（今广东肇庆府新兴县即岭峤）。范纯仁对宣仁太后说："圣朝应该力求宽厚，不应该因为言语文字之间的模糊不清，就诛杀流放大臣。现在的举动应该为将来树立榜样，实在不应该开启这种先例。"但他的建议没有被采纳，蔡确最终死在了流放地。唉！这与王安石执政时期对待不同政见者的态度相比如何呢？而王安石却蒙受严厉苛刻的指责，被元祐时期的贤人们品头论足，甚至还责怪他没有彻底清除恶势力，这天下还有是非之分吗？

陈汝锜又说：“杨时在靖康初年说，今天的局面，虽然表面上是蔡京导致的，但实际上是王安石酿成的。这种话一提出来，人们便纷纷附和，把熙宁年间作为靖康祸败的开始，把王安石作为鼓舞蔡京的先锋。这是非常冤枉的。现在历史记录都在，所有蔡京所迎合的，比如沉溺于虚无，崇尚土木建设，对下剥削百姓，对上供皇宫游乐，害国害民的不止一种政策，然而哪一个是熙宁的政策呢？所有蔡京结交的，比如内侍有童贯、李彦、梁师成，宠臣有朱冲、朱勔父子，执政有王黼、白时中、李邦彦等人，挑衅引起动乱的不止一个人，然而哪一个是熙宁时的人呢？虽然蔡京的弟弟蔡卞是王安石的女婿，但蔡京并不是因为蔡卞而在熙宁、元丰年间得到王安石的赏识和任用的。这与王安石有什么关系呢，为什么要把导致今天祸患的责任归咎于王安石呢？他们推崇王安石并使其配享太庙，只是借此欺骗君主、窃取宠信的地位，掩盖自己的不肖之心罢了。就像篡夺汉朝建立魏国的人，未尝不以舜禹禅让作为借口；制造符命玩弄孺子婴于股掌之中的人，未尝不以周公摄政作为借口。难道可以说三次辞让而登上帝位，是辞让的美德导致了祸乱，而南面称帝，就是教后世怎么正当地将‘假皇帝’变成‘真皇帝’的阴谋吗？”

陈汝锜的话真可以说是畅快豪爽！我曾私下里评论过，绍圣年间章惇掌权，还非常想继承王安石的学说，然而并没有到祸害宋朝的地步。真正祸害宋朝的实际上是蔡京。而蔡京能够登上显要的位置，是谁引荐提拔他的呢？不是王安石，而是司马光。司马光想要废除募役法，恢复差役法，群臣大多认为这很困难，蔡京却在五天之内就完成了，司马光很赞赏他的才能，于是加以委任。如果援引举荐官员连坐的律法，那么司马光难道不也有不能推卸的罪责吗？司马光也是贤人啊！我当然不敢学习史学家那种歪曲法律、陷人以罪的技巧，把蔡京祸害宋朝的罪过归咎于司马光，只是为什么偏偏有像山膏[1]那样喜欢骂人的人，反而把罪过归咎于跟蔡京毫不相干的王安石呢？

① 山膏：古代神话传说中的怪兽。外形像猪，浑身赤红，善骂。

第十八章

王安石的用人及交友

古今之人评论王安石，那些直接指责他为小人的人，我们就不必去争论了；即便是那些把他尊称为君子的人，也未曾不将他喜欢任用小人视为他的污点。那么，王安石真的喜欢任用小人吗？他真的像史学家所记载的那样，所用的都是小人吗？在这里，我恳请各位平心静气地研究这个问题。

我曾经详细论述过王安石不得不用小人的原因，那是因为当时的君子都不愿意为他效力，这确实是一个原因。然而，我们考察王安石的话，他曾说过："洪水之患，不能等待别人来解决，而当时众多臣子中，只有鲧在治水方面有优势，所以即使他曾违抗命令，毁坏同类，也不能不用他。"从这个角度来看，即使说他喜欢用小人也是合理的。等到他辞官回家时，他自己也说过，他的智慧不足以识别人才，而险恶的人常常出现在关系深厚的朋友中。这说明他被小人所累，并对此感到后悔。这应该是事实，没有什么可隐瞒的。小人并不是完全没有可利用的时候，关键在于使用他们的人。一个纯粹的君子如果使用小人，那将是天下最危险的事。那些被称为小人的人，一定是最为机巧多变的人，而使用他们的人也一定得是在机巧多变方面能与他们相匹敌，甚至更胜一筹的，使得那些人即使使尽欺骗的伎俩，也无法逃出自己的掌控，这样才算是能使用小人。像张居正那样的人可以，像胡林翼那样的人也可以，但像曾国藩那样的人就已经不行了，而像王安石那样的人就更不行了。为什么呢？因为王安石是个纯粹的君子，他是个过于正直而没有权术的君子。

虽然如上文所说，但认为王安石专门喜欢任用小人，也并不是事实；如果说王安石所任用的人都是小人，那就更不是事实了。王安石在给神宗的《论馆职札子》中写道："陛下自登基以来，因为有些在岗的人缺乏才能，所以提拔的人多数是有些才能但缺乏德行的人，这样的人一旦得志，风气就会变坏。想要纠正这个弊端，关键在于亲近忠诚善良的人。”王安石对他的君主提出这样的建议，他自己难道还会那样做吗？另外，在制置条例司刚成立时，神宗多次询问王安石的意见，王安石说：“现在想要管理财政，就必须使用能干的人。如果朝廷只是让天下人看到把能干作为优先条件，而不是把任用贤能作为当务之急，恐怕风气会因此而变坏，弊端将无法承受。陛下应当考虑国家的根本利益，在事务上有先后缓急的顺序。”这表明王安石对于选拔贤能、罢免不肖之人的态度非常明确和迫切。因此，与其说王安石喜欢用小人，不如说是神宗喜欢用小人，而王安石虽然努力纠正，但未能完全做到。王安石所提拔和赏识的人，后世称之为君子的人也有很多。然而，有些人因为后来不支持新法，所以没有被继续任用，史学家因此不认为这些人是王安石所任用的。王安石既然决心实施新法，那么那些不愿意奉行新法的人，即使他想继续任用他们也是不可能的，这是必然的。但不能说王安石没有想要任用他们的意愿。至于那些始终愿意奉行新法的人，后世的史学家往往不问他们平时的品行如何，只要他们支持新法，就视他们为罪大恶极。不仅如此，史家还常常捏造事实，一定要给他们加上恶名才感到满足，不仅仅针对那些与王安石共事的人，就连平时稍微与王安石熟悉的人也无一幸免。这样一来，王安石所任用的人，怎么可能不都是小人呢？并不是王安石喜欢用小人，而是因为这些人在经过王安石的提拔和赏识后，随即被史家加工塑造，即使是君子也变成了小人。我并不是说王安石所任用的人一定没有小人，只是认为即使有，他们的不善也不至于那么严重。王安石的德行和节操很高尚，但经过史家的描写，后世的读者仍然会感觉王衍、卢杞之流仿佛就在眼前，那么其他那些品行不如王安石的人，他们受到的诬陷又怎么可能不更严重呢？像韩琦这样的人可以被指责为结交宦官，像欧阳修这样的人可以被指责盗淫甥女，整个朝廷都喧嚣着，说他们是为了迎合恩宠而巧妙地欺骗，所以可见当时那些争名夺利的人，哪里还有辨别是非的心呢？他们的言论又怎么能令人相信呢？孙固在“濮议”上稍微表达了不同的意见，就被众人指责为奸邪，所以千年以来被认为是王安石所用的所谓奸邪之人，又怎么知道他们不是像孙固一样的情况呢？我并不是强行要为王安石所任用的人辩护，但有些事情不得不说。现在，我将对可以考证的人逐一进行论述。

陈升之 陈升之在仁宗时期已经是执政大臣，并不是由王安石特别提拔的。但是王安石的文集中有一篇《送陈升之序》，可以看出在陈升之地位低微的时候，王安石就对他寄予厚望，并在刚刚设立制置条例司时，就邀请陈升之一起共事，所以神宗任命陈升之为宰相，实际上也是王安石推荐的。陈升之担任谏官五年，提出了上百件事。他并不是一个平庸的人，只是因为与王安石共事，史书便称他狡猾且善于巴结，以此来取得富贵。这个说法是否真实，我无法判断。

王珪 王珪主管内外诏书起草十八年，直到熙宁三年才开始担任参知政事。熙宁九年之后，他成为同平章事，直到神宗去世，他一直是宰相。他是不是王安石提拔的，不得而知。但是他一直坚持实行新法，《宋史》中他的传记在他执政之前，对他多赞誉之词，而执政之后则多批评之语。客观来说，他是一个中庸之人。

苏辙 苏辙在王安石刚刚设立制置条例司时，首先被提拔为检详文字。王安石特别提拔小官是从苏辙开始的，后来他因为不支持新法，被调到河南做推官。

程颢 程颢在制置条例司刚成立时，被派遣到各地察看农田水利，是条例司派遣的八人之一，所以他实际上是被王安石特别提拔的人。后来他因为不支持新法，被调到镇宁军做判官。但是《宋史》在他的传与《王安石传》中都没有记载他曾担任条例司官员的事情，大概是因为他受到王安石的赏识被后人视为一种污点，所以故意隐瞒了。

刘彝 刘彝是条例司派遣的八人之一。他之前是县尉，被王安石特别提拔。《宋史》记载他因为不支持新法而被罢免，但又说他被神宗选中担任水官，因为他熟悉东南的水利，被任命为都水丞，这说明并不是不任用他，而是根据他的专长委以重任。因为他的职位不是关键要职，所以《宋史》中没有对他贬低，反而很称赞他的才能。

卢秉 卢秉也是条例司派遣的八人之一。史书记载他跟薛向一起实施盐法，结果扰民，但他请求取消发运使向朝廷贡献盈余的收入，从这一点可以看出他审核账目、注重实际的工作态度。后来在征讨西夏时，他立下了奇功，由此可知他的才能是非常杰出的。他的父亲卢革因为清廉、谦让而闻名，而卢秉在未成年时就因才华横溢而负有盛誉。他曾说林木要长得好，必须先培养根株，这就像士大夫要建立名节一样。蒋堂很欣赏他的话，认为他将来一定能成大器。王安石也因读过他写在墙上的诗，了解到他坚实、虚静、退让的品格，所以特别提拔了他。卢秉后来在边疆守卫，因父亲年老，多次请求回家奉养，神宗亲自写信安慰挽留他，他的父亲卢革听说后，也因为道义而制止他回家。后来卢革病重，卢秉才得以回家，从此不再出来做官。从这些事情来看，卢秉的名节确实是值得称赞的，没有辜负王安石的赏识。《宋史》却说他趋炎附势，跟他的父亲相差很远。但卢革从没说过他的儿子不成器，反而认为为国家服务的大义更重要，不许他回家，史官竟然说他不配做卢革的儿子，这是为什么呢？只因为他执行了新法。

谢卿材、侯叔献、王汝翼、曾伉、王广廉 这五人都是条例司派遣的八人中的人物。《宋史》中没有他们的传记，因而他们的事迹无法考证。但依照程颢、刘彝、卢秉的例子来看，他们应该都是优秀的人。（蔡上翔说谢卿材、侯叔献当时都是被称为贤者的人，但不知道他是根据什么史籍，有待考证。）

吕公著 吕公著后来跟司马光一起破坏新法，史官都把他看作大贤人。但他被破格提拔为显要的官员，实际上是因为王安石的推荐。史官担心这会玷污他的名声，所以在《宋史·吕公著传》中避而不谈，而在他哥哥《吕公弼传》中说王安石掌管政事时，对吕公弼不支持自己心怀怨恨，就提拔他的弟弟吕公著为御史中丞来逼迫他。这又想借此给王安石加罪，结果忘记了要为吕公著避讳，却留下了这个痕迹给人看。我不明白，既然恨他的哥哥，为什么还要推荐他的弟弟，而用他的弟弟又怎么能逼迫他的哥哥呢？这真是欲加之罪，何患无辞。总之，王安石推荐吕公著是确凿无疑的，而那些诋毁王安石专门任用小人的人，又该如何解释呢？

韩绛 韩绛是王安石提拔的人，他接替陈升之担任条例司的领导，不久后成为参知政事，接着又接替王安石成为宰相。他一直坚定不移地执行新法，当时人称他为“传法沙门”，因此《宋史》中他的传记对他进行了极度丑化。但是考察神宗刚即位时，韩琦就推荐了韩绛，因其有辅佐天子的才能和德行，这说明他的才能和德行之优秀，并非只有王安石一个人知道。韩绛早年处理案件公正清明，安抚百姓周到细致，政绩显著，作为谏官他多次上奏宫廷的积弊，尤其难得。庆州羌族叛乱时，他一举将其平定，可见他在军事上的才能。担任成都府和开封府知府时，他多次打击豪强，解救民困。仁宗曾感叹地赞赏他：“大家都还在宽容姑息，你却能不随波逐流！”英宗要恩泽赏赐内廷数千人，韩绛坚决不同意，说怕犯了众怒，担心会有流言蜚语。英宗说：“我在藩邸时，就听说有官员把国家事务当成人情来处理。你能很好地坚守正道，为什么要害怕谗言呢？”这说明了他的刚正之气，实在是朝中少有的。韩绛还曾说富国应该充分利用地利，又首先提议改变差役法，这说明他是治理得当、了解大局的人。而且他还多次推荐司马光，完全没有结党营私、排除异己的偏见，尤其值得敬佩。（以上都来自《宋史・韩绛传》的记载。）从这里可以看出，王安石提拔韩绛来接替自己，确实是选对了人。而韩绛这样贤能的人，却心悦诚服地坚守王安石的法令不变，这也说明了新法的优点。但是《宋史・韩绛传》却只因为这个原因，在他成为宰相后，就给他附上了各种丑化的言辞，不顾与前半部分自相矛盾，我因此更加确信《宋史》是不可信的。

韩宗师 韩宗师是韩绛的儿子，王安石推荐他担任度支判官和提举河北常平司。《宋史》中说他孝顺，这也足以看出王安石不会随意举荐人。

元绛 元绛因为王安石的推荐，成为参知政事，神宗也对他非常宠爱。元绛生平的政绩非常优秀，《宋史・元绛传》无法对他进行诬陷和中伤，只能在传记末尾说他虽然有威望，但品行和仪态规矩不佳，巴结王安石和他的子弟，受到当时舆论的轻视。还在传记后的评论中说：“王安石当政时，当时知名的士大夫纷纷改变立场而追随他，这种情况比比皆是。元绛虽然治理地方很有政绩，但他也同样巴结王安石，所以很是可鄙啊。”像这样，所有不愿意攻击王安石的人，即使有千百种美德，也都因为一个“巴结”的罪名而被抹杀，从而变成了没有独立操守的人。那么，所有被王安石任用的人，又怎能不都是小人呢？《宋史·韩绛传》中也称赞韩绛贤能，但在最后加了两句话：“但最终他因为站在王安石一派而得到掌权，因此清议轻视他。”这和《元绛传》使用的是同一笔法。所谓的清议，所谓的时论，它们的价值由此可见。

吕惠卿 吕惠卿是《宋史》中被列入《奸臣传》的人。吕惠卿不是君子，这不必多说。但是王安石了解吕惠卿，实际上是欧阳修介绍的，这可以在欧阳修的文集中看到。在嘉祐六年（1061年），欧阳修上《举惠卿充馆职札子》，其中写道：“吕惠卿材识明敏，文艺优通，好古饬躬，可谓端雅之士。”欧阳修素来以知人著称，他所推荐的人都是一代佳士，而他称赞吕惠卿“饬躬”“端雅”，可见吕惠卿不仅仅才学出众。根据《宋史·吕惠卿传》所记载的罪行，大部分是指他执行新法的事。但我认为这不但不是罪行，反而可以看作功绩。《宋史·吕惠卿传》还记载他在绍圣年间担任延州知州，夏人入侵，准备用全军围攻延安，吕惠卿修缮了米脂等寨堡以防备。敌人到来后，想要攻城却发现城池难以接近，想要掠夺却发现野外一无所得，想要作战却发现诸将按兵不动，想要南撤又害怕腹背受敌，只好停留两天后撤退。由此看来，吕惠卿不仅有政治才能，还能带兵（《宋史·吕惠卿传》中记载他治军的三处，所提的军策都很中肯）。至于吕惠卿是否真的是奸邪之人，应当通过他是否曾经背叛王安石来判断。元祐初年苏辙弹劾吕惠卿的奏疏，其中称他与王安石之间曾相互倾轧，演变成了敌对关系，他还公布王安石的私信等。后来的史学家认为这是王安石第一次被罢相时的事件。现在考察元丰三年（1080年），王安石有《答吕吉甫书》说：（吕惠卿给王安石的信称王安石“特进相公”，王安石是元丰三年才授特进的，所以可以判断王安石写这封回信应该是在元丰三年或者之后。）

与公同心，以至异意，皆缘国事，岂有他哉？同朝纷纷，公独助我，

则我何憾于公？人或言公，吾无与焉，则公何尤于我？趣时便事，吾不知其说焉；考实论情，公宜昭其如此。开喻重悉，览之怅然。昔之在我者，诚无细故之可疑；则今之在公者，尚何旧恶之足念？（按：吕惠卿来信中说“内省凉薄，尚无细故之嫌；仰惟高明，夫何旧恶之念？”所以王安石这样回复他。）

据此可以看出王安石和吕惠卿确实开始时是合作关系，最后却分道扬镳。然而他们之间的分歧，是因为公事还是私怨，现在还无法确定。根据王安石的书信，可见是由于国家事务。现在通过史书考证，也有一些可以查证的事情。王安石第一次罢相后，吕惠卿接替他，创立了手实法和鬻祠法，这些政策都是对百姓不利的，不是王安石的意愿。王安石再次担任宰相后，就废除了这些政策。吕惠卿敢于篡改王安石的法令，虽然可以说是背叛了王安石，但这还只是因为他学识不足，还可以原谅。而吕惠卿自己说“内省凉薄”，不知道这是不是指其他事情，或者王安石宽宏大量，不再与他计较呢？我猜想，吕惠卿当时一定非常愤恨那些阻挠新法的人，想要惩罚他们，却经常被王安石阻止。从王安石被罢免的几个月中发生了驱逐郑侠的事情，就可以看出。因此，阻挠新法的人对吕惠卿的仇恨甚至超过了王安石，再加上他和王安石的友谊并不总是保持不变，这给了别人更多攻击的口实，于是史家评价他：连猪狗都不如。我认为吕惠卿确实不是好人，但我怀疑他是否真的那么坏。

（考异十六）《宋史·吕惠卿传》中引用了司马光的话，说吕惠卿是策划者，而王安石是执行者，好像所有新法都是吕惠卿出的主意，而王安石只是一个傀儡。我认为这一定不是司马光的话，如果是的话，那也是极其荒谬的。王安石的新法是他长期以来一直思考的，从他平时的诗文和《上仁宗皇帝言事书》中就可以看出。他在《答吕吉甫书》中说“同朝纷纷，公独助我”，可见是吕惠卿支持王安石啊，哪里是王安石支持吕惠卿呢？

（考异十七）《宋史》中记载了很多王安石和吕惠卿相互攻击的事情，那些话都粗俗不堪，如果按照那些话来看，不仅吕惠卿是奸邪之人，王安石也是极其奸邪的人。蔡上翔对此进行了详细的辩解，现在为了避免烦琐，不再引用。但是看看《答吕吉甫书》，其中显示的王安石的德行和气量是多么宏大。以王安石的为人，怎么可能会做那种卑劣的事情呢？如果读者相信王安石是言行一致的人，那么看这封信就足够了。如果还不相信，那么我再怎么争辩也无益，所以不再辩解了。

曾布　曾布是曾巩的弟弟，他帮助王安石实施新法，功劳和吕惠卿相当。《宋史》也将他列入《奸臣传》，但根据《宋史·曾布传》的记载，我无法找到他所谓的奸邪之处。当时的新法虽然是由王安石提出大纲，但具体的条目和编撰法典，有一半是曾布完成的。朝中有大臣对新法提出质疑，曾布都一一解答，《文献通考》中还记载了一些，可见他的文理之严谨和纵横的辩论之才，一定有过人之处。《宋史·曾布传》记载他初次被召见时，上疏建议神宗要赤诚、果断，让四方明白地知道不能违抗皇帝、不能轻视法律，这正可见他懂得根本之论，能够帮助弥补王安石不足之处。他对新法事事都表示支持，唯独对吕嘉问处理市易不善之处，严厉弹劾，认为官员自己就是兼并者，最终因此得罪了吕惠卿，被任命为饶州知州，这不就是和而不同的例子吗？司马光执政时，下令修改役法，曾布辞职说："免役法的所有法令细节都是我亲手制定的，如果突然让我自己改变，从道义上讲是行不通的。"这就是刚强不改变初衷啊！后来，在崇宁年间，他因为得罪了蔡京，蔡京诬陷他接受贿赂，指使吕嘉问逮捕他的儿子，对他们严刑逼供，诱导他们自证其罪，这也是他不愿意依附蔡京的缘故。（以上均出自《宋史·曾布传》。）即使《宋史》这样厌恶曾布，将他列入奸臣之中，但还是这样记载他的行为、道义，那么他其他美好的言行被删去不载的，又有多少呢？他被指的奸邪行为，不过是绍圣年间和建中靖国年间两次提出继续实行新法而已。如果这算是奸邪，那为什么不把王安石也一起列入《奸臣传》呢？我认为曾布是千古难得的忠直之士，他的学问和才能都足以辅助君主，曾巩可以说有一个好弟弟。而王安石得到这位人才，也已经足够了。王安石的冤屈，几百年来有十几个人为他洗雪，而曾布的冤屈却像漫漫长夜一样，我怎么能不站出来为他辩护呢？

章惇 章惇也是《宋史·奸臣传》中的一个人物。王安石最初任用章惇时，让他担任编修三司条例的官员，后来派他去平定南北江的蛮族，开拓湖南四府的土地。关于他的功过，前面已经详细讨论过了。元丰三年，章惇被任命为参知政事，那时王安石已经不再担任宰相。不久后因为他的父亲非法占据民田，他被罢免为蔡州知州。元祐初年，章惇反驳司马光更改役法，写了数千字的奏疏。司马光的建议实施后，他愤怒地在帘前争辩，《宋史》称他的言辞非常荒谬，朝臣们纷纷上奏弹劾他，结果被免职。之后七八年间，他仍然多次被言官弹劾。哲宗亲政后，章惇被任命为宰相，他专门以继续实行王安石的政策为国家方针，恢复了元祐年间所废除的一切新法，大举进行党禁，甚至想要废除宣仁太后的地位。哲宗去世后，皇太后讨论继承人问题，章惇说："按照礼法，应该立哲宗的同母弟简王继位。"太后说："我没有儿子，所有的王都是神宗的庶子。"章惇又说："按照长幼顺序，应该立申王。"太后说："申王有病，不能立。"最终立了端王，就是徽宗。章惇被罢免为越州知州，不久后被贬到潭州，又被流放到雷州，最后迁调到睦州，在那里去世。章惇不肯利用官职偏袒亲人，他的四个儿子都考中科举，但只有小儿子担任过校书郎，其他都只是按照正常程序在州县做官，没有显赫的职位。

以上是《宋史·章惇传》的大致记载。从这些情况来看，章惇真的足以被称为奸臣吗？单从他不愿意利用官职偏袒亲人的事情来看，他的正直就足以纠正时下的恶俗。哲宗去世后，他与太后争论继承人问题，最终因此被贬斥，直至死亡。尽管他主张立简王、申王的具体原因未知，但徽宗的荒淫无道，最终导致了宋朝的灭亡，这是大家都能看到的，怎么知道章惇不是早就看出徽宗不适合做皇帝，所以故意阻止呢？即使不是这样，这也不足以成为章惇的罪行。至于说他以继承发扬熙丰新法为由行奸，那么他也只是对那些认为他是奸臣的人进行反击。他最受诟病的事情，莫过于驱逐元祐大臣，以及请求废除宣仁太后。他请求废除太后确实有罪，但驱逐元祐大臣，也只是以元祐大臣对待熙丰年间大臣的方法来还施彼身罢了。如果元祐大臣是对的，那么他就是对的；如果他错了，那么元祐大臣们也是错的。但批评者一定会说："元祐年间的人是君子，所以可以流放小人；而章惇是小人，所以不能流放君子。"我不知道他们所谓的君子、小人的界限是什么。如果从私德来说，章惇的正直，恐怕元祐年间的贤人们还有一些不如他的地方；如果从政见来说，我从未听说过以政见来判断君子、小人的！攻击新法的人可以指责支持新法的人是小人，那么支持新法的人当然也可以指责攻击新法的人是小人。"唯之与阿，相去几何！"章惇报复元祐年间的人，他的残酷程度确实超过了元祐年间人的报复。虽然如此，我们是否也计算过，元祐年间的人报复熙宁、元丰年间的人，其残酷程度也远超熙宁、元丰时期的人呢？以正直之道对待仇怨，这才是美好的行为，但也只有高尚的人才能做到，所以怎么能要求章惇做到呢？而且元祐年间那些自称君子的人，他们的品德还达不到这个标准，更何况章惇呢？我认为章惇是一个有才能但性格刚烈的人，至于奸邪，我不敢确定。

蔡确 根据《宋史·蔡确传》记载来看，他实际上是一个小人。王安石在掌权的八年时间里，始终没有重用他，他最高的官职只是知制诰。王安石所实施的新法，也没有借助他的支持，因此不能说蔡确是王安石重用的人。

王韶 他的功绩前面已经详细叙述了。《宋史·王韶传》对他进行了严厉的批评，我现在不再为他辩护。

熊本 他的功绩前面也已经详细叙述了。《宋史·熊本传》对他也有轻微的批评，我现在也不再为他进行辩护。

郭逵、赵卨 他们都是王安石在边境任用的将领，他们在对抗西夏和安南时都有功绩。《宋史》对他俩也有轻微的批评。

以上这四个人，大概都是功过难以互相掩盖的，古代的名将往往如此。王安石不过是根据四人的才能和器量来任用他们而已，因而并不足以成为王安石的污点。

范子渊 范子渊是王安石用来兴修水利的人。《宋史》中没有他的传记，但《宋史·河渠志》详细记载了他所建立的水利工程，他强烈主张疏浚河道，并且能发明新的工具，也是一个有才能的人。《宋史》对王安石政绩的批评无所不有，所以在描述范子渊时也说他是“迎合取宠”，又说他发明的工具不可用。但现在这些事早已是旧事陈迹，被湮没很久了，我无法判断其中的是非。

薛向 唐坰弹劾王安石时说，薛向和陈绎被王安石指挥得就像家奴一样。考察王安石在嘉祐五年时曾经推荐薛向主持马政，熙宁初年又推荐他为江淮发运使，不久后又推荐他为权三司使，可见他对薛向非常信任。而薛向所到之处政绩显著，马政和漕运都得到了整顿，大大革除了积弊，熙河战役中，他负责转运粮食，从未有过失误。薛向在理财方面也取得了成效，可以与刘晏相提并论，即使是《宋史》也对他极力称赞。王安石善用人才，他也是一个例子。唯一令人奇怪的是，《宋史·薛向传》中对于王安石对薛向的多次推荐，却没有提及一个字。我不明白这是出于什么心态，难道也是不想因此玷污薛向吗？唉！

陈绎 唐坰把他和薛向并列，那么他应该是王安石非常信任的人。在熙宁年间，陈绎曾担任开封府知府（相当于现在顺天府的府尹，当时是一个重要的职位）。《宋史·陈绎传》对他的记载只有寥寥几行字，只提到他在讨论事情时不畏惧权贵（宋神宗的评论）、处理政务时打击豪门势力、审理的案件多数得到了平反这三个方面的内容。除此之外，还批评了他的私德，说他的儿子和儿媳一夜之间都被士兵杀害，又说他敦厚朴实的样子是装出来的，好事者把他看作“热熟颜回”①。传记的最后评论他：“迎合当权者，不值得称道，而且家庭生活不检点，礼义廉耻都丧失了，虽然他知晓吏事，也没什么可称道的。”我们根据这些，推断陈绎一定是一个操守严正、处理事务敏锐的人。作为奉公守法的循吏，他值得称赞的政绩肯定很多，只是《宋史》没有记载而已。却说他的敦厚朴实是装出来

① 热熟颜回：热熟，当时俚语，意为假的。颜回，孔门圣人。

的，我不知道写《宋史》的人怎么就能断定他一定是装的呢？儿子和儿媳的事情和父亲有什么关系，怎么就能说是丧失廉耻呢？即使他知晓吏事，也不值得称道，古今有这样评价人的方法吗？有这样的史书笔法吗？总之，凡是经过王安石提拔的人，即使是品德高尚的人也会被指为品行不端，这是整部《宋史》一贯的宗旨。

邓绾 邓绾这个人确实是一个反复无常的小人。王安石提拔的人中，他是最不称职的一个。尽管王安石曾经推荐过他，但后来王安石厌恶他拍马屁，就立刻自责推荐错人了。王安石从不掩饰自己的过错，从这里就能明显地看出来。但世人却说王安石喜欢听好话，这可真是与事实相差甚远啊！

许将 许将这个人是否被王安石推荐过，《宋史》没有明确的记载。但在熙宁初年，他被破格提拔，没有按照常规的顺序来晋升，这不能不说是王安石在起用他。欧阳修曾经称赞他的谈吐像北宋名臣王曾，前途不可限量。许将考中进士后被外派，任期结束后没有被安排馆职，这与王安石的经历相同，可见他对名利看得很淡。王安石赏识他，可能是因为这个原因吧。许将在掌管流内官铨选之事时，以考核公正而闻名。辽国出兵20万压迫代州边境，要求割让代地，每年派的使者都不敢去，许将却慷慨请缨，当面斥责辽国使者萧禧，并保全了性命回来。许将在谈判中制敌取胜的功绩，不亚于富弼。许将在任兵部尚书时，整理保甲法成绩显著。许将任郓州知州时，百姓没有违法的，人们感叹地说："自从王沂公[1]之后五十六年，才再次看到监狱空了！"他担任兵部侍郎时，提出的军事策略非常详细。等到对西夏用兵时，神宗派近侍询问兵马数量，许将立刻就说了出来，第二天神宗问枢臣，枢臣却都答不上来。绍圣初年，有人想要挖掘司马光的墓，许将又劝谏阻止。从这些事情来看，许将的才智和德行都非常出色，王安石在执政时特别提拔他，不是没有原因的。但《宋史》在

① 指北宋真宗、仁宗朝大臣王曾。王曾（978—1038），字孝先，以处事公正严明著称，仁宗时封沂国公。前文所提北宋名臣就是他。

他传记后的评论中，却只提到他力阻挖墓一事值得称赞，其他事情都忽略了。这能算是公正吗？

邓润甫 邓润甫因为王安石的推荐，担任了编修中书户房事，很快升任知谏院知制诰，连续晋升到御史中丞。他考中进士后，曾经被推荐为贤良方正，但召试时没有去。王安石可能因而欣赏他的谦逊。元丰末年，神宗命令李宪征讨西夏，邓润甫坚决劝谏，不久后他便被蔡确陷害，被免职后担任抚州知州。邓润甫也是一个正直的人。《宋史》评论他说："邓润甫首先提出恢复熙丰新法，虽然他有其他长处，但也不值得称道了。"唉！这又和韩绛、元绛、陈绎等人的传记一样，使用了同一笔法。只要一支持新法，那么所有的善行都看不见了。王安石所用的人，怎么可能都是小人呢？

王子韶 王子韶大概是一个善于钻营、急于上进的人。王安石最初让他担任制置条例司的属官，后来提拔他为监察御史里行，但很快就罢免了他，让他去担任上元县知县，这大概是王安石自己意识到用错人了。

吴居厚 吴居厚虽然不是王安石提拔的，但《宋史》记录了他因执行新法有功而得到升迁。吴居厚最初是武安节度推官，他全力推行新法，清查闲置土地分配给梅山瑶民。朝廷因他的功劳，任命他为大理丞，后来补为司农属官。之后他被提升为提举河北常平，他对役法进行了增减，形成五十一条。《宋史》称赞他："计算精心，核查仔细，收回了数百万的盈余。"还说他："在莱芜、利国两地两个冶炼厂铸钱，每年得到了十万贯收入。"元祐年间，吴居厚被治罪。绍圣年间，他担任江淮发运使，疏浚支家河以便通漕，使楚海之间的百姓因此受益。崇宁年间，吴居厚还担任过宰相。《宋史》评价他："在政界时间很长，虽然没有显著的恶行，但聚敛财富却是首屈一指。"现在对《宋史·吴居厚传》中指责他的罪行审查一番。吴居厚清查闲置的土地分给瑶民，非常符合招抚的原则。在铸钱方面，他改善了国家的金融状况，使国家和百姓都从中受益。至于他疏浚河流以便通漕，《宋史》也称赞了他。这些都不足以说是搜刮。唯独他每年收回数百万的盈余，究竟是真的损害了百姓的利益，还是因为管理得当自然就到手了呢？现在无法臆断。所以吴居厚的功过无法定论。史学家虽然那么讨厌他，但仍然称赞他没有显著的恶行。吴居厚是个懂得自爱的人不言而喻。既然他懂得自爱，而且在理财方面又有那样的才能，那么王安石提拔他，也并不过分。

张商英 唐坰说张商英是王安石的得力助手。近代的学者颜元也说过张商英擅长理财，可以和薛向相提并论。但我不知道颜元是根据什么书籍得出的结论。查看《宋史·张商英传》，可以看到张商英因为当面反驳章惇而受到尊敬，回来后他就被推荐给王安石了（这也是章惇比不上王安石的地方）。因此，张商英得到了皇帝的召见，被提拔为监察御史，但很快就被调到外地去了。整个熙宁年间张商英并没有被重用，所以他是否真的受到王安石的信任，就难以深究了。哲宗亲政时，张商英上疏严厉弹劾元祐大臣，所以当时所谓的士人君子特别恨他。徽宗崇宁初年，蔡京当宰相，张商英又弹劾蔡京，说他身为宰相，只想迎合皇帝。蔡京于是怀恨在心，把他编入元祐党籍。大观四年（1110年），张商英代替蔡京成为宰相，他说蔡京虽然口头上说继承先帝的遗志，但实际上只是用以控制皇帝，禁锢士大夫。于是他大力改革弊政，改铸大钱以平衡货币，恢复转般仓制度以停止漕粮直达京师，推行纸币以方便商旅，去除横征暴敛以减轻百姓负担，并劝徽宗节俭、停止修建土木工程、抑制投机取巧，徽宗对他颇为敬畏。这样看来，张商英也没有辜负王安石对他的赏识。

孙觉 孙觉和王安石交好。王安石掌权后，推荐他为直集贤院，后来因为新法之争他离职。《宋史》对他赞誉有加。但他本人和王安石的友谊始终如一，王安石去世后，孙觉写文章表达哀悼，极力称颂王安石的美德。

李常 王安石推荐他担任三司条例检详官，他后来也因为新法之争而离职。《宋史》同样对他赞誉有加。

陆佃 陆佃是王安石的学生。王安石执政后，任用他担任学官。陆佃始终尊敬王安石，但因为他不参与政事，所以《宋史》对他的批评不多，只有一些微词而已。

李定 《宋史·李定传》里说："李定年轻时曾向王安石学习。熙宁二年，孙觉推荐他，他被召到京城，拜见了谏官李常。李常问他：'你从南方来，老百姓对青苗法怎么看？'李定回答：'老百姓觉得方便，没有一个不喜欢的。'李常说：'现在满朝都在争论这件事，你不要说这种话。'李定说：'我只知道按照实际情况说话，不知道京城竟然不允许这样说。'王安石推荐李定，任命他为知谏院。御史陈荐弹劾他，说他的庶母仇氏去世时，他隐瞒消息，没有为她服丧。皇帝因而下诏，让江东淮浙转运使询问情况。江东淮浙转运使调查后回来报告说：'李定因为父亲年老，请求回家照顾，但没说为母亲服丧的事。'李定自己说他实际上并不知道自己是仇氏所生，所以不敢服丧，只得以照顾父亲之由辞去官职。不久他被改为崇政殿说书。御史林旦、薛昌朝说不应让一个不孝的人待在给皇帝或皇太子讲学的地方，并因而一起弹劾了王安石，而且一连上了六七次奏章。元丰初年，李定被提升为御史中丞，他弹劾苏轼，导致苏轼被捕入狱。哲宗即位后，李定被贬到滁州。李定对家族有恩，分家产来救济贫困，使得家里没有多余的钱财，当他得到推荐子弟做官的机会时，也是先给了哥哥的儿子。李定去世的时候，他的孩子都穿着布衣。李定只是因为依附王安石，突然得到了高官，又陷害了苏轼，所以公众舆论对他很是贬损，他不孝的罪名也就坐实了。"

按：唐坰说李定是王安石的得力助手，当时弹劾王安石的人，很多都拿李定做文章，议论纷纷。这是当时的一大公案，所以我现在详录《宋史》中对他的记载，并进行辩驳。传说李定是孙觉推荐的。孙觉字莘老，学问和德行在当时很有名，虽然他和王安石是老朋友，但因为争论新法不合而离职，这个人应该是当时各位贤者所认可的，怎么会推荐一个不孝的人呢？再说，根据《宋史·李定传》，李定对家族有恩，得到任用子弟的机会他也先给哥哥的儿子而不给自己的儿子。孝道和友爱是一样的道理，李定对兄弟如此友爱，怎么会有不孝的行为呢？查看陆游的《老学庵笔记》，里面说："仇氏最初是民妇，生了个儿子做了和尚，就是佛印和尚。后来她又做了李问的妾，生了李定。之后她又嫁给了郜氏，生了蔡奴，蔡奴擅长画像。”这样看来仇氏已经三次嫁人，她去世时和李家早就没有恩义了。孔子的母亲去世，孔子不穿丧服，这在《礼记》中有记载，何况是作为妾的母亲呢？按照这个标准，即使李定不为仇氏服丧，也不算有错。再说仇氏既然是在部家去世的，那么李定所说的实际上不知道是仇氏生的，所以不敢服丧，也在情理之中，而李定还是不忍心完全不为她服丧，所以找了个照顾父亲的借口辞去官职，这也算是尽到了情义。而且我们又怎么知道不是李定的父亲不允许儿子为改嫁的妾室穿丧服呢？这样说起来，李定不能被认为是不孝的。即使李定真的不孝，那和王安石又有什么关系呢？而整个朝廷都攻击李定，还因为李定而攻击王安石，连续上了六七次奏章，这又是什么道理呢？这说明：他们攻击李定，并不是因为李定不孝，而是因为李定说青苗法方便了百姓；他们也不是攻击李定，而是攻击王安石。只因李定不肯与他们一起破坏新法，就不惜用虚假的言辞来诬陷别人的名声和节操，这简直就是剥夺别人的言论自由。这样的谏官，不用张居正的方法一个个抓起来在朝廷上杖责，实在不足以震慑他们的凶恶顽固。然而后世的史学家，却都赞扬他们，真是让人叹息！我并不是一定要为李定辩解，而是为了让大家看到当时那些攻击新法的人，他们的无赖行为到了何种地步！

吕嘉问 字望之，是帮助王安石实施市易法的人。《宋史·吕嘉问传》对他极尽所能地丑化，但是王安石在祭奠吕嘉问的母亲的文章中写道：“实生才子，我所叹誉。秉义率法，困而不渝。”王安石罢相回到江宁后，吕嘉问为江宁府知府，王安石文集中有一首《与吕望之上东岭》的诗，其中最后一段写道：“何以况清明，朝阳丽秋水。微云会消散，岂久污尘滓？所怀在分襟，藉草泪如洗。”这说明吕嘉问为人一定有值得赞赏的地方，《宋史》中的说法实在不能全信。

常秩 字夷甫，是一个有道德的人，也是王安石亲密的朋友。《宋史》因为他是王安石的朋友，所以对他进行了丑化。《宋史·常秩传》中说：“神宗即位后，三次派人去请他，他都不肯来。熙宁三年，神宗下诏让郡里用隆重的礼节送他来，要求不许听任他推辞。第二年他才到朝廷，向皇上奏对后马上就辞官回家了。神宗说：‘你已经来了，怎么能马上就走呢？如果将来不能用你，那时候再离开也不迟。’于是任命他为右正言。”还说：“起初，常秩隐居不出仕，世人以为他一定会退隐。后来王安石担任宰相改革法律，天下议论纷纷，认为这些改革对国计民生不方便，但常秩在民间看到这些命令，却认为是对的，所以一被召唤就立刻赴任了。他在朝廷中担任谏官，作为侍从之官，他低头谦卑，没有提出什么建议，声望一天天下降，被人嘲笑。常秩擅长注解《春秋》，写了数十篇解说。但当王安石废除《春秋》时，他也就不再提自己的学问了。”

现在我们看同一篇传记中，前后几行之间的记载竟如此矛盾，这是前所未有的。考察神宗在治平四年十月下诏让常秩赴朝廷，但常秩多次推辞，直到熙宁四年才入朝，传记的前文所记载的是对的。王安石担任宰相是在熙宁二年，常秩被召唤是在王安石为相之前两年，常秩到朝廷是在王安石为相之后两年，但皇帝还是第三次派人去请他，用隆重的礼节接他来，他才勉强上路，这还能说是一被召唤就立刻赴任吗？他们如此喜欢诬陷人，却又如此不善于诬陷人！

查看刘敞的《杂录》，里面说：“有道德的隐士有孙侔、常秩、王令。常秩是颍州人，起初并不为人所知。欧阳修担任颍州知州时，让官吏查核郡里的户籍，确定等级。常秩的财产簿排在第七，大家都请求说：‘常秀才廉洁贫穷，希望放宽他的等级。’欧阳修对他们的谦让感到奇怪，询问之后，大家都说：‘常秀才孝顺父母、敬爱兄长，有德行，不是普通人。’欧阳修为此免除了他的户籍划分，并请与常秩相见，对他的人品感到高兴，常秩因此出名。”现在查看欧阳修的文集，从治平三年到熙宁三年，他写给常秩的诗歌和书信有十余条。欧阳修比常秩大六岁，却称他为“常夫子”，还说希望能头戴幅巾、脚穿木屐，跟从先生长者游玩。常秩去世后，王安石为他写墓表，称他“违俗而适己，独行而特起”。刘原父、欧阳修、王安石这三个人都很贤明，他们如此羡慕常秩，可见常秩的贤明。但《宋史》却如此诋毁他，还评论他做学问不是为了自己，而是随波逐流，就像桔槔放在井上，所以不可能在朝廷中立住脚跟。

唉！仅仅因为常秩与王安石交往，就被打击到体无完肤，想要不被称为肮脏的史书，怎么可能呢？

至于说常秩隐瞒了他对《春秋》的研究。我考察王安石生平，他并没有废除《春秋》，所以常秩即使巴结王安石，也没有必要隐瞒自己的学问，所以这种诬陷更是不辨而明了。（王安石未废《春秋》在第二十章有论述。）

崔公度 字伯易，学问广博，擅长文学，当时人称他为“曲辕先生”。他写过一篇7000字的《感山赋》。欧阳修和韩琦都很看重他，刘沆推荐他为茂才异等，但他因病推辞了。在英宗时期，他被任命为国子监直讲，但他因为母亲年老而辞职。崔公度小时候就与王安石交好，王安石在嘉祐四年给他写过一封信，信中表达了对王逢原之死的悲痛，认为世界上没有人比他们两个更了解王逢原。王逢原安于贫穷，乐于道德，超然物外，与王安石有着相同的节操。崔公度能够同时得到这两个人如此的认可，那么他的品格也可以想象了。然而，《宋史·崔公度传》却说他：“只知道巴结王安石，不分白天黑夜地拜访他，即使王安石上厕所也跟着，也不觉得羞耻。有一次，他从后面抓住王安石的带子。王安石回头，崔公度笑着说：‘相公的带子上有污垢，我用袍子帮你擦掉。’在场的人见到都笑了，他也不觉得羞耻。”唉！不知道厕所旁边怎么会有人在？而且说在场的人都笑了，又怎么会有那么多人在厕所里呢？这完全是不合情理、极其下流的话，却记载在正史之中，他们到底是何居心啊？总之，所有王安石稍微礼遇的人，必定都被诋毁得不算人类。

王令 字逢原，是王安石一生中最敬畏的朋友，刘原父所说的三个有道德的隐士之一。王安石文集中与王令相互往来的作品不少于几十篇。王令去世后，王安石为他写墓志铭，称他为“天民”。《宋史》没有为王令立传，但王直方的《诗话》说：“王逢原被王安石所赏识，王安石当权时，一时间巴结他的人每天都挤满了大门，向他献媚讨好，王逢原感到厌烦，于是在门上大书：‘纷纷闾巷士，看我复何为？来即令我烦，去即我不思。’希望那些人知耻而退，但拜访的人并未减少。”考察王安石所写的墓志铭，王逢原是在嘉祐四年去世的，那时离王安石掌权还有十年，所以上面的话从何而来呢？可见宋代的人为了诋毁王安石，什么手段都用了，连亲友也无一幸免。幸好《宋史》没有为王逢原立传，如果立了传，那么像常秩不读《春秋》，崔公度在厕所擦拭带子之类的话，也会充斥满书。

这三个人，常秩、崔公度虽然曾经在朝廷中做官，但从未担任过重要、复杂的职务，跟新法可以说完全没有关系；王令则在新法实行时，已经去世很久了。但后来的史官，却如此竭尽全力地诋毁他们。因此《宋史》中记载的吕公著、章惇等人的恶行，我都不敢完全相信。并不是因为我偏爱他们，而是因为过去的史官对他们的恶意，让我对其所记载的事情产生了怀疑。

王安石任用的人才不仅仅有以上这些，他的朋友也不仅仅有以上这些。但就从这40个人来看，贤才占了大多数，不肖之徒只有十分之二三。而且其中所谓的不肖之人，他们的罪行还有待确定。以王安石的德行和度量，他不会以不肖之人来对待别人，偶尔被人欺骗，这是有可能的。如果说王安石喜欢被人奉承，乐于亲近小人，这是王安石会做的事吗？如果一个人曾经被王安石任用，或者与王安石有亲故关系，或者不愿意随声附和去诋毁新法，那么即使是君子，也一定会被诬陷为小人，那么可以说王安石专门任用小人。但只有一个大恶之人蔡京，他与王安石有亲戚关系，熊本还曾经因为他奉行新法、明达敏捷、才华横溢而推荐他（见《宋史·熊本传》），但他讨好求官的手段在王安石那里却行不通，而在司马光那里成功了。所以如果说王安石不善于识人，他还是比司马温公高出一等的。

王安石传

第十九章

王安石的家庭

王安石以孝顺、友爱闻名于世，他的家庭也确实可称典范。王安石十九岁时失去了父亲，他服侍祖母长达近十年之久。他的祖母是永安县君谢氏，曾巩为她写了墓志铭，收录在《南丰集》中。他的父亲都官公，名叫王益，字损之，王安石自己作《先大夫述》，收录在他的文集里。王安石的母亲是仁寿县太君吴氏，曾巩也为她写了墓志铭，同样收录在《南丰集》中。王安石兄弟七人，王安礼和王安国在《宋史》中都有传记，王安石的文集中有《亡兄王常甫墓志铭》和《王平甫墓志铭》。常甫是他的长兄王安仁，平甫则是王安国。王安石年轻时因为家境贫寒而做官，用官禄来养活祖母、母亲和守寡的嫂嫂。他的家庭情况在他的文集中描述得非常详细。王安石与王安礼、王安国有很多诗歌唱和，他在为王安仁和王安国写墓志铭时，称赞他们的孝顺和友爱最为深厚。综上，可见王安石的孝顺和友爱了。

王安石有两个儿子，一个叫王雱，一个叫王旁。王旁的事迹没有流传下来，只在王安石文集有一首《题旁诗》，从中可以看出他自小就聪明。王雱，字元泽，非常聪明，未成年时已经写了几万字的书。十三岁时，他听到秦地士兵谈论洮河的事情，感叹说："这个地方可以安抚并占有，如果让西夏得到它，我们的敌人就会变得更强大，边疆的祸患也会更多。"治平四年，二十四岁的他考中进士，被调到旌德县做尉官，他写了二十多篇策论，详细讨论了国家大事。王雱还写了《老子训传》和《佛书义解》，也有几万字。熙宁四年，因为邓绾和曾布的推荐，王雱获得召见，被任命为太子中允及崇政殿说书，受诏解释《尚书》和《诗经》，不久后升任天章阁待制兼侍讲。两本书的解释工作完成后，他升任龙图阁直学士，但他因病辞官没有就任。熙宁九年，王雱去世，享年三十三岁。

（考异十八）《邵氏闻见录》中记载道："王安石的儿子王雱，性格阴险恶毒，凡是王安石做的那些不合人情的事情，都是王雱教的，吕惠卿这些人就像奴仆一样侍奉他。王安石设立了条例司，最初任命程颢为下属，程颢是个贤士。有一天天气非常热，王安石和程颢面对面坐着谈话，王雱光着头、赤着脚，手里拿着女人的帽子走了出来，问王安石他们在谈什么。王安石说：'新法受到了许多人的阻挠，正和程君讨论这件事。'王雱叉开腿坐下，大声说：'把韩琦、富弼的头砍下来挂在市场上，新法就能实行了。'王安石说：'儿子，你错了！'程颢说：'我正和参政讨论国家大事，子弟们不应该插嘴，你还是先退下吧。'王雱不高兴地走了，从此程颢就和王安石不和了。王雱死后，王安石罢相。有一次，王安石坐在钟山上，恍惚间看到王雱戴着沉重的枷锁，像个重犯一样，于是他把自己居住的半山园宅施舍给寺庙，为王雱祈福。后来，王安石得了严重的疮病，非常痛苦，他告诉他的侄子：'赶紧烧了我写的《日录》。'侄子欺骗王安石，烧了其他书代替，没有烧《熙宁日录》，王安石随后就去世了。有人说他这是又看到了王雱。"（按：《宋史·王雱传》采纳了这些内容。）

李穆堂在《穆堂初稿·书〈邵氏闻见录〉后》中辨析道："《虞书》告诫人们不要说没有根据的话，《周礼·大司徒》用八刑来纠正万民，其中第七种是造谣之刑——对造谣的人一定要加以刑罚，因为他们的谣言没有根据，足以扰乱是非，使受害者遭受灾祸，即使他们死后，也会受到无尽的诟病。幸好有些话出自轻浮的小人，听到的人还会半信半疑；不幸的是，如果造谣的人说他说的话是清流人士说的，那么即使是贤人君子，也可能会相信。而受到这些话诬陷的人，将会万世不得清白，这难道不是非常残酷的吗？自唐以来，世人喜欢写小说，宋朝和元朝更是如此，有钱氏的《私志》、魏泰的《笔录》，于是许多贤主良臣都遭到了污蔑。到《碧云騢》《焚椒录》，就更加混乱了！如果有什么可信的，那就是《邵氏闻见录》。现在看来，它也是言谈无据、歪曲事实，和钱氏、魏泰等人的著作并没有什么不同。《邵氏闻见录》最让人震惊的，莫过于记载王雱讨论新法这件事了。在严父面前，贤者在座，王雱却光着头、赤着脚，手里拿着女人的帽子，口出狂言，想要斩杀韩琦和富弼。他的容貌和言辞，痴妄又丑陋，此等描述，天下后世读到，都会因为厌恶王雱而连带厌恶王安石了。但是，如果仔细思考，王雱凭借他的才华，很早就通晓经学，著书立说，不到二十岁，已经写下了数万言，难道是个无知无识的人吗？今年夏天闲暇时，我偶然翻阅了一下，稍微查证了一下时间，才知道《邵氏闻见录》完全是诽谤，无凭无据。据考证，王安石是在熙宁二年二月担任参知政事的，四月才开始实行新法，八月他任命程颢为条例司的官员。第二年五月，程颢因为与他意见不合被调到外地，担任镇宁节度使判官。而王雱在治平四年考中丁未科进士。再下一年，即熙宁元年。熙宁二年，王雱已经被任命为旌德尉，远在江南为官。所以程颢和王安石讨论新法的时候，王雱并不在京城里。直到熙宁四年，王雱被召入京城，担任太子中允及崇政殿说书，这时程颢已经外任超过一年了，哪里能像邵氏所记录的那样，王雱能够听到程颢讨论国事呢？邵氏想要形容王雱的丑陋，就说他光着头、赤着脚，为了证实这一点，就说那天天气炎热，却不知道程颢是在八月被任命为条例司官员的，第二年五月就已经外调，从深秋到初夏，中间并没有炎热的日子。程颢比王雱大九岁[①]，是平辈兄弟，而韩琦和富弼的年纪和辈分，甚至还在王安石之上，论当时的德望，程颢也无法与他们相比，邵氏却说程颢正色说：'正在和参政讨论国家大事，子弟们不应该插嘴，你还是先退下

① 原文误。查程颢生于明道元年（1032年），王雱生于庆历四年（1044年），程颢比王雱长十二岁。

吧。'而王雱就立刻避开了。王雱敢说要斩杀韩琦和富弼，却唯独被年纪和辈分与自己相差不远且是他父亲下属的人一句话就斥退了，这些事都是绝对不可能发生的。邵氏还说王安石在钟山恍惚间看到王雱戴着枷锁，这些都是鬼怪之说，更加不足以分辨。司马光说：'为什么三代以前没有人误入地狱，见到所谓的十王呢？'现在邵氏这样的记载，却被编入正史，所以我不能不分辨清楚，以免让王雱在后世接受恶名，也避免让那些野史小说滋长造假风气，继续祸害人心、风俗。有人说《邵氏闻见录》是邵伯温死后，绍兴二年（1132年），由他的儿子邵博编的，邵伯温不至于造假到这种程度，可能是邵博做的，因为那时天下正攻击王安石，邵博想要借此造谣，希望得到世人的宠爱也未可知。"

蔡上翔在《王荆公年谱考略》中说："程颢和王安石讨论新法，而王雱大言不惭想要处决韩琦、富弼。李穆堂考查了那时的时间，那时王雱并不在京城里，这明显是邵氏无端对王雱进行诽谤。然而李穆堂只说把它编进正史是由于邵氏的记录，却不知道朱熹在《程氏外书》和《名臣言行录》也都采用了它。著史的人既然认为程、朱是大贤人而可信，于是王雱的千古奇冤，再也无法解释清楚了。考察王安石一生，他以行道济世为心愿，他所实施的青苗法，最早是在鄞县任知县时开始的，那时他的儿子王雱才四岁。嘉祐四年，王安石写《上仁宗皇帝言事书》，第二年写了《度支副使厅壁题名记》，都是关于慎重选拔人才和改变法度的论述，这就是熙宁新法的起源。治平四年，王雱考中进士，被任命为旌德尉，熙宁五年才进京，那时新法已经逐一实施，与王雱有什么关系呢？当时如韩琦、欧阳修、司马光、刘贡父等人的奏疏，也只是说新法不便，未曾说过王安石做事不近人情。首先搜罗十件事对王安石进行诽谤的吕诲，也未曾提及王雱一个字。就是从熙宁到元丰、元祐、绍圣几十年间，对协助实行新法的人怒若水火，狠若仇雠，极力攻击的人，也只是针对吕惠卿、章惇等人，而没有一个人提及王雱。王雱长期生病，熙宁七年，王安石有《谢赐男雱药物表》，熙宁九年王雱去世，很明显不是因背部长疮，那些人胡说八道，哪里是人们所期望的能讲学问的君子呢！”

现在看李穆堂和蔡上翔的辩证，确实如汤沃雪，刀断乱麻一样，让人畅快，我无须再多赞美一句了。其他史书和杂书诽谤王雱的还有很多，以此为例，就知道没有一件是真实的，无须多说，所以我不再广泛引用并详细辩解，免得浪费笔墨。如蔡上翔所考证，北宋人从未攻击过王雱，那么为什么南渡之后，王雱突然变成了众矢之的了呢？我认为，这是因为学术之争。熙宁、元丰、元祐年间攻击王安石的人，只是攻击他的新法，未曾攻击他的学术。后来洛、蜀两派党争，波及了王安石，杨时写了《三经义辩》十卷，专门攻击《三经新义》，又写了《书义辩疑》一卷，专门攻击王雱。因为章惇、吕惠卿等人是协助王安石实施新法的人，所以他们攻击王安石的政术，一定会攻击章惇、吕惠卿。因为王雱是协助王安石著述经义的人，所以他们攻击王安石的学术，一定会攻击王雱，这是理所当然、不足为怪的。但是敢于触犯《周礼》中关于造谣刑罚的条款，一般只有小人才会毫无顾忌地去做，没想到讲学的大儒也会这样做。

王安石的夫人吴氏，被封为吴国夫人，她擅长文学，曾经写过一首小词《约诸亲游西池》，里面的名句“待得明年重把酒、携手，那知无雨又无风”，在当时被很多人传诵。

王安石的妹妹嫁给了张奎，被封为长安县君。她特别擅长诗歌，有很多好的诗句。其中著名的有“草草杯盘供笑语，昏昏灯火话平生”。王安石对妹妹非常疼爱，直到年老还经常亲自去迎接妹妹回家探亲。

王安石有两个女儿，大女儿嫁给了吴充的儿子吴安持，被封为蓬莱县君，小女儿嫁给了蔡卞。蓬莱县君也擅长文学，有诗句说：“西风不入小窗纱，秋气应怜我忆家。极目江南千里恨，依前和泪看黄花。”王安石回了她一首诗说：“孙陵西曲岸乌纱，知汝凄凉正忆家。人世岂能无聚散，亦逢佳节且吹花。”后来王安石又寄给她一首绝句：“梦想平生在一邱，暮年方此得优游。江湖相忘真鱼乐，怪汝长谣特地愁。”还有一首《寄吴氏女子》，诗中说：

伯姬不见我，乃今始七龄。家书无虚月，岂异常归宁。汝夫缀卿官，汝儿亦搢綎。儿已就师学，出蓝而更青。女复知女功，婉嫕有典刑。自吾舍汝东，中父继在廷。小父数往来，吉音汝每聆。既嫁所愿怀，孰如汝所丁。而吾与汝母，汤熨幸小停。邱园禄一品，吏卒给使令。膏梁以晚食，安步而辎軿。山泉皋壤间，适志多所经。汝何思而忧，书每说涕零。吾庐所封殖，岁久愈华菁。岂特茂松竹，梧楸亦冥冥。芰荷美花实，弥漫争沟泾。诸孙肯来游，谁谓川无舲？姑示汝我诗，知嘉此林垌。末有拟寒山，觉汝耳目荧。因之授汝季，季也亦淑灵。

这大概是王安石的女儿在京城思念家人，所以王安石写了这些诗给她以慰思乡之情。这些诗不仅文辞优美，而且王安石的慈爱之情也跃然纸上。诗中提到的“授汝季”便是指王安石的小女儿，嫁给了蔡卞。王安石也写有《寄蔡氏女子》两首诗，内容如下：

建业东郭，望城西堠。千嶂承宇，百泉绕霤。青遥遥兮缅属，绿宛宛兮横逗。积李兮缟夜，崇桃兮炫昼。兰馥兮众植，竹娟兮常茂。柳蔫绵兮含姿，松偃蹇兮献秀。鸟跂兮上下，鱼跳兮左右。顾我兮适我，有斑兮伏兽。感时物兮念汝，迟汝归兮携幼。

我营兮北渚，有怀兮归女。石梁兮以苫盖，绿阴阴兮承宇。仰有桂兮俯有兰，嗟汝归兮路岂难。望超然之白云，临清流而长叹。

王安石的女婿蔡卞是蔡京的弟弟，被《宋史》列入《奸臣传》。但如果考证一下传中的内容，那些所谓的奸诈行为，大多都是含糊不清的。比如其中说："蔡卞沉默寡言，章惇的心术比不上他。章惇的行为容易被人看出来，但蔡卞的心思难以洞察。"又说："他总是通过秘密上奏的方式，中伤良善之人。"这些都是所谓的"莫须有"罪名。《宋史》还说蔡卞一心认为岳父的行为是最正确的，专凭宋哲宗继承宋神宗新法的所谓绍述之说，对上欺骗皇帝，对下威胁同事。这些只是《宋史》中所说的奸诈，怎么能强迫天下后世都认为是奸诈呢？后来蔡卞因为蔡京引荐童贯，当面责备他，蔡京便在皇帝面前极力诋毁蔡卞，蔡卞最终因此被罢官。然而就像盗跖和柳下惠[①]一样，虽是同根生，行为却不同。像蔡卞这样的人，他也不会玷污王安石的名声。

王安石的生活非常廉洁节俭，他秉持淡泊朴素的作风，从年轻到老年，一直没有改变。这在他的诗文中随处可见，清晰可查。《续建康志》中说："王安石第二次被罢政后，被任命为使相，判金陵，他在白下门外建了一座宅子，离城七里，离蒋山也是七里。平时他骑一头驴，带着几个仆人去寺庙游玩，如果想进城，就乘小船泛舟湖上。他从未骑马或坐轿。他所住的地方四周没有人家，他的房子只是用来遮风挡雨的，而且没有筑墙，看起来就像一个旅馆，有人建议他建墙，他总是不回答。元丰末年，王安石生病了，他上奏请求把自己的房子捐出来建寺庙，皇帝赐名为'报宁'。后来王安石病好了，他就租住城中的房子，不再建新宅。当地的老百姓说：'现在江宁县治后面惠民药局的废墟，就是王安石当时在城中租住的房子。'"刘安世[②]评价王安石朴实、节俭，一生好学，不把官职放在心上。吴澄[③]说王安石行为卓越，意志坚定，超脱于富贵之外，没有一丝一毫的利欲之心，从年轻到老年都一样。唉！世上哪里还能找到像他这样的人呢！

---

① 盗跖和柳下惠是兄弟。

② 刘安世（1048—1125），北宋大臣，字器之，号元城，以忠贞直谏闻名。

③ 吴澄（1249—1333），字幼清，晚字伯清，元代理学家，人称"草庐先生"。

王安石传

第二十章

王安石的学术

王安石的学术，在内是洞晓使命和砥砺节操，在外是经世致用。他立身行事以及他的政治作为，都是他学问的体现。所以又何必在王安石的行事与作为以外探究他的学术呢？虽然如此，还是有一些可以讨论的。

过去两千年里谈论学问的人，无不把经典作为学问的本源，但讲述经学的方法，各家都不相同。

汉朝初年，那些传授经典的人都是解读经典的大义，而不去分析字句，而且这些大义都是口头相传的，很少写在纸上。正因为口头相传，一定有所依据，不是凭空猜测，所以他们能够掌握经典的真意；又因为很少写在纸上，所以听到的人很少，也就没有办法流传下来。自从那些大师去世后，经学就难以口头相传了。洛阳、西安两京的学者，大多数用预言、灾害、阴阳、五行这些说法来解释经典，这些到底是不是从孔子的学派传承下来的已经无从得知。即使有所传承，也不过是稍涉经义，明显不足以完全理解经典。其中像董仲舒的《春秋繁露》解释《春秋》，刘向的《新序》解释《诗经》，不一定都源于先师之义，而常常是按照自己的理解去推测作者的意思，他们从经典中挖掘含义并加以引申和阐释，实际上为经学开辟了新的道路。到了东汉末年，距离古代越来越远，口头传说越来越微弱，贾逵、马融、服虔、郑玄等儒者出现，开始专门用分析字句的方法来教经典，他们详细解释文句，用力甚勤，但对经学大义却有所忽略。从魏晋六朝到唐朝，士人不喜欢解经，只崇尚文辞，只有少数几位大学问家，还是出在佛教门下，而儒学已经不足以壮大自己的势力。其中如徐遵明、刘焯、刘炫、陆德明、孔颖达、贾公彦等人，不过是贾逵、马融、服虔、郑玄的仆从，虽然他们阐释经义更加勤奋，但能够从中有所发明的却已经很少了。到了宋朝，濂、洛、关、闽等学派兴起，它们摒弃了琐碎的学问，直接深入核心，经学的阵营于是又焕然一新。但这些学派过于重视有关身心性命的学问，而忽略了经世致用的道理，认为只要在身心性命方面有所得，经世致用的方法自然就能掌握。其中更加极端的，甚至只推崇《论语》《孟子》《大学》《中庸》，将其抬高到其他经典之上，而自汉以来所倡导的六艺，几乎被束之高阁。当然，身心性命的学问是不能不讲的，这便是孔子所说的“众人以上可以语上”[①]。然而性命和天道并不是每个人都能了解的，怎么能把这些问题当作普通的学问呢？他们还说身心性命之学已经包含了经世致用的学问，所以只要在身心性命方面有所得，其他方面不用学习研究自然也能掌握。照这样说，六经之中十之八九的内容都应该删掉，而孔子还留下这些供后人玩物丧志，为什么呢？所以宋朝的儒学，虽然不能不说是经学的一种，但也不足以完全代表经学，这是显而易见的。明朝时姚江学派[②]崛起，它在宋学中确实自成一格，但是说到在经学方面，它的功过也不过和濂、洛、关、闽等学派一样。本朝承袭了宋明儒学的末流之弊，为了反对这些弊病，反而提倡复古。胡渭、阎若璩、江永、惠栋等人引领了这一潮流，戴震、段玉裁、王念孙、王引之父子等人使其更加坚固。从乾嘉年间到现在，各经都有了新的注疏。每个词句都要找出出处，空谈臆说被严格禁止，古代的名物制度都被深入研究，就像刮去污垢，磨出亮光一样。这样使得各经没有不可读的字，没有不可解的句子，这的确是很大的成就。然而实际上，这也不过和徐遵明、刘焯、刘炫、陆德明、孔颖达等人一样，一起为君主服务，做贾逵、马融、服虔、郑玄等人的追随者，即使再进一步，也只能成为贾逵、马融、服

① 出自《论语·雍也》，原句为“中人以上可以语上也”，意思是中等以上资质的人，可以给他讲授高深的学问。

② 姚江学派，即阳明学派，因创始人王守仁为余姚人，余姚又称姚江，故名。该学派以“致良知”“知行合一”为主旨。

虔、郑玄等人的诤友，这就是他们的顶峰了。一句话概括，那就是他们是研究字句学问的高超学者。

由此可见，两千年以来的所谓经学已经很清楚了。从宋到明，它都是旁支，虽然有所得，但无法与主流相比。而两汉到隋唐的经学传统，在本朝得到了极大的发挥和光大，但其最重要的成就不过是字句的研究。连字句都未能理解，更不用说大义了，这是当然的。然而认为理解了字句，经学的任务就完成了，再也不必研究其他事情，这世界上有这样的学问吗？即使是贾、马、服、郑、徐、刘、陆、孔、惠、戴、段、王等经学大师，也不敢说自己做的学问就是经学，他们只是说自己这样做是为了让世人省去研究字句的劳力，以便全力以赴地去追求大义。追求大义，实际上是研究经学的唯一目的。研究字句，只是达到这个目的的一种手段。如果错误地将手段当作目的，那么一个人一生都无法从经学中得到任何东西；每个人都这样，代代都这样，经学就变成没有用的东西了。一定要明白大义，才能称之为经学，这是毫无疑问的。那么应该用什么方法去探求各经的大义呢？这是一个非常难以回答的问题。正是因为这个原因，两千年来，许多伟大的学者都谦虚而不敢着手去做。我想阐明的大义，是指确实符合各经本身的大义。然而怎样才能确切地知道这些大义呢？这必须亲自从删定诸经的孔子那里学习才行，或者从他的弟子那里学习，再不济就从他的弟子的弟子那里学习，再往后就是从弟子的弟子的弟子那里学习。简单来说，如果没有口头的传授教导，就没有人准确知道各经的大义。按照这个标准，只有先秦的学者可以谈论经学；其次是西汉的学者，还可以勉强谈论经学。从那以后，口头传授消失了，经学在势头上成了绝学，后来的学者之所以不敢追求经学大义，都是这个原因。然而，难道经学就应该这样永远消失吗？孔子删定六经，难道就是为了供后人玩物丧志，让天下人都耗费精神研究字句和名物制度，而对国家没有任何帮助吗？后来的学者，既然不能亲自从孔子或孔子的弟子那里接受口头传授，那么只有独自研究遗留下来的经典，按照自己的理解去推测，自己去寻找所谓的大义。找到的大义是否确实是孔子的大义，这是不敢说的。然而，只要在十个意义中有一个符合孔子的大义，那么努力就不是徒劳的。即使全都不符合，如果每个人都按照这个方法去追求，总会有一个符合。即使没有一个符合，因为思想自由，人的性灵会越挖掘越深邃，可能发掘出古人未曾发现的深奥之处，不仅能为六经做注解，甚至可能为六经增添新的内涵，这样的成就不是更加伟大吗？我认为，汉朝以后研究经学，除了这个方法别无他途。如果不采取这个方法，就等于说应该废除经学，不允许人们去研究。用这个方法研究经学的人，最早是西汉的董仲舒、刘向，而使之发扬光大的则是王安石。王安石在执政时，亲自写了《三经新义》，并颁发给了学官。这里所说的“三经”是指《周官》《诗经》和《尚书》。其中，《周官义》是王安石亲自撰写的，而《诗义》和《书义》则是由他的儿子王雱以及门人、弟子们完成的。现在将它们的序言记录下来。

《周官义序》说：

士弊于俗学久矣，圣上闵焉，以经术造之，乃集儒臣训释厥旨，将播之校学。而臣某实董《周官》，惟道之在政事，其贵贱有位，其后先有序，其多寡有数，其迟数有时。制而用之存乎法，推而行之存乎人。其人足以任官，其官足以行法，莫盛乎成周之时；其法可施于后世，其文有见于载籍，莫具乎《周官》之书。盖其因习以崇之，赓续以终之，至于后世无以复加，则岂特文、武、周公之力哉！犹四时之运，阴阳积而成寒暑，非一日也。自周之衰，以至于今，历岁千数百矣。太平之遗迹，扫荡几尽，学者所见，无复全经。于是时也，乃欲训而发之，臣诚不自揆，然知其难也。以训而发之之为难，则又以知夫立政造事追而复之之为难。然窃观王者立法就功，取成于心，训迪在位；有冯有翼，亹亹不倦，心服承德之世矣。以所观乎今，考所学乎古，所谓见而知之者，臣诚不自揆，妄以为庶几焉。故遂昧冒自竭，而忘其材之弗及也，谨列其书为二十有二卷，凡十余万言，上之御府，副在有司，以待制诏颁焉。谨序。

《书义序》说：

熙宁二年，臣某以《尚书》入侍，遂与政。而子雱实嗣讲事，有旨为之说以献。八年，下其说太学，班焉。惟虞、夏、商、周之遗文，更秦而几亡，遭汉而仅存，赖学士大夫诵说以故不泯，而世主莫或知其可用。天纵皇帝大知，实始操之以验物，考之以决事，又命训其义，兼明天下后世。而臣父子以区区所闻，承乏与荣焉。然言之渊懿，而释以浅陋，命之重大，而承以轻眇，兹荣也，祇所以为愧也欤！谨序。

《诗义序》说：

《诗》三百十一篇，其义具存，其辞亡者六篇而已。上既使臣雱训其辞，又命臣某等训其义。书成，以赐太学，布之天下。又使臣某为之序。谨拜手稽首言曰：《诗》上通乎道德，下止乎礼义。放其言之文，君子以兴焉；循其道之序，圣人以成焉。然以孔子之门人赐也、商也，有得于一言，则孔子悦而进之。盖其说之难明如此，则自周衰以迄于今，泯泯纷纷，岂不宜哉！伏惟皇帝陛下内德纯茂，则神罔时恫，外行恂达，则四方以无侮。日就月将，学有缉熙于光明，则《颂》之所形容，盖有不足道也。微言奥义，既自得之，又命承学之臣训释厥遗，乐与天下共之。顾臣等所闻，如爝火焉，岂足以赓日月之余光？姑承明制，代匮而已。《传》曰："美成在久。故《棫朴》之作人，以寿考为言，盖将有来者焉，追琢其章，缵圣志而成之也。"臣衰且老矣，尚庶几及见之。谨序。

这三篇序言，文字简洁庄重，从中可以大致看出书籍的内容。想要了解王安石研究经典的方法，可以特别关注他所著的《书〈洪范传〉后》。这篇文章的内容是这样的：

古之学者，虽问以口，而其传以心；虽听以耳，而其受以意，故为师者不烦，而学者有得也。孔子曰：“不愤不启，不悱不发，举一隅不以三隅反，则不复也。”夫孔子岂敢爱其道，骜天下之学者，而不使其早有知乎？以谓其问之不切，则其听之不专；其思之不深，则其取之不固。不专不固，而可以入者，口耳而已矣。吾所以教者，非将善其口耳也。孔子没，道日以衰熄，浸淫至于汉，而传注之家作。为师则有讲而无应，为弟子者则有读而无问。非不欲问也，以经之意为尽于此矣。吾可无问而得也。岂特无问，又将无思。非不欲思也，以经之意为尽于此矣。夫如此，使其传注者皆已善矣，固足以善学者之口耳，而不能善其心，况其有不善乎？宜其历年以千数，而圣人之经卒以不明，而学者莫能资其言以施于世也。

读完这段文字，我们就可以看出王安石学习的方法以及他教导学生的方法，和他作为学者的态度。传授知识的本义，教授知识的内涵，引导学生深入地探索、思考，然后将所学的知识应用到实践中。这就是王安石研究经典的方法。我认为不仅仅是研究经典，研究所有的学问都应该像这样。如果不这样做，只是依赖在课堂上听讲义，那么即使记忆力再好，也不会有所创新，整个国家的学问也不会有进步。《宋稗类钞》中提到，王安石在闲暇时静静地坐着，非常用心地思考经典的含义。他曾经在几案上放了几百棵石莲，通过咀嚼这些石莲来帮助他思考，有时候石莲吃完了他还没考虑清楚，就不知不觉地咬伤了自己的手指，流血了都不知道。虽然不知道这个说法是否真实，但从这里可以看出他学习的刻苦和思考的深度。黄庭坚在诗中称赞王安石的学问：“荆公六艺学，妙处端不朽。诸生用其短，颇复凿户牖。譬如学捧心，初不悟已丑。玉石恐俱焚，公为区别不？”（大意是说，王安石学问精湛，其精妙处是永恒不朽的。学生们有时候误解他的意思，纠缠于一些表面和琐碎的细节，而认识不到自己的浅陋。王安石却能够区分是非，对学生们给予正确的指导。）这可以说是公道的看法。

元祐初年，国子监司业黄隐毁掉了《三经新义》，所以这套书在世间流传很少，到了元明时期就失传了。在本朝乾隆年间，编修《四库全书》时，从《永乐大典》中整理出了《周官新义》（现在“粤雅堂丛书”有收录），王安石的遗著才得以保存下来。我曾经读过这本书，发现其中有很多创新之处，是后来的儒家学者无法比拟的。全祖望说：“王安石解经，最能体现孔、郑等前辈学者的学术传统，言简而意赅。只有他的《字说》，内容存在牵强附会、过度解读的问题。”（见《宋元学案》卷九十八。）这还是对王安石章句学的赞扬。可章句学，是王安石学问中没有营养价值的部分。

后人常常说王安石贬低《春秋》，说它是断烂朝报。现在查阅林希逸的《鬳斋学记》：（引自《宋元学案》。）

尹和靖曰：“介甫未尝废《春秋》，废《春秋》以为断烂朝报，皆后来无忌惮者托介甫之言也。韩玉汝之子宗文，字求仁，尝上介甫书，请六经之旨，介甫皆答之。独于《春秋》曰：‘此经比他经尤难。’盖三传皆不足信也。介甫亦有《易解》，其辞甚简，疑处缺之。后来有印行者，名曰《易义》，非介甫之书。”和靖去介甫未远，其言如此，甚公。今人皆以断烂朝报为王荆公罪，冤矣。

查王安石文集中的《答韩求仁书》，确实如尹和靖所说的那样。王安石在信中不仅没有回答韩求仁关于《春秋》的问题，就连他关于《易经》的问题也没有回答。这是因为这两部经典的微言大义，比其他经典更为深奥，不是通过口头讲解就能理解的。如果用主观臆断的方法去解释它们，肯定会出错。王安石不敢随意猜测，这正是孔子所说的“君子于其所不知盖阙如也”。我们应该因此赞美王安石的谦虚，怎么能诋毁他呢？再说古代的学校教育，春秋教授《礼》《乐》，冬夏教授《诗》《书》，而孔子正言，也只是在《诗》《书》以及执礼方面，难道不是因为《易经》和《春秋》的含义不是每个人都能理解的吗？所以王安石只把三经作为学官的教学内容，这也是遵循古人的做法。

（考异十九）周麟之在《孙氏春秋传后序》中写道："王安石想要解读《春秋》，让它流传于世，但孙莘老的《春秋传》已经出版，王安石一看到就有了忌妒之心，知道自己无法超越它，就批评《春秋》这部圣经典籍，说它是断烂朝报，不应该列入学官，也不应该在贡举中考试。"

李穆堂对此记载进行了反驳，他说："王安石想要解读《春秋》，还没来得及写书，别人怎么会知道呢？他看到孙莘老的《春秋传》而产生忌妒，批评这部传记就足够了，何至于因为批评传记而连带批评经典呢？批评传记容易，批评经典难，放弃容易的事情去做难的事情，愚蠢的人都不会这样做，难道王安石会这样做吗？而且根据邵辑的序文，说孙莘老晚年担心儒家学者曲解《春秋》，于是为这部书作传，可见孙莘老的这部《春秋传》显然是在晚年完成的。王安石去世于元祐元年，享年六十六岁。孙莘老在元祐元年才被任命为谏议大夫，后来在绍圣年间去世，享年六十三岁。可见孙莘老的年龄比王安石小近十岁。孙莘老晚年所著的书，王安石可能都没见过，那么他忌妒的说法从何而来？周麟之编造这些粗俗的话，后人却相信了，他们和周麟之同样浅薄。"又说："断烂朝报的说法，我曾听前辈说过，称是在临汝的一些闲书中看到的，这是在批评那些误解经典的人，并不是诋毁经典本身。王安石的高才生陆佃和龚原都研究《春秋》，陆佃写了《春秋后传》，龚原写了《春秋解》，他们在遇到难以理解的地方就称之为缺文。王安石笑着说，如果缺文这么多，那《春秋》就成断烂朝报了。他实际上是在批评那些研究经书的人不理解经书，就把它当成缺文，实际上是尊重经典，不是诋毁经典。”

现在我查看孙莘老的《春秋传》，发现书中不仅有周麟之的跋文，还有杨时的序言。杨时说：“熙宁初年，崇尚儒学，尊重经典，教育引导众多士人。由于《春秋》的三种传注互有异同，无法确切考证，因此《春秋》是六经中最难理解的，所以没有被列入学官的教学内容，并不是废除不用。只是士人们急于应对科举考试，所以忽略了它。”这正和尹和靖的说法一样。杨时平时喜欢批评王安石，但他却这样说，为什么后人只相信周麟之的话，而不信杨时的话呢？

王安石生平的著述，有《临川全集》一百卷，还有《临川后集》八十卷（现在流传的《临川全集》是元朝金溪人危素搜集整理的，总共一百卷，《后集》也包含在内，已非原本），《周官义》二十二卷（现在《四库全书》收录的《永乐大典》版本为十六卷），《易义》二十卷（见《宋史·艺文志》，但根据尹和靖的说法，这并不是王安石的书），《洪范传》一卷（现存《临川全集》中），《诗经新义》三十卷（现已失传），《春秋左氏解》十卷（现已失传），《礼记要义》两卷（现已失传），《孝经义》一卷（现已失传），《论语解》十卷（现已失传），《孟子解》十卷（现已失传），《老子注》两卷（现已失传），《字说》二十四卷（现已失传）。

王安石一生中对书籍无所不读，年老时更加专注读书。他晚年的时候，在给曾巩的信中写道：

某自百家诸子之书，至于《难经》《素问》《本草》、诸小说，无所不读；农夫女工，无所不问。盖后世学者，与先王之时异矣，不如是，不足以尽圣人故也。致其知而后读，以有所去取，故异学不能乱也。惟其不能乱，故能有所去取者，所以明吾道而已。子固视吾所知，为尚可以异学乱之者乎？非知我也。方今乱俗，不在于佛，乃在于学士大夫沉没利欲，以言相尚，不知自治而已。子固以为如何？（按：曾巩来书是劝王安石修治佛学，所以他有了上述回信。）

王安石晚年更加深入地研究哲学原理，以探寻道的根本，他从佛教和道家学说中都有所收获，但他的最终目的是将这些知识应用于现实世界。他有一篇名为《读老子》的文章，内容如下：

道有本有末。本者，万物之所以生也；末者，万物之所以成也。本者出之自然，故不假乎人之力，而万物以生也；末者涉乎形器，故待人力而后万物以成也。夫其不假人之力而万物以生，则是圣人可以无言也、无为也；至乎有待于人力而万物以成，则是圣人之所以不能无言也、无为也。故昔圣人之在上而以万物为己任者，必制四术焉。四术者，礼、乐、刑、政是也，所以成万物者也。故圣人唯务修其成万物者，不言其生万物者，盖生者尸之于自然，非人力之所得与矣。老子者独不然，以为涉乎形器者，皆不足言也，不足为也，故抵去礼、乐、刑、政，而唯道之称焉。是不察于理而务高之过矣。夫道之自然者，又何预乎？唯其涉乎形器，是以必待于人之言也、人之为也。其书曰："三十辐共一毂，当其无，有车之用。"夫毂辐之用，固在于车之无用，然工之琢削未尝及于无者，盖无出于自然之力，可以无与也。今之治车者，知治其毂辐，而未尝及于无也，然而车以成者，盖毂辐具，则无必为用矣。如其知无为用，而不治毂辐，则为车之术固已疏矣。今知无之为车用，无之为天下用，然不知所以为用也。故无之所以为车用者，以有毂辐也；无之所以为天下用者，以有礼、乐、刑、政也。如其废毂辐于车，废礼、乐、刑、政于天下，而坐求其无之为用也，则亦近于愚矣。

现在的西方学者讨论哲学，并将其应用到社会学和国家学说上，他们的言论很多，但总的来说，不外乎两种观点：一种观点是，宇宙中的一切事物都是通过自然演化、物竞天择产生的，有其必然的发展规律；反对者则认为，优胜劣汰并不是天意，而是人们自己的选择。如果遵循前一种观点，那就是尊重自然规律；如果遵循后一种观点，那就是尊重人的力量。只尊重规律而不了解人的力量，就会导致放任自由，社会因此不会进步；只尊重人的力量而不了解规律，就会导致过度干预，社会也因此不会进步。明白人的力量和自然规律需要相互配合使用，才能接近中庸之道。王安石的这番论述，可以看出他是有深刻见解的。在两千年来的学者中，讨论老子思想没有人比王安石更精深的。

第二十一章

王安石的文学

（上）

文

后人对王安石的政术和学术有很多批评，但在他的文学方面，人们还是很尊重他的。这既是因为文学这种形式相对不容易引发争执，也是因为政治和哲学之道难以理解，而文学艺术的价值相对容易被人领悟。就算只谈论文学，王安石在中国几千年的文学史上，也已经占据了极高的地位。

吴澄在《临川王文公集序》中说："唐朝的文章能够改变前八代的弊端，追随先秦汉朝文章风格的，只有昌黎的韩愈而已，其次是河东的柳宗元。宋朝的文人把唐朝视为文学的鼎盛时期，但仅有庐陵的欧阳修、眉山的苏洵和苏轼、南丰的曾巩、临川的王安石这五家能够与唐朝的韩愈和柳宗元相提并论。从东汉时期到现在，已经有八百多年了，但将唐宋两代的文章合并来看，能够称得上杰出的仅有这七人。因此，文学创作这件事情确实是非常困难的。"后来的人根据吴澄提到的七个人，再加上苏辙，一共成了八个人，于是就有了"唐宋八大家"的称号。这八大家并不一定代表了文学的全部成就，但是从东汉到中唐，没有听说过有哪个文人的成就能够超过这八大家。从南宋到现在，也没有听说过有哪个文人的成就能够和这八大家相媲美，所以这八大家的称号也是恰如其分的。不过，王安石的文章和其他七家有所不同，其他七家都是文人写的文章，而王安石则是学者写的文章。其他七家也不是不学习，但像王安石那样精通经学、博览九流百家，其他七家就无法比得上了。所以王安石的理论博大精深，文气深邃而朴实，这是王安石的特色，也是其他七家所不能比的。

要谈论唐宋八大家的话，他们的地位自然有高有低。柳宗元只有记述行旅的文章最为出色，他并不擅长写各种文体。曾巩的文体虽然完备，但是格局稍微狭窄。苏洵、苏辙只是依附苏轼出名罢了。这四家，只不过像春秋战国的宋、郑、鲁、卫这样的小国。要寻求像齐、晋、秦、楚这样势力足以相互抗衡的大国，只有韩愈、欧阳修、苏轼、王安石这四人。那么试着拿他们来比较一下。苏轼的文章是美，但那是纵横家的言论，文辞往往胜过道理。他阐述的道理虽然透彻通达，然而常常依赖于比喻，这足以证明他笔力不够。他的文气虽然盛大，然而一宣泄就没了，缺少含蓄婉曲的姿态。王安石却与他相反，所以用苏轼的文章与王安石的文章相比，就好像拿野狐禅[①]与正宗佛法相比一样。试拿王安石的《上仁宗皇帝言事书》与苏轼的《上神宗皇帝书》放在一起读，他们文章品格的高下立刻就可以分辨出来。至于韩愈，他是王安石所效法的，欧阳修则与王安石一同学习韩愈，而王安石对待欧阳修则在师友之间。欧阳修赠给王安石的诗说："翰林风月三千首，吏部文章二百年。老去自怜心尚在，后来谁与子争先。"王安石酬谢他道："欲传道义心虽壮，强学文章力已穷。他日若能窥孟子，终身何敢望韩公。"这是欧阳修深深赞许王安石能够追迹韩愈，而王安石却谦虚地不敢以此自居。按照我前面所论的学者之文与文人之文的角度看，即使说王安石的文章超过韩愈的也是可以的。如果只就文章的文辞来看，那么韩愈的文章固然像萧何所建未央宫一样无可超越，王安石也只是对他继承和发扬罢了。王安石与欧阳修一同学习韩愈，他们都能完全掌握韩愈的技法，而又各成一家。欧阳修是保留韩愈的法度而改变其风格面貌而自成一家，王安石则是保留韩愈的风格面貌而改变其法度而自成一家。李光弼加入郭子仪的军队，号令不改，而旌旗壁垒焕然一新。王安石向韩愈学习，正是像这样。曾国藩说学习王安石的文章，应当学习他的倔强之气，这最能说明王安石的文章的特色。王安石写议论政事、阐述道理的文章，他深刻、峻峭、严厉像韩非子，苦口婆心、真挚诚恳又像墨子。就这一点来看，即使是韩愈、欧

---

① 野狐禅：禅宗对妄称开悟而流入邪僻之人的讥语。典出《五灯会元》卷三。

阳修也比不上他。苏轼学习庄周、列子，却没有一篇文章像庄周、列子；王安石学习韩愈、墨子，就逐渐接近韩愈、墨子了。

人们都知道尊敬王安石的议论文，却不知道他的记叙文也是极优秀的。他文集中的碑志大概有两百篇，这些文章的结构没有一篇是相同的，它们有的像长江、黄河那样奔腾不息，有的像层峦叠嶂那样错落有致，有的将芥子般的小事物拓展成须弥山般的大境界，有的将广阔的东海收纳于袖中石。各种体裁都有，各种风格兼具，能做到这样，除了韩愈以外，就只有王安石一人了。

曾国藩说："写文章全在于气势充沛，而想要气势充沛，就必须段落清晰。每段结束、转入下一段时，要像断开又没有断开，像哽咽又非哽咽，像吞咽又非吞咽，像呕吐又非呕吐，古人文章中的这种无限妙境，是难以把握的。每段开始、展开论述时，要像承接又非承接，像提起又非提起，像突出又非突出，像舒缓又非舒缓，古人文章中的这种无限妙处，同样难以把握。"这是深谙文道的话。我认为想要把握这些，只有熟读王安石的文章，才差不多能做到。

王安石的文章，收入前述章节的已经有二十多篇，都是为了阐明他的政治、学术观点，目的不在于展示文章本身。

然而像《上仁宗皇帝言事书》《本朝百年无事札子》《材论》《答司马谏议书》《周官义序》《诗义序》《书〈洪范传〉后》《读老子》这些篇章，都是传世珍藏的文章，可以永远成为世人学习的典范。现在再摘录几篇，以备呈现各种文体。走在山阴道上的人，会因为眼前美景而感到目不暇接，我谈论王安石的文章，也恨不能把他的全集都抄下来。

《读孟尝君传》：

世皆称孟尝君能得士，士以故归之，而卒赖其力以脱于虎豹之秦。嗟乎！孟尝君特鸡鸣狗盗之雄耳，岂足以言得士？不然，擅齐之强，得一士焉，宜可以南面而制秦，尚何取鸡鸣狗盗之力哉？夫鸡鸣狗盗之出其门，此士之所以不至也。

《读刺客传》：

曹沫将而亡人之城，又劫天下盟主，管仲因勿倍以市信一时可也。予独怪智伯国士豫让，岂顾不用其策耶？让诚国士也，曾不能逆策三晋，救智伯之亡，一死区区，尚足校哉？其亦不欺其意者也。聂政售于严仲子，荆轲豢于燕太子丹。此两人者，污隐困约之时，自贵其身，不妄愿知，亦曰有待焉。彼挟道德以待世者，何如哉？

《答韶州张殿丞书》：

某启：伏蒙再赐书，示及先君韶州之政，为吏民称颂，至今不绝，伤今之士大夫不尽知，又恐史官不能记载，以次前世良吏之后。此皆不肖之孤，言行不足信于天下，不能推扬先人之功绪余烈，使人人得闻知之，所以夙夜愁痛、疢心疾首而不敢息者以此也。先人之存，某尚少，不得备闻为政之迹。然尝侍左右，尚能记诵教诲之余。盖先君所存，尝欲大润泽于天下，一物枯槁，以为身羞。大者既不得试，已试乃其小者耳。小者又将泯没而无传，则不肖之孤，罪大衅厚矣，尚何以自立于天地之间耶？阁下勤勤恻恻以不传为念，非夫仁人君子乐道人之善，安能以及此？自三代之时，国各有史，而当时之史，多世其家，往往以身死职，不负其意，盖其所传皆可考据。后既无诸侯之史，而近世非尊爵盛位，虽雄奇俊烈，道德满衍，不幸不为朝廷所称，辄不得见于史。而执笔者又杂出一时之贵人，观其在廷论议之时，人人得讲其然否，尚或以忠为邪，以异为同，诛当前而不慄，讪在后而不羞，苟以餍其忿好之心而止耳。而况阴挟翰墨以裁前人之善恶，疑可以贷褒，似可以附毁，往者不能讼当否，生者不得论曲直，赏罚谤誉，又不施其间。以彼其私，独安能无欺于冥昧之间耶？善既不尽传，而传者又不可尽信，如此，唯能言之君子，有大公至正之道，名实足以信后世者，耳目所遇，一以言载之，则遂以不朽于无穷耳。伏惟阁下于先人非有一日之雅，余论所及，无党私之嫌，苟以发潜德为己事，务推所闻，告世之能言而足信者，使得论次以传焉，则先君之不得列于史官，岂有恨哉！

《宝文阁待制常公墓表》：

右正言、宝文阁待制、特赠右谏议大夫汝阴常公，以熙宁十年二月己酉卒，以五月壬申葬。临川王某志其墓曰：公学不期言也，正其行而已；行不期闻也，信其义而已。所不取也，可使贪者矜焉，而非雕斫以为廉；所不为也，可使弱者立焉，而非矫抗以为勇。官之而不事，召之而不赴，或曰："必退者也，终此而已矣。"及为今天子所礼，则出而应焉。于是天子悦其至，虚己而问焉，使莅谏职以观其迪己也，使董学政以观其造士也。公所言乎上者无传，然皆知其忠而不阿；所施乎下者无助，然皆见其正而不苟。《诗》曰："胡不万年？"惜乎既病而归死也。自周道隐，观学者所取舍，大抵时所好也。违俗而适己，独行而特起，呜呼，公贤远矣！传载公久，莫如以石。石可磨也，亦可泐也，谓公且朽，不可得也。

《给事中孔公墓志铭》：

宋故朝请大夫、给事中、知郓州军州事、兼管内河堤劝农同群牧使、上护军、鲁郡开国侯、食邑一千六百户，实封二百户，赐紫金鱼袋孔公者，尚书工部侍郎、赠尚书吏部侍郎讳勖之子，兖州曲阜县令、袭封文宣公、赠兵部尚书讳仁玉之孙，兖州泗水县主簿讳光嗣之曾孙，而孔子之四十五世孙也。其仕当今天子天圣、宝元之间，以刚毅谅直名闻天下。尝知谏院矣，上书请明肃太后归政天子，而廷奏枢密使曹利用、上御药罗崇勋罪状。当是时，崇勋操权利与士大夫为市，而利用悍强不逊，内外惮之。尝为御史中丞矣，皇后郭氏废，引谏官、御史伏阁以争，又求见上，皆不许，而固争之，得罪然后已。盖公事君之大节如此，此其所以名闻天下，而士大夫多以公不终于大位为天下惜者也。公讳道辅，字原鲁。初以进士释褐补宁州军事推官，年少耳，然断狱议事，已能使老吏惮惊。遂迁大理寺丞，知兖州仙源县事，又有能名。其后尝直史馆，待制龙图阁，判三司理欠凭由司、登闻检院、吏部流内铨，纠察在京刑狱，知许、徐、兖、郓、泰五州，留守南京，而兖、郓、御史中丞皆再至。所至官治，数以争职不阿或绌或迁，而公持一节以终身，盖未尝自绌也。其在兖州也，近臣有献诗百篇者，执政请除龙图阁直学士。上曰："是诗虽多，不如孔道辅一言。"乃以公为龙图阁直学士。于是人度公为上所思，且不久于外矣，未几果复召以为中丞。而宰相使人说公稍折节以待迁，公乃告以不能。于是人又度公且不得久居中，而公果出。初，开封府吏冯士元坐狱，语连大臣数人，故移其狱。御史劾士元罪止于杖，又多更赦。公见上，上固怪士元以小吏与大臣交私污朝廷，而所坐如此，而执政又以谓公为大臣道地，故出知郓州。公以宝元二年如郓，道得疾，以十二月壬申卒于滑州之韦城驿，享年五十四。其后诏追复郭皇后位号，而近臣有为上言公明肃太后时事者，上亦记公平生所为，故特赠公尚书工部侍郎。公夫人金城郡君尚氏，尚书都官员外郎讳宾之女，生二男子，曰淘，今为尚书屯田员外郎；曰宗翰，今为太常博士，皆有行治世其家。累赠公金紫光禄大夫、尚书兵部侍郎，而以嘉祐七年十月壬寅，葬公孔子墓之西南百步。公廉于财，乐振施，遇故人子，恩厚尤笃。而尤不好鬼神禨祥事。在宁州，道士治真武像，有蛇穿其前，数出近人，人传以为神。州将欲视验以闻，故率其属往拜之，而蛇果出，公即举笏击蛇杀之。自州将以下皆大惊，已而又皆大服，公由此始知名。然余观公数处朝廷大议，视祸福无所择，其智勇有过人者，胜一蛇之妖，何足道哉！世多以此称公，故余亦不得而略也。铭曰：

展也孔公，惟志之求。行有险夷，不改其辀。权强所忌，谗谄所仇。考终厥位，宠禄优优。维皇好直，是锡公休。序行纳铭，为识诸幽。

《泰州海陵县主簿许君墓志铭》：

君讳平，字秉之，姓许氏。余尝谱其世家，所谓今泰州海陵县主簿者也。君既与兄元相友爱称天下，而自少卓荦不羁，善辩说，与其兄俱以智略为当世大人所器。宝元时，朝廷开方略之选，以招天下异能之士，而陕西大帅范文正公、郑文肃公，争以君所为书以荐，于时得召试，为太庙斋郎，已而选泰州海陵县主簿。贵人多荐君有大才，可试以事，不宜弃之州县。君亦常慨然自许，欲有所为，然终不得一用其智能以卒。噫，其可哀也已！士固有离世异俗，独行其意，骂讥笑侮困辱而不悔。彼皆无众人之求，而有所待于后世者也，其龃龉固宜。若夫智谋功名之士，窥时俯仰，以赴势物之会而辄不遇者，乃亦不可胜数。辨足以移万物，而穷于用说之时；谋足以夺三军，而辱于右武之国，此又何说哉？嗟乎，彼有所待而不悔者，其知之矣！君年五十九，以嘉祐某年某月某甲子，葬真州之扬子县甘露乡某所之原。夫人李氏，子男瓌，不仕；璋，真州司户参军；琦，太庙斋郎；琳，进士。女子五人，已嫁二人，进士周奉先、泰州泰兴令陶舜元。铭曰：

有拔而起之，莫挤而止之。呜呼许君！而已于斯，谁或使之！

《金溪吴君墓志铭》：

君和易罕言，外如其中，言未尝极人过失。至论前世善恶，其国家存亡治乱成败所由，甚可听也。尝所读书甚众，尤好古而学其辞，其辞又能尽其议论。年四十三，以进士试于有司，而卒困于无所就。其葬也，以皇祐六年某月日，抚州之金溪县归德乡石廪之原，在其舍南五里。当是时，君母夫人既老，而子世隆、世范皆尚幼，女子三，其一卒，其二未嫁云。呜呼！以君之有，与夫世之贵富而名闻天下者计焉，其独歉彼耶？然而不得禄以行其意，以祭以养以遗其子孙以卒，此其士友之所以悲也。夫学者将以尽其性，尽性而命可知也。知命矣，于君之不得意，其又何悲耶？铭曰：

蕃君名，字彦弼，氏吴，其先自姬出。以儒起家世冕黻，独成之难幽以折，厥铭维甥订君实。

《度支副使厅壁题名记》：

三司副使不书前人名姓。嘉祐五年，尚书户部员外郎吕君冲之，始稽之众史，而自李纮已上至查道得其名，自杨偕已上得其官，自郭劝已下又得其在事之岁时，于是书石而镵之东壁。夫合天下之众者财，理天下之财者法，守天下之法者吏也。吏不良则有法而莫守，法不善则有财而莫理。有财而莫理，则阡陌闾巷之贱人，皆能私取予之势，擅万物之利，以与人主争黔首，而放其无穷之欲，非必贵强桀大而后能如是。而天子犹为不失其民者，盖特号而已耳。虽欲食蔬衣敝，憔悴其身，愁思其心，以幸天下之给足，而安吾政，吾知其犹不得也。然则善吾法而择吏以守之，以理天下之财，虽上古尧舜，犹不能毋以此为先急，而况于后世之纷纷乎？三司副使，方今之大吏，朝廷所以尊宠之甚备。盖今理财之法有不善者，其势皆得以议于上而改为之，非特当守成法，吝出入，以从有司之事而已。其职事如此，则其人之贤不肖，利害施于天下如何也？观其人以其在位之岁时，以求其政事之见于今者，而考其所以佐上理财之方，则其人之贤不肖，与世之治否，吾可以坐而得矣。此盖吕君之志也。

《祭范颍州文》：

呜呼我公，一世之师。由初迄终，名节无疵。明肃之盛，身危志殖。瑶华失位，又随以斥。治功亟闻，尹帝之都。闭奸兴良，稚子歌呼。赫赫之家，万首俯趋。独绳其私，以走江湖。士争留公，蹈祸不慄。有危其辞，谒与俱出。风俗之衰，骇正怡邪。蹇蹇我初，人以疑嗟。力行不回，慕者兴起。儒先酋酋，以节相侈。公之在贬，愈勇为忠。稽前引古，谊不营躬。外更三州，施有余泽。如酾河江，以灌寻尺。宿赃自解，不以刑加。猾盗涵仁，终老无邪。讲艺弦歌，慕来千里。沟川障泽，田桑有喜。戎孽猘狂，敢齮我疆。铸印刻符，公屏一方。取将于伍，后常名显。收士至佐，维邦之彦。声之所加，虏不敢濒。以其余威，走敌完邻。昔也始至，疮痍满道。药之养之，内外完好。既其无为，饮酒笑歌。百城宴眠，吏士委蛇。上嘉曰材，以副枢密。稽首辞让，至于六七。遂参宰相，厘我典常。扶贤赞杰，乱穴除荒。官更于朝，士变于乡。百治具修，偷堕勉强。彼阏不遂，归侍帝侧。卒屏于外，身屯道塞。谓宜耇老，尚有以为。神乎孰忍，使至于斯。盖公之才，犹不尽试。肆其经纶，功孰与计？自公之贵，厩库逾空。和其色辞，傲讦以容。化于妇妾，不靡珠玉。翼翼公子，弊绨恶粟。闵死怜穷，惟是之奢。孤女以嫁，男成厥家。孰堙于深？孰锲乎厚？其传其详，以法永久。硕人今亡，邦国之忧。矧鄙不肖，辱公知尤。承凶万里，不往而留。涕哭驰辞，以赞醪羞。

《祭欧阳文忠公文》：

夫事有人力之可致，犹不可期，况乎天理之溟溟，又安可得而推？惟公生有闻于当时，死有传于后世，苟能如此足矣，而亦又何悲？如公器质之深厚，智识之高远，而辅学术之精微，故充于文章，见于议论，豪健俊伟，怪巧瑰奇。其积于中者，浩如江河之停蓄；其发于外者，烂如日星之光辉。其清音幽韵，凄如飘风急雨之骤至；其雄辞闳辩，快如轻车骏马之奔驰。世之学者，无问乎识与不识，而读其文，则其人可知。呜呼！自公仕宦四十年，上下往复，感世路之崎岖。虽屯邅困踬，窜斥流离，而终不可掩者，以其公议之是非。既压复起，遂显于世，果敢之气，刚正之节，至晚而不衰。方仁宗皇帝临朝之末年，顾念后事，谓如公者，可寄以社稷之安危。及夫发谋决策，从容指顾，立定大计，谓千载而一时。功名成就，不居而去。其出处进退，又庶乎英魄灵气，不随异物腐败，而长在乎箕山之侧与颍水之湄。然天下之无贤不肖，且犹为涕泣而歔欷，而况朝士大夫，平昔游从，又予心之所向慕而瞻依？呜呼，盛衰兴废之理，自古如此，而临风想望不能忘情者，念公之不可复见，而道谁与归？

第二十二章

王安石的文学

（下）

诗　词

世人对王安石诗的尊崇，比不上对他文章的尊崇。虽然如此，王安石的诗实际上引领了江西诗派的先河，开创了整个宋朝的诗歌风气，在中国文学史上的成就也是非常伟大的，也是非常值得我们崇敬和纪念的。

千年来读诗的人，没有不尊敬杜甫的，但是在杜甫当时的时代以及他去世后的时代，真正尊敬他的人并不多。韩愈有一首诗说："李杜文章在，光焰万丈长。不知群儒愚，何用多毁伤。"由此可以想象得到，中晚唐的人对杜甫的看法。而特别提升杜甫地位并尊敬他，实际上是从王安石开始的。王安石有一首《题杜甫画像》的诗，内容如下：

吾观少陵诗，谓与元气侔。力能排天斡九地，壮颜毅色不可求。浩荡八极中，生物岂不稠？丑妍巨细千万殊，竟莫见以何雕锼。惜哉命之穷，颠倒不见收。青衫老更斥，饿走半九州。瘦妻僵前子仆后，攘攘盗贼森戈矛。吟哦当此时，不废朝廷忧。常愿天子圣，大臣各伊周。宁令吾庐独破受冻死，不忍四海寒飕飕。伤屯悼屈止一身，嗟时之人我所羞。所以见公像，再拜涕泗流。推公之心古亦少，愿起公死从之游。

王安石又搜集了杜甫两百多首诗歌，编成了《老杜诗后集》，并为之作序，说："现在我们看到的杜甫诗歌的完整版本，是从我这里得到的。"还说："世上的学者，只有到了杜甫这个水平才能算作会作诗，如果达不到这个水平，那就不算真正懂得诗。”他对杜甫的敬仰之情如此深厚，这就是他的诗歌能成为名作的原因。

宋朝初期继承了晚唐的陋习，西昆体[1]诗歌流行，而起来矫正这一风气的是欧阳修和梅尧臣。从此以后，能够自立门户并成为一家之言的，就是王安石和苏轼、黄庭坚。王安石年轻时写过一篇《张刑部诗序》，内容如下：

君并杨、刘，杨、刘以其文词染当世，学者迷其端原，靡靡然穷日力以摹之，粉墨青朱，颠错庞杂，无文章黼黻之序，其属情藉事，不可考据也。方此时，自守不污者少矣。

西昆体诗歌曾经风靡一时，让天下的人都在温庭筠、李商隐的影响下徘徊，无法展现自己的个性和灵性，诗歌的道路已经极度颓废。这种情况不得不被打破，从而建立起新的诗歌风格，这是时代形势所迫。首先打破这种局面的是欧阳修和梅尧臣。王安石和欧阳修、梅尧臣是朋友（梅尧臣有《送介甫知毗陵》一诗，王安石有《哭梅圣俞》一诗），但王安石并不是仿效欧阳修和梅尧臣的风格而起步的，他从年轻时起就已经建立了自己的诗歌风格体系。欧阳修和梅尧臣以冲和、平易、淡远的风格，洗去了浓艳、绮丽的旧习，而王安石则更加增添了一种瘦硬、雄直的气质，这是欧阳修和梅尧臣的诗歌所没有的。所以欧阳修和梅尧臣只能打破旧习，而王安石则是打破之后又能建立新风格的诗人。

说到宋朝诗歌的伟大景象，一定要提到苏轼和黄庭坚。将王安石与苏轼相比，苏轼的诗如同千门万户，气势开阔，确实是王安石所不能及的。但王安石的诗峭拔严谨，为学者树立了模范，又似乎比苏轼更胜一筹。黄庭坚是江西诗派的创始人，他的诗歌特点是拗口、硬朗、深邃、充满生

① 西昆体是宋初诗坛上流传的一个诗歌流派，以北宋文人杨亿选编的《西昆酬唱集》而得名。该诗集选编了宋初馆阁文臣的诗歌，这些诗歌整饬典丽、脱离现实，是晚唐五代诗歌风格的延续。

气。但这种风格实际上是从王安石开始的，黄庭坚则充分发挥了自己的长处并加以发扬光大。认为黄庭坚是江西诗派祖先的人，也应当认为王安石是黄庭坚诗歌风格的源头。这样说起来，即使说王安石开启了宋朝诗歌的一代风气也不为过。

王安石的古体诗，与其说是学习杜甫，不如说是学习韩愈，现在展示几首。

《游土山示蔡天启秘校》：

定林瞰土山，近乃在眉睫。谁谓秦淮广，正可藏一艓。朝予欲独往，扶惫强登涉。蔡侯闻之喜，喜色见两颊。呼鞍追我马，亦以两黥挟。敛书付衣囊，裹饭随药笈。翛翛阿兰若，土木老山胁。鼓钟卧空旷，簨簴雕捷业。外堂廓无主，考击谁敢辄。坡陀谢公冢，藏椁久穿劫。百金买酒地，野老今行馌。缅怀起东山，胜践比稠叠。于时国累卵，楚夏血常喋。外实备艰梗，中仍费调燮。公能觉如梦，自喻一蝴蝶。桓温适自毙，苻坚方天厌。且可缓九锡，宁当快一捷。彼哉斗筲人，得丧易矜怯。妄言屐齿折，吾欲刊史牒。伤心新城埭，归意终难惬。漂摇五城舟，尚想浮河楫。千秋陇东月，长照西州堞。岂无华屋处，亦捉蒲葵箑。碎金谅可惜，零落随秋叶。好事所传玩，空残法书帖。清谈眇不嗣，陈迹恍如接。东阳故侯孙，少小同鼓箧。一官初岭海，仰视飞鸢跕。穷归放款段，高卧停远蹀。牵襟肘即见，著帽耳才擪。数椽危败屋，为我炊陈浥。虽无膏污鼎，尚有羹濡筴。纵言及平生，相视开笑靥。邯郸枕上事，且饮且田猎。或昏眠委翳，或妄走超躐。或叫号而寝，或哭泣而魇。幸哉同圣时，田里老安帖。易牛以宝剑，击壤胜弹铗。追怜衰晋末，此土方岌嶪。强偷须臾乐，抚事终愁慄。予虽天戮民，有械无接摺。翁今贫而静，内热非复叶。予衰极今岁，傥与鸡梦协。委蜕亦何恨，吾儿已长鬣。翁虽齿长我，未见白可镊。祝翁尚难老，生理归善摄。久留畏年少，讥我两呫嗫。束火扶路还，宵明狐兔慑。蔡侯雄俊士，心憭形亦谍。异时能飞鞚，快若五陵侠。胡为阡陌间，踠足仅相蹑。谅欲交辔语，怯子不能嚌。

这段文字是王安石晚年的作品，它的结构、气韵和章句的布局都像极了韩愈的风格。如果把它放入韩愈的作品集中，几乎可以以假乱真，遗憾的是它没有达到韩愈那种融会贯通的境界。

《思王逢原》：

自吾失逢原，触事辄愁思。岂独为故人，抚心良自悲。我善孰相我？孰知我瑕疵？我思谁能谋？我语听者谁？朝出一马驱，暝归一马驰。驰驱不自得，谈笑强追随。仰屋卧太息，起行涕淋漓。念子冢上土，草茅已纷披。婉婉妇且少，茕茕一女婺。高义动闾里，尚闻致财资。嗟我衣冠朝，略能具饘糜。葬祭无所助，哀颜亦何施。闻妇欲北返，跂予常望之。寒汴已闭口，此行又参差。又说当产子，产子知何时？贤者宜有后，固当梦熊罴。天方不可恃，我愿适在兹。我疲学更误，与世不相宜。夙昔心已许，同冈结茅茨。此事今已矣，已矣尚谁知？渺渺江与潭，茫茫山与陂。安能久窃食，终负故人期。

《董伯懿示裴晋公平淮右题名碑诗用其韵和酬》：

元和伐蔡何危哉，朝廷百口无一谐。盗伤中丞偶不死，利剑白日投天街。裹疮入相议军旅，国火一再更檀槐。上前慷慨语发涕，誓出按抚除睽乖。指挥光颜战洄曲，阚如怒虎搏虺豺。愬能捕虏取肝鬲，护送密乞完形骸。笞兵夜半投死地，雪湿不敢然薪蕙。空城竖子已可缚，中使尚作啼儿哇。退之道此尤俊伟，当镂玉牒东燔柴。欲编诗书播后嗣，笔墨虽巧终类俳。唐从天宝运中圮，廊庙往往非忠佳。诸侯纵横代割据，疆土岂得无离佤。德宗末年惩战祸，一矢不试尘蒙鞴。宪皇初起众未信，意欲立扫除昏霾。追还清明救薄蚀，屡敕主府拘穷蛙。王师伤夷征赋窘，千里亦忌毫厘差。小夫偷安自非计，长者远虑或可怀。桓桓晋公忠且壮，时命适与功名偕。是非末世主成败，烜赫今古谁讥排？贤哉韦纯议北赦，仓卒两伐尤难皆。重华声明弥万国，服苗干羽舞两阶。宣王侧身内修政，常德立武能平淮。昔人经纶初若缓，欲弃此道非吾侪。千秋事往踪迹在，岳石款记如湘崖。文严字丽皆可喜，黄埃蔽没苍藓埋。当时将佐尽豪杰，想此兵祷陪祠斋。君曾西迁为拓本，濡麝割蜜亲劘揩。新篇波澜特浩荡，把卷熟读迷津涯。褒贤乐善自为美，当挂庙壁为诗牌。

以上这些诗文，都是王安石反复深入思考，锤炼出了奇特而有力的语言，运用了紧凑的韵律，深入探索，并向险峻幽奇的艺术境界发起挑战，完全展现了韩愈的技艺。

《葛蕴作巫山高爱其飘逸因亦作两篇》：

巫山高，十二峰。上有往来飘忽之猿猱，下有出没瀺灂之蛟龙，中有倚薄缥缈之神宫。神人处子冰雪容，吸风饮露虚无中。千岁寂寞无人逢，邂逅乃与襄王通。丹崖碧嶂深重重，白月如日明房栊。象床玉几来自从，锦屏翠幔金芙蓉。阳台美人多楚语，只有纤腰能楚舞，争吹凤管鸣鼍鼓。那知襄王梦时事，但见朝朝暮暮长云雨。

巫山高，偃薄江水之滔滔。水于天下实至险，山亦起伏为波涛。其巅冥冥不可见，崖岸斗绝悲猿猱。赤枫青栎生满谷，山鬼白日樵人遭。窈窕阳台彼神女，朝朝暮暮能云雨。以云为衣月为褚，乘光服暗无留阻。昆仑曾城道可取，方丈蓬莱多伴侣。块独守此嗟何求，况乃低徊梦中语。

这类诗歌，是学习杜甫而自辟新路的作品，是王安石集中最好的作品。黄庭坚的七古诗，就是从这种风格脱胎而来的。再比如：

《对棋与道源至草堂寺》：

北风吹人不可出，清坐且可与君棋。明朝投局日未晚，从此亦复不吟诗。

像这种涩味与拙趣的作品，它对黄庭坚诗歌风格的影响和启发，也是显而易见的。

王安石还有《拟寒山拾得》二十首，在他的诗集中属于别出一种风格。《寄吴氏女子》诗中提到的“末有拟寒山，觉汝耳目荧”就是指这些作品。现在录两首，让大家见识一下：

我曾为牛马，见草豆欢喜。又曾为女人，欢喜见男子。我若真是我，只合长如此。若好恶不定，应知为物使。堂堂大丈夫，莫认物为己。

风吹瓦堕屋，正打破我头。瓦亦自破碎，岂但我血流？我终不嗔渠，此瓦不自由。众生造罪恶，亦有一机抽。渠不知此机，故自认愆尤。此但可哀怜，劝令真正修。岂可自迷闷，与渠作冤仇？

这些虽然不是正统的诗歌风格，但是自苏轼之后，将佛教典籍中的语言融入诗歌的做法很常见，这种风格也是从王安石开始的。至于他那种悟道自得之妙，让学者读后感到意境悠远，这又表达了王安石的个人学养，不是仅仅从诗歌艺术层面就能评论的。

王安石的诗歌，真正独树一帜的地方不在于古体诗，而在于近体诗。那种峭拔雄直的气质，融入古体诗比较容易，但融入近体诗就比较难。王安石的近体诗，正是以雄直之气融入其中而成为名家的。

曾国藩在论述近体诗时说，应当用排比对偶的句式，运行单行的气韵。王安石的七律诗，最能引导人掌握这种创作方法。

王安石的七律诗，很多是学习了杜甫晚年的诗歌风格。后来黄庭坚更是遵循了这条道路，将其发挥到极致，从而成为江西诗派的宗师。

王安石有《题张司业诗》绝句说：“看似寻常最奇崛，成如容易却艰辛。”读王安石的诗都应该从这个角度去寻求，尤其近体诗更是如此。

王安石的诗集中名作很多，不能一一广泛引录，只举几篇来展示它们的风貌。

《次韵酬朱昌叔五首》(录一)：

去年音问隔淮州，百谪难知亦我忧。前日杯盘共江渚，一欢相属岂人谋。山蟠直渎输淮口，水抱长干转石头。乘兴舟舆无不可，春风从此与公游。

《次韵送程给事知越州》：

千骑东方占上头，如何误到北山游。清明若睹兰亭月，暖热因忘蕙帐秋。投老始知欢可惜，通宵豫以别为忧。西归定有诗千首，想肯重来贲一丘。

《登宝公塔》：

倦童疲马放松门，自把长筇倚石根。江月转空为白昼，岭云分暝与黄昏。鼠摇岑寂声随起，鸦矫荒寒影对翻。当此不知谁客主，道人忘我我忘言。

《雨花台》：

盘互长干有绝陉，并包佳丽入江亭。新霜浦溆绵绵净，薄晚林峦往往青。南上欲穷牛渚怪，北寻难忘草堂灵。便舆却走垂杨陌，已戴寒云一两星。

《寄题程公辟物华楼》：

吴楚东南最上游，江山多在物华楼。遥瞻旌节临尊俎，独卧柴荆阻献酬。想有新诗传素壁，怪无余墨到沧洲。湡浯南望重重绿，章水还能向此流。

《酬俞秀老》：

洒扫东庵置一床，于君独觉故情长。有言未必输摩诘，无法何曾泥饮光。天壤此身知共弊，江湖他日要相忘。犹贪半偈归思索，却恐提桓妄揣量。

《送李质夫之陕府》：

平世求才漫至公，悠悠羁旅事多穷。十年见子尚短褐，千里随人今北风。户外屦贫虚自满，樽中酒贱亦常空。共怜欲老无机械，心事还能与我同。

《贵州虞部使君访及道旧窃有感恻因成小诗》：

韶山秀拔江清写，气象还能出搢绅。当我垂髫初识字，看君挥翰独惊人。邮签忽报旌麾入，斋阁遥瞻组绶新。握手更谁知往事，同时诸彦略成尘。

《思王逢原三首》（录一）：

蓬蒿今日想纷披，冢上秋风又一吹。妙质不为平世得，微言唯有故人知。庐山南堕当书案，湓水东来入酒卮。陈迹可怜随手尽，欲欢无复似当时。

《送裴如晦宰吴江》：

青发朱颜各少年，幅巾谈笑两欢然。柴桑别后余三径，天禄归来尽一廛。邂逅都门谁载酒，萧然江县去鸣弦。犹疑甫里英灵在，到日凭君为舣船。

《送僧无惑归鄱阳》：

晚扶衰惫寄人间，应接纷纷只强颜。挂席每谙东汇水，采芝多梦旧游山。故人独往今为乐，何日相随我亦闲？归见江东诸父老，为言飞鸟会知还。

《落星寺在南康军江中》：

崒云台殿起崔嵬，万里长江一酒杯。坐见山川吞日月，杳无车马送尘埃。雁飞云路声低过，客近天门梦易回。胜概惟诗可收拾，不才羞作等闲来。

《送李太保知仪州》：

北平上谷当时守，气略人推李广优。还见子孙持汉节，欲临关塞抚羌酋。云边鼓吹应先喜，日下旌旗更少留。五字亦君家世事，一吟何以称来求?

《将次相州》：

青山如浪入漳州，铜雀台西八九丘。蝼蚁往还空垄亩，骐驎埋没几春秋。功名盖世知谁是，气力回天到此休。何必地中余故物，魏公诸子分衣裘。

《和王微之秋浦望齐山感李太白杜牧之》：

齐山置酒菊花开，秋浦闻猿江上哀。此地流传空笔墨，昔人埋没已蒿莱。平生志业无高论，末世篇章有逸才。尚得使君驱五马，与寻陈迹久徘徊。

《次韵平甫金山会宿寄亲友》：

天末海门横北固，烟中沙岸似西兴。已无船舫犹闻笛，远有楼台只见灯。山月入松金破碎，江风吹水雪崩腾。飘然欲作乘桴计，一到扶桑恨未能。

《送赵学士陕西提刑》：

遥知彼俗经兵后，应望名公走马来。陛下柬求今日始，胸中包畜此时开。山西豪杰归囊牍，渭北风光入酒杯。堪笑陋儒昏鄙甚，略无谋术赞行台。

《金陵怀古四首》（录一）：

霸祖孤身取二江，子孙多以百城降。豪华尽出成功后，逸乐安知与祸双。东府旧基留佛刹，后庭余唱落船窗。黍离麦秀从来事，且置兴亡近酒缸。

《除夜寄舍弟》：

一尊聊有天涯忆，百感翻然醉里眠。酒醒灯前犹是客，梦回江北已经年。佳时流落真何得，胜事蹉跎只可怜。唯有到家寒食在，春风因泛预溪船。

《送西京签判王著作》：

儿曹曾上洛城头，尚记清波绕驿流。却想山川常在梦，可怜颜发已经秋。辟书今日看君去，著籍长年叹我留。三十六峰应好在，寄声多谢欲来游。

《南浦》：

南浦东冈二月时，物华撩我有新诗。含风鸭绿粼粼起，弄日鹅黄袅袅垂。

《木末》：

木末北山烟冉冉，草根南涧水泠泠。缲成白雪桑重绿，割尽黄云麦正青。

《初夏即事》：

石梁茅屋有弯碕，流水溅溅度两陂。晴日暖风生麦气，绿阴幽草胜花时。

《中年》：

中年许国邯郸梦，晚岁还家圹埌游。南望青山知不远，五湖春草入扁舟。

《入瓜步望扬州》：

落日平林一水边，芜城掩映只苍然。白头追想当时事，幕府青衫最少年。

《州桥》：

州桥踏月想山椒，回首哀湍未觉遥。今夜重闻旧呜咽，却看山月话州桥。

《壬子偶题》：

黄尘投老倦匆匆，故绕盆池种水红。落日欹眠何所忆，江湖秋梦橹声中。

《送僧游天台》：

天台一万八千丈，岁晏老僧携锡归。前程好景解吟否？密雪乱云缄翠微。

实际上，集句这种诗歌形式是由王安石首创的。宋代人的笔记中，多提到王安石的集句诗，说他能够随口说出，这当然是他闲暇时的游戏之作。他在这方面无所不能，也足以证明他的记忆和学识非常广博。现在引录几首他的集句诗。

《金陵怀古》：

六代豪华空处所，金陵王气黯然收。烟浓草远望不尽，物换星移几度秋。至竟江山谁是主，却因歌舞破除休。我来不见当时事，上尽重城更上楼。

《沈坦之将归溧阳值雨留吾庐久之》：

天雨萧萧滞茅屋，冷猿秋雁不胜悲。床床屋漏无干处，独立苍茫自咏诗。

《胡笳十八拍十八首》(录二)：

自断此生休问天，生得胡儿拟弃捐。一始扶床一初坐，抱携抚视皆可怜。宁知远使问名姓，引袖拭泪悲且庆。悲莫悲兮生别离，悲在君家留两儿。(其十三)

春风似旧花仍笑，人生岂得长年少？我与儿兮各一方，憔悴看成两鬓霜。如今岂无騕褭与骅骝，安得送我置汝傍？胡尘暗天道路长，坐令再往之计堕眇茫。胡笳本出自胡中，此曲哀怨何时终？笳一会兮琴一拍，此心炯炯君应识。(其十八)

这些诗随手拈来，作得天衣无缝，后来效仿的人，没有一个比得上。

前人评价王安石诗歌的很多，这里就随意记录一些。

《漫叟诗话》说：

荆公定林后诗，精深华妙，非少作之比，尝作《岁晚》诗云："月映林塘静，风涵笑语凉。俯窥怜净渌，小立伫幽香。携幼寻新的，扶衰上野航。延缘久未已，岁晚惜流光。"自以比谢灵运，识者亦以为然。

《后山诗话》说：

鲁直谓荆公之诗，暮年方妙，如云："似闻青秧底，复作龟兆坼。"乃前人所未道。又云："扶舆度阳焰，窈窕一川花。"包含数个意，然学三谢失于巧耳。

《石林诗话》说：

蔡天启言："荆公每称老杜'钩帘宿鹭起，丸药流莺啭'之句，以为用意高峭，五言之模范。他日公作诗，得'青山扪虱坐，黄鸟挟书眠'，自谓不减杜诗。"

《冷斋夜话》说：

造语之工，至荆公、东坡、山谷，尽古今之变矣。荆公诗云："江月转空为白昼，岭云分暝作黄昏。"又云："一水护田将绿绕，两山排闼送青来。"……此山谷所谓句中眼，学者不知此妙，韵终不胜。

《石林诗话》说：

荆公少以意气自许，故诗语为其所向，不复更为涵蓄。如"天下苍生待霖雨，不知龙向此中蟠"，又"浓绿万枝红一点，动人春色不须多"，又"平治险秽非无力，润泽焦枯是有才"之类，皆直道其胸中事。后为群牧判官，从宋次道尽假唐人诗集，博观约取，晚年始尽深婉不迫之趣。乃知文字虽工拙有定限，然必视其幼壮，虽公，方其未至，亦不能力强而遽至也。

《苕溪渔隐丛话》说：

山谷称："荆公暮年作小诗，雅丽精绝，脱去流俗，每讽咏之，便觉沆瀣生牙颊间。"今案荆公小诗，如："南浦随花去，回舟路已迷。暗香无觅处，日落画桥西。""染云为柳叶，剪水作梨花。不是春风巧，何缘见岁华。""檐日阴阴转，床风细细吹。翛然残午梦，何许一黄鹂。""蒲叶清浅水，杏花和暖风。地偏缘底绿，人老为谁红？""爱此江边好，留连至日斜。眠分黄犊草，坐占白鸥沙。""水净山如染，风暄草欲薰。梅残数点雪，麦涨一川云。”观此数诗，真可一唱三叹也。

《西清诗话》说：

荆公在蒋山时，以近制示东坡，坡曰：“若‘积李兮缟夜，崇桃兮炫昼’，自屈宋没后，旷千余年，无复《离骚》句法，乃今见之。”荆公曰：“非子瞻见谀，自负亦如此，然未尝为俗子道也。”

《三山老人语录》说：

荆公诗云：“细数落花因坐久，缓寻芳草得归迟。”六一居士诗云：“静爱竹时来野寺，独寻春偶过溪桥。”二公皆状闲适，荆公之句尤工。

《石林诗话》说：

荆公晚年，诗律尤精严，造语用字，间不容发。然意与言会，言随意遣，浑然天成，殆不见有牵率排比处。如“含风鸭绿粼粼起，弄日鹅黄袅袅垂”，初不觉有对偶，至“细数落花因坐久，缓寻芳草得归迟”，但见舒闲容与之态耳。而字字细考之，皆经檃栝权衡者，其用意亦深刻矣。

《唐子西语录》说：

荆公五言诗，得子美句法，如云：“地蟠三楚大，天入五湖低。”

《冷斋夜话》说：

用事琢句，妙在言其用而不言其名，此法惟荆公、东坡、山谷三老知之。荆公曰：“含风鸭绿粼粼起，弄日鹅黄袅袅垂。”鸭绿，水也；鹅黄，柳也。

《苕溪渔隐丛话》说：

公诗又云：“缲成白雪桑重绿，割尽黄云稻正青。”白雪，丝也；黄云，麦也。

《碧溪诗话》说：

……“萧萧出屋千寻玉，霭霭当窗一炷云。”皆不名其物。

《蔡宽夫诗话》说：

荆公尝云：“诗家病使事太多，盖皆取其与题合者类之，如此乃是编事，虽工何益？若能自出己意，借事以相发明，情态毕出，则用事虽多，亦何所妨？”故公诗如“董生只为《公羊》惑，岂肯捐书一语真？”“桔槔俯仰何妨事，抱瓮区区老此身”之类，皆意与本题不类，此真能使事者也。

《后斋漫录》说：

介甫善下字，如“荒埭暗鸡催月晓，空场老雉挟春骄”，下得“挟”字最好。

《遁斋闲览》说：

荆公集句诗，虽累数十韵，皆顷刻而就，词意相属，如出诸己，他人极力效之，终不及也。

《沧浪诗话》说：

集句惟荆公最长，《胡笳十八拍》混然天成，绝无痕迹，如蔡文姬肺肝间流出。

王安石的词虽然不能算名作，但也有一些非常好的作品。李清照说：“王安石、曾巩的文章似有西汉的风格，但他们若作词，人们一定会觉得非常惊讶，难以置信。”这是过于苛刻的评价。李清照对晏殊、晏几道、欧阳修、苏轼、柳永、张先、贺铸、秦观的词，没有一个满意的，更何况是王安石呢？现在引录三首王安石的词：

《桂枝香·金陵怀古》：

登临送目。正故国晚秋，天气初肃。千里澄江似练，翠峰如簇。征帆去棹残阳里，背西风酒旗斜矗。彩舟云淡，星河鹭起，图画难足。

念自昔，繁华竞逐。叹门外楼头，悲恨相续。千古凭高，对此漫嗟荣辱。六朝旧事随流水，但寒烟衰草凝绿。至今商女，时时犹唱，后庭遗曲。

《浣溪沙》：

百亩中庭半是苔，门前白道水萦回，爱闲能有几人来？

小院回廊春寂寂，山桃溪杏两三栽，为谁零落为谁开？

《南乡子·金陵怀古》：

自古帝王州，郁郁葱葱佳气浮。四百年来成一梦，堪愁！晋代衣冠成古丘。

绕水恣行游，上尽层城更上楼。往事悠悠君莫问，回头！槛外长江空自流。

王安石的《浣溪沙》和《南乡子》这两首词都是集句的作品，可以说是开了《蕃锦集》这种集句词风的先声。王安石的词的流派可以说属于黄庭坚那一派，不是词坛的正宗。

王安石还常常以文字为游戏，他有一首诗说：“老景春可惜，无花可留得。莫嫌柳浑青，终恨李太白。”这首诗中藏有四位古代诗人的名字。《石林诗话》赞赏了这首诗。王安石还作过一个诗谜，谜面是：“佳人佯醉索人扶，露出胸前白雪肤。走入绣帏寻不见，任他风雨满江湖。”藏有四位诗人的名字，分别是贾岛、李白、罗隐、潘阆。这首诗见于《遁斋闲览》中。《苕溪渔隐丛话》还提到，王安石还作过《霞头隐语》诗。

王安石曾经精选过一部《唐百家诗选》，他在其序中写道：

余与宋次道同为三司判官时，次道出其家藏唐诗百余编，诿余择其精者，次道因名曰《百家诗选》。废日力于此，良可悔也。虽然，欲知唐诗者，观此足矣。

这本书，本朝的宋荦还曾经重刻过，但现在已经看不到了。